U0495458

商业体育系列丛书编委会

商业体育系列丛书

SHANGYE TIYU DIANSHILUN

商业体育电视论

曾静平◎著

陕西师范大学出版总社

图书代号　ZH16N1193

图书在版编目(CIP)数据

商业体育电视论 / 曾静平著. —西安：陕西师范大学出版总社有限公司，2016.10
ISBN 978-7-5613-8702-3

Ⅰ.①商…　Ⅱ.①曾…　Ⅲ.①体育—电视节目—研究　Ⅳ.①G222.3

中国版本图书馆 CIP 数据核字(2016)第 262920 号

商业体育电视论
曾静平　著

责任编辑 / 徐　娜　张建明
责任校对 / 徐慧琳
封面设计 / 鼎新设计
出版发行 / 陕西师范大学出版总社
（西安市长安南路 199 号　邮编 710062）
网　　址 / http://www.snupg.com
经　　销 / 新华书店
印　　刷 / 西安市建明工贸有限责任公司
开　　本 / 787 mm×960 mm　1/16
印　　张 / 13.25
字　　数 / 199 千
版　　次 / 2016 年 10 月第 1 版
印　　次 / 2016 年 10 月第 1 次印刷
书　　号 / ISBN 978-7-5613-8702-3
定　　价 / 33.00 元

读者购书、书店添货或发现印装质量问题，请与本社高等教育出版中心联系。
电话：(029)85303622(传真)　85307864

前　言

2008年是中国电视50周年华诞，又是北京奥运会成功举办的一年。应该说，2008年既是中国电视，又是体育电视的重要时刻。

2008年，中国体育电视人在2004年雅典奥运会上给国际奥委会提供羽毛球、乒乓球、现代五项三个项目全球公用信号的基础上，为北京奥运会提供足球、篮球、排球、网球和特设项目武术等共8个项目的全球公用信号。投入人员之多、承担项目之多、信号质量之高都是史无前例的，为后奥运时代的体育电视信号在“硬件”和“软件”制作方面打下了坚实的基础。中国体育电视开始全面与国际接轨，并逐渐跃上世界体育电视的高峰。

2008年北京奥运会开幕式的电视转播举世瞩目，是人类历史上观看人数最多的直播节目，超过了月球登陆、戴安娜王妃葬礼以及奥巴马的就职典礼。据《星期日泰晤士报》透露，8月8日在北京鸟巢上演的铺张华丽的演出，吸引了全世界“真正10亿”的电视观众。[①]

在2012年伦敦奥运会上，中国体育电视军团“对内树立了央视形象，对外传递了中国声音”。中央电视台组建国内最强阵容，共派出760多名采编和技术保障人员参与奥运报道，受命承担伦敦奥运会体操、乒乓球、羽毛球、现代五项等转播信号的制作。同时，中央电视台采用全高清的全新制播系统，对伦敦奥运会进行全面报道。奥运频道及所有新闻节目全部都在伦敦前方制作和播出，同时，前方还承担了每天50分钟的“直通伦敦”专题节目。伦敦奥运会期间，中央电视台赛事转播的平均收视率为7.6%，是境外举办的奥运会中收视率最高的一次。

从1958年中国电视诞生之日起，体育节目就一直是电视节目的重要内容之一。1958年，北京电视台（中央电视台前身）开始播出体育新闻节目，同

① 参见：《参考消息》2009年5月11日。

年年底开始转播体育比赛的实况。此后,向全国转播了历届全国运动会和在中国举办的国际国内重大体育比赛。1959 年,中央电视台开办了《体育爱好者》专题节目,该节目在 1979 年改名为《体育之窗》,专题报道中国运动员参加国际国内比赛的战况以及群众性的体育活动。北京、广东、南京等电视台也分别开设了《体育巡礼》《体坛内外》《体育与卫生》等专题节目。

改革开放 30 年来,中国体育电视得到了长足的发展。1995 年 1 月 1 日,中央电视台体育频道正式上星,向全国各省市转播体育节目,成为唯一覆盖全国的体育专业频道。

随着中国体育水平的提高,全民健身热潮的高涨,北京、上海、天津、山东、广东、广西等省级电视台和省会城市电视台先后开播了体育频道或体育休闲频道,就连很多地市级电视台也赶时髦开辟了体育频道。在鼎盛时期,我国各类体育频道或打着体育保健康复休闲等名号的频道超过了 100 家。几经沉浮后,文革期间大部分体育频道难以为继,陆续停播或转轨。而现在,大多数体育频道已经转型,或变为电视购物频道,或更名为健康休闲频道。全国及省市级开路体育(或体育休闲)频道已减少到 17 个。

近年来,我国数字电视快速发展,以足球、网球、高尔夫球、围棋、乒乓球、羽毛球、冰雪运动等为内容的 10 个付费体育频道应运而生。但付费体育在中国地发展遇到了一定的困难,主要表现为盈利模式难以得到观众的认同。首先,在开路体育资源较为充裕的情况下,观众无须付钱看电视。其次,体育电视在中国毕竟起步较晚,体育观众的培育期尚未完成,很难想象一个刚刚解决温饱的基层观众愿意付费看电视,广东欧洲足球频道收费用户的低迷就较好地解释了这一现象。而广东高尔夫球频道却能够做到收支大致平衡,说明付费电视的受众应该是收入较高且参与此项运动的高端人群。第三,以新浪、搜狐、网易和腾讯等商业门户网站为代表的新媒体平台正在加紧进军体育媒介市场,乐视体育和爱奇艺等新兴崛起的视频网站也将市场开拓瞄准了体育赛事转播,在一定程度上与开路体育频道形成竞争态势,更对付费体育频道的生存空间形成挤压之势。

我国的体育电视基本上是中央电视台一家独大。中央电视台体育频道是国内唯一的国家级体育电视频道,拥有奥运会、亚运会、全运会、青运会、农运会和各个项目的世界杯、世界锦标赛等顶级赛事资源。它占有全国 80% 以上的体育电视赛事资源,“统治”着权威信息发布、体育评选、体育晚会等几乎全部的体育活动,是中国最具权威性和垄断性的体育频道,也是体育赛事与体育活动资源最为丰富的体育频道。

我国的体育电视有着明显的地域性。北京、上海、广东等经济和体育发达的省市,体育电视相对发展较快。当中央电视台体育频道和其他频道独揽全国接近80%的市场份额时,另外20%的体育电视市场份额几乎被这些地方的体育频道所瓜分,全国其他各省市的体育频道完全是“夹缝中求生存”。

毋庸讳言,我国体育电视缺少赛事资源,更多的是依靠从欧美国家进口。1987年,NBA以“赠送”的方式进入中国体育电视市场。20年后,NBA已然成为中国体育电视的重要组成部分,是中国球迷不可或缺的“饕餮大宴”。2008年,我国转播NBA系列赛的电视频道达到24个。NBA不仅在中国大陆分级售卖,而且还得搭上其“捎带”的电视广告。

如今,意甲、法甲、西甲、德甲和英超等欧洲五大联赛先后登上我国电视屏幕,占据着很多体育频道的重要位置。2006年2月,天盛传媒以5000万美元的高价,一举击败包括中央电视台体育频道在内的中国大陆众多传统广播电视媒体,获得了从2006年夏季开始未来三个赛季的英超中国内地独家转播权。这意味着,英超电视转播的传统格局被打破,体育新媒体时代和付费时代就此到来,近年内2006/2007赛季的剩余英超赛事成为中国球迷最后的“免费蛋糕”。

2008年北京奥运会的电视转播报道,是中国体育电视的一大机遇。中央电视台作为中国大陆地区唯一一家持权转播机构,充分利用东道主优势和奥运品牌资源,利用7个完整频道,投入3000余人,形成了三个报道中心,全方位、多渠道地报道北京奥运会,以实现传播效益最大化。为突出奥运形象,加大对北京奥运会的报道力度,中央电视台体育频道从2008年1月1日至9月30日更名为奥运频道。地方电视台体育频道也都在利用奥运品牌制作相关的电视节目,争夺观众眼球。“奥运”成为所有体育频道不得不加以利用和放大的资源。

中国体育电视的市场化运作正在起步。中视体育娱乐推广有限公司(中视体育)作为中央电视台体育频道市场运营的平台,承担着整合体育赛事资源和进行赛事资源市场开发的重任。2005年改制后,中视体育不断加大体育市场改革的力度,加快公司市场化进程,加强对频道主办赛事和自制节目的商业开发和市场推广。十多年来,中视体育充分利用CCTV－5和CCTV－5＋以及高尔夫频道、高尔夫/网球频道等数字体育频道的播出平台,将赛事资源、媒体资源、赞助商资源和社会其他资源进行全方位的整合,创建出一整套符合央视播出特点,符合中国体育产业发展方向的标准化赛事运营管理模式。通过借鉴国际重大赛事的运营推广经验和国内外体育营销方面的先进模式,中视体育成功运营推广了"安踏全国排球联赛""恒源祥冰雪酷奥运系列赛事""361 度国际跳水冠军巡回赛""安踏 CCTV 体坛风云人物"评选、"体育电视国际论坛""篮球公园""蒙牛城市之间"等颇具影响力的体育赛事、节目和活动。同时,公司不断拓展赛事种类,通过运作推广全国马术绕桶冠军赛、世界摩托艇锦标赛、华彬高尔夫公开赛等项目来满足不同受众的赛事收视需求,探求新的赛事营销模式。

体育电视为我国体育赛事的市场培育和中国体育职业联赛的推广,注入了新的内容与活力。从 1994 年开始,中央电视台体育频道和全国各家电视台体育频道对全国足球甲 A 联赛的培育,为现在足球超级联赛奠定了基础。排球联赛、CBA 和 CUBA、乒乓球超级联赛和 U-17 比赛等,都是因为体育频道的大力推介才得以生存和发展。

国际体育赛事在中国的推广,首先考虑的是电视媒介的参与。F1 赛车锦标赛、中国网球公开赛、斯诺克中国公开赛和高尔夫世界杯(中国站)等都是在各级体育频道的大力培育下赢得了观众,赢得了市场。

体育电视是商业体育最为活跃的传播因子,体育报纸、体育杂志、体育电台等传统大众媒介只是曾经的体育组织和体育赛事的重要合作伙伴。以体育电视为主体的体育传播对竞技体育赛事、群众体育活动和其他体育活动做出了巨大贡献,是商业体育价值提升的内在动力。他们报道赛事赛况,宣传明星球员与明星教练,深度挖掘背景与内部新闻,丰富和活跃了人们休闲娱乐生活,拉近了体育工作者与球迷的距离。世界体育的职业化、商业化、产业化进程,在某种程度上说,就是大众传播的参与不断深入不断扩张的过程。大众传媒的介入,特别是电视媒介对体育赛事和活动的报道和转播,激发了商业体育的活力,促进了体育产业的繁荣发展。

体育网络的兴起以及手机媒体、车载媒体和星空媒体等移动新媒体对体育报道的重视,给了体育媒介活动更大的社会影响力和市场张力。脸谱和推特等社交媒体和现代体育有机融入,为体育传播活动增添了新的腾飞动力。

业界专家认为,传统电视的高清画质、集群效能和广阔纵深等观看效果在现阶段体育媒介市场中有着不可替代的优势。而新媒体的蓬勃发展能够更好地丰富体育电视市场，无论是对体育赛事的推广还是对体育媒体的发展都有着积极的作用。在电视媒体与新媒体竞争与合作的大媒体环境下，只有用全新的媒体考核机制评价体育传播平台在商业体育理论体系中的地位才是最客观的。

值得关注的是，在很多场合甚至是一些高端学术论坛上，经常有人将"体育电视"与"电视体育"混为一谈。实际上，这是两个截然不同的概念。体育电视所关注的是以体育赛事、体育人物、体育活动等为内容的、形式多样的电视节目、电视栏目以及由此组构而成的体育频道和体育电视台。它的主体是电视媒介活动，与新闻、娱乐、电视剧、经济、法制和教育等一样，是电视媒介内容的重要组成部分。我们通常所说的体育节目、体育新闻、体育报道、体育频道和体育电视台等皆源于此。而电视体育则是指电视媒介宣传报道之类的体育活动，诸如肩扛摄像机的体育锻炼效果；记者采访体育赛事的能量消耗；篮球记者、排球记者、网球记者、高尔夫记者等不同项目的体育新闻从业人员在身体素质等方面的要求。

本书对商业体育电视的基本命题与内涵进行了全面深入的阐述，追溯全球体育电视与中国体育电视的发展沿革，选取国内外体育电视特别是中国中央电视台体育频道、北京电视台体育频道、上海电视台体育频道和广东电视台体育频道等作为主要研究对象，经过了广泛调研和立体分析，并且充分运用了央视索福瑞媒介研究（CSM）的科学数据，对上述内容分门别类进行论证，从而形成国内第一本完整的商业体育电视研究书稿。

目　　录

第一章　概　述

体育电视指的是体育赛事、体育人物、体育活动等各种体育形态在电视媒介上的真实再现或浓缩升华，既可以是长达几个小时的连续直播，也可以是几十分钟的新闻报道、人物访谈、赛事集锦等电视栏目。

体育电视包括了体育电视台、体育频道、体育节目栏目等等，世界著名电视台都在体育电视方面投下重注，也收到了超过预期的回报。美国的ABC、NBC连续数十年花巨资购买奥运会电视转播权，NBC更是一举买下了最近三届冬季和夏季奥运会电视转播权，获得了巨大收益。英国BBC与斯诺克的合作如鱼得水，中国中央电视台体育频道仅在2007～2008年两年就以不到15亿元人民币的投入，获得了将近100亿元的收益。体育电视节目是电视媒介的重要组成部分，是非战争时期最受观众瞩目的电视内容之一，不仅专业体育频道越来越受人欢迎，绝大多数电视频道都在节目编排时穿插体育新闻、体育人物专访、赛事集锦或赛事转播。

第一节　发展溯源

体育与大众媒介相伴成长，通过报纸、广播、电视等大众传播媒介以及体育赛事、体育运动员、教练员、裁判员等的社会影响力扩大，参与群体增加，商业价值得以升华。电视媒介对体育运动员、教练员、裁判员等体育人物的报道，尤其是对体育赛事直播或转播，声画一体，让观众如临其境，成就了商业体育的辉煌。与此同时，体育运动员、教练员、裁判员等体育人物的一言一语、一举一动又与电视观众耳鼻相连、息息相通，成为万众瞩目的焦点，成为电视节目的重要内容，这就造就了体育电视的发展壮大。正如萨马兰奇所说："将来的体育运动会简单地归为两类：一类是适合电视的口味，另一类则是不适合。体育项目只有在属于第一类的情况下才有机会发展，否则要么衰落，要么踏步不前。"NBA 前总裁大卫·斯特恩称，"体育正成为电视最重要的节目来源"。

体育电视的成长之路，与体育赛事转播特别是奥运会和世界杯有着密不可分的联系。通过电视转播，奥运会和世界杯为世界上更多的人所了解、所认同、所拥戴，焕发出前所未有的生机、商机、活力和魅力。在奥运会和世界杯电视转播的带动下，其他体育赛事组织开始意识到电视媒介在体育传播过程中具有无可替代的功能和作用，先后走上了与电视媒介的紧密合作之路。

体育电视的起源与发展过程，是一条从镶嵌在综合电视频道中偶尔的体育新闻报道、即时即兴的体育赛事转播逐步向固定的体育专题节目、体育专栏节目进而又到专业体育频道跃进的渐进之路，是一条从传统体育电视传播升华到传统大众传播与各种新媒体视频传播交织、渗透、融合的竞争合作之路，是一条从单一体育制作信号发展为体育公用信号得到广泛采用的和谐共赢之路，是各种新的拍摄设备和拍摄技术手段不断得到重视和使用推广之路，是全球体育电视工作者队伍不断成长壮大，变得更加职业化、更加专业化的潜变之路。当然，世界体育电视的成长进步之旅，也见证了中国体育电视不断走向世界、接轨世界、跃上世界体育电视峰巅的全过程。

一、奥运会电视转播

1936 年 2 月，第四届奥林匹克冬季运动会的延迟转播，标志着电视转播第一次用于奥林匹克运动。6 个月过后的 1936 年德国柏林夏季奥林匹克运动会开幕式，是电视观众第一次观看奥林匹克运动的现场直播。

1936 年 8 月 1 日，第 11 届奥运会在德国柏林举行。奥运会比赛期间，刚刚进入商业运营的电视媒介发挥了极大的作用。这是世界上第一次使用电视进行体育赛事现场转播，并同时向许多国家转播。当时，德国国家电视台动用了三部 200 公斤重的摄像机录制现场信号，再将电视信号传送到柏林市中心 15 公里之内的一些如啤酒屋、咖啡馆等特定观赛场所，通过 25 个电视大屏幕即时播放,允许到场观战的人免费收看比赛。柏林奥运会期间,电视转播总共进行了 138 个小时,有 162228 人观看了历史上第一次奥运会闭路电视直播。尽管图像模糊镜头混乱,好多影像只能靠猜才能领会,但还是给观众留下了深刻印象。自此,奥运会新闻传播步入新的阶段,体育电视翻开了崭新的一页。

冬季奥运会的全程电视现场转播比夏季奥运会晚了整整 20 年,直到 1956 年意大利科蒂纳丹佩佐冬季奥运会才首次实现了电视现场全程实况转播。在 1960 年美国加州举行的冬奥会上,国际奥委会第一次将电视转播权用于商业销售,当时美国哥伦比亚广播公司用低廉的 5 万美元购得了转播权。同年的罗马奥运会首次跨国转播了赛事,欧洲人可以通过通信卫星观看到比赛。1964 年东京奥运会通过人造卫星把在亚洲举行的体育赛事向其他各大洲进行了转播,成为名副其实的世界性赛事。

1968 年,第 19 届墨西哥城奥运会首次使用了彩色电视技术,电视观众从此可以欣赏到更加赏心悦目的体育赛事,体育电视也发展到一个新纪元。在墨西哥奥运会新闻中心,安放了 12 台闭路电视供记者观看各个赛场的比赛实况。在太平洋、大西洋上空,还设置了 4 个卫星转播站,数十个国家可收到大会实况转播。在 1972 年第 20 届慕尼黑奥运会上,由于电视实况转播的应用和发展,全世界约有三分之一的人收看了奥运会。到 1980 年第 21 届莫斯科奥运会,通过电视实况转播观看奥运会的观众人数已超过了全世界人口的一半。国际奥委会终身名誉主席萨马兰奇自豪地说,"随着电视介入奥运会,奥林匹克运动的一个新纪元开始了。"

1984 年,尤伯罗斯借助商业化运作,使第 23 届洛杉矶奥运会电视实况转播大获成功,其重要手段就是大幅提高电视转播费。1988 年汉城奥运会,赛事组委会开始铺设光缆、微波、卫星等通信线路,使体育与传播媒体的结合进入了高度互动时期。

1992 年,第 25 届巴塞罗那奥运会首次试用高清晰度电视。实行了计时记分系统与电视视频系统的联结,提高了电视观众的现场感。也正是在这届奥运会上,国际奥委会开启了"多国部队"转播模式,即奥林匹克广播服务公司(OBS)运营模式。

在 1992 年的巴塞罗那奥运会之前,哪个国家承办奥运会,就由哪个国家承担全部比赛电视信号的制作与转播工作。参与当时电视转播的西班牙国家电视台总工程师罗梅罗意识到,这种"惯例"弊端重重。首先是一个承办国家和地区的专业人手有限,又缺少专业项目转播经验。其次是主办国对某些比赛项目和本国运动员的偏爱,严重影响到全世界各参赛国教练员、运动员、球迷乃至赞助商的利益。如在1984年洛杉矶奥运会上,美国广播公司(ABC)提供的电视转播信号就因为让美国运动员占用了大部分的时间而受到了世界各国诟病。因此,他认为必须另辟蹊径,改变以往孤军奋战的转播方式。

经过长时间精心思考,罗梅罗设想出了一种全新的"多国部队"转播模式。他认为,奥运会是属于全世界人民的盛会,参与奥运会的运动员来自世界各地,服务于奥运会的志愿者同样来自不同国度,那么为全世界观众提供转播信号的团队人员也理应由来自世界各国的电视工作者组成。按照罗梅罗的设想,整个奥运会的电视转播由多个国家电视人员共同参与制作,从多个国家租用电视转播设备,同时向全球征集电视管理人才,组成团队制作信号。于是,在巴塞罗那奥运会时,许多欧洲国家的电视台都纷纷赶到西班牙帮忙转播奥运会。事实证明,这种"奥林匹克转播公司"的运营模式,不仅省钱省力,还能为全世界的电视观众奉献更为专业、更为精彩的体育转播。从此,奥运会的电视转播历史翻开了全新的一页。罗梅罗凭借在奥运电视转播领域的突出贡献,一举成为全球电视转播界的"CEO"。

体育电视的起源与发展,与体育赛事转播特别是奥运会的发展有着密不可分的联系。通过电视转播,奥运会为世界上更多的人所了解、所认同、所拥戴,焕发出前所未有的生机、商机、活力和魅力。

二、世界杯电视转播

在1954年第5届瑞士世界杯足球赛上,国际足联首次运用了电视对比赛赛况进行转播,自此大大推进了世界杯的国际影响力。世界杯足球赛通过与电视机构的紧密合作,一步步发展成为全球最有商业号召力的体育赛事。

20世纪80年代末90年代初,世界杯电视转播开始走上快速发展阶段。1954年,当电视首次转播世界杯时,转播权尚无需花钱购买。随着电视的普及以及世界杯足球赛影响力的扩大,国际足联开始了世界杯足球赛电视转播权的商业售卖。1986 年世界杯电视转播权就卖出了 4900 万瑞士法郎。

1982 年注册在列支敦士登的瑞士 ISL(国际体育与休闲公司)与国际足联有着深厚的人脉关系。它看准了世界杯电视转播的巨大利润,于 1987 年以 3.4 亿美元的价格买进 1990 年、1994 年、1998 年 3 届世界杯的电视转播权,开启了世界杯足球赛电视转播的快速发展之路。1996 年 ISL 以 7.8 亿美元买断了非欧洲地区 2002 年、2006 年两届世界杯的电视转播权,将世界杯电视转播市场化运营推上更高层次。

ISL 是当年阿迪达斯老板霍斯特·达斯勒在列支敦士登注册的一家公司,在全世界 18 个国家拥有分公司,共有 500 多名正式员工,主要业务是利用达斯勒在国际足联等国际体育组织内的深厚人脉,转包出售奥运会和世界杯等重大赛事的电视转播权。据知,1974 年阿维兰热登上国际足联主席宝座,就是借助阿迪达斯老板达斯勒的倾力支持。1981 年阿维兰热的继任者布拉特能够如愿上任国际足联的秘书长,也是得到了阿迪达斯庞大资金后援和老板达斯勒的精心"提携"。

ISL 凭借与国际足联高层千丝万缕的关系,几乎成为国际足联的独家代理公司和世界杯版权销售代理,围绕世界杯把电视转播权售卖生意做得风生水起。在 ISL 公司的包装推广下,世界杯电视转播商业化运作非常成功,电视观众在全球范围内成倍增长。1994 年美国世界杯电视转播空前成功,全球共有 320 亿人次观看了此届世界杯电视转播。

为了推进中国足球市场,1999 年 3 月,ISL 与中国足协签订了 6 年的"中国之队"合作计划。根据协议,ISL 公司负责中国国少队、国青队、国奥队、国家队和女足国家队的一系列策划与包装,包括比赛计划、技术训练和形象推广等业务,包办了"中国之队"的全部商务活动、电视播映权、联系热身赛对手等等。ISL 投入了 500 万美元,希望于 2002 年韩日世界杯后见到效益。

ISL 公司倒闭后,国际足联成功说服了德国第二大传媒公司基尔希公司(KIRCH)接手世界杯电视转播权的销售任务,世界杯电视转播进入到更高精的技术时代。从"电兔子"变"飞猫",从"MAGAM"到"4K",世界杯足球赛的精彩激荡被展现得淋漓尽致。

为了吸引电视观众,国际足联于 2002 年成立了由英格兰、德国、法国和澳大利亚等全球顶级的足球转播人员组成的电视转播信号制作团队，负责向全世界提供最优质的电视转播信号。

在2002年日韩世界杯当中，超高速摄像机第一次被应用于比赛转播之中，每一个场上球员的面部表情和动作细节一览无遗，甚至包括甩头发时飞溅的汗珠都清晰可见。同样是在这届杯赛中，在球场边设置的“电兔子”的轨道遥控摄像机被引入电视转播，用以适时跟踪球员的带球进攻、抢断。

到了2006年德国世界杯，国际足联在球门后的球网上安装了两台微型摄像机，使进球的镜头角度大大扩展，效果自然更加令人震撼。

在4年之后的南非世界杯中，固定于顶部的俯瞰摄像机升级成为现在常见的“飞猫”（学名为索道摄像机承载系统）。在2014年巴西世界杯的电视转播中，国际足联在MAX之外又增加了一套叫作MAGAM的全新系统，即多维+活动+实时+字幕+数据+虚拟的综合系统。

随着高精尖技术的应用，世界杯转播观众人数创下了新纪录。在2010年南非世界杯期间，一共有155亿人次通过各种渠道观看了世界杯的比赛，总决赛阶段的全球观众人数达到5.31亿。在2014年巴西世界杯决赛期间，观众虽有了PC、手机、Pad、TV等的多屏视频体验和享受，但传统电视依旧是球迷观众首选。其中，共有1110万观众通过ESPN收看了美国和加纳的比赛，而在6月12日巴西对克罗地亚揭幕战中，有4290万观众通过巴西网络电视Globo进行观看。在意大利以1:0战胜英格兰一战中，英国有1420万观众通过BBC1观看了这场比赛，意大利则有1280万人通过RAI1观看了比赛。电视观众数量在这两个国家都创造了2014年的新高。在日本输给科特迪瓦的比赛中，有3410万人通过日本电视台NHK观看了比赛，这个数字高出当年观众数量排名第二的1倍。

美国观众热衷通过互联网关注世界杯赛事。有45%的观众在互联网上观看世界杯赛事，20%的世界杯球迷在观看电视的同时进行多任务操作，31%的球迷会通过多屏观看视频节目，75%的观众期望在观看世界杯赛事的同时，在社交媒体上活跃，42%的人会发布实时更新或发布喜爱广告的Twitter信息，总量超过3亿条。在世界杯开赛第一周（6月12至18日），Facebook上的相关报道的数量已经超过超级碗、奥斯卡奖和索契奥运会的报道数量。

中国球迷几近疯狂，中央电视台收视率高达5.59%（高出南非世界杯5.11%）。在中国的成都、沈阳、昆明、北京和贵阳等几个足球发达城市，收视份额分别达到91.49%、82.86%、90.11%、84.09%和78.97%。其中，成都地区九成以上观众锁定中央电视台体育频道观看赛事直播，收视率达8.29%，收视份额超过91%。在"中国足球城市"大连，干部/管理人员的收视率更是高达22.48%，这一时段凡是看电视的25～34岁观众统统锁定世界杯决赛，收视份额达到100%。①

在奥运会和世界杯足球等超级赛事电视转播的带动下，拳击、赛车、NBA、NHL等其他体育赛事组织开始意识到电视媒介在体育传播过程中具有的无可替代的功能和作用，先后走上了与电视媒介的紧密合作之路。现在，奥运会（包括夏季和冬季奥运会）实现了全球电视直播，覆盖范围超过了200个国家和地区，电视转播权的争夺愈演愈烈，转播费用日益高涨。世界杯足球赛、欧洲五大足球联赛、美国四大职业联赛以及拳击、赛车、高尔夫和网球等国际赛事，都是体育电视炙手可热的节目内容。

到了以互联网（移动互联网）为主体的新媒体时代，体育赛事网站、体育组织网站、体育媒体网站等潜滋暗长，成为新时期体育传播主力军。传统报纸、杂志、广播、电视与各种新媒体以及体育社交媒体汇聚在体育传播阵营之中，形成了体育传播大媒体。

Facebook（脸书）和Twitter（推特）以社交媒体的形式出现，丰富了体育媒介的内涵，实现了体育传播与新生代体育受众的无缝对接。脸书是世界排名领先的照片分享站点，拥有6.5亿体育迷，是全球最大的"云体育场"。截至2015年9月，Facebook日均活跃用户数达到了10.1亿人，无数体育迷都在其中讨论他们关注和喜爱的体育赛事和体育明星。2016年1月，脸书推出了一个名为"Facebook Sports Stadium"的实时体育平台，为用户提供实时的体育赛事播报、比分更新、粉丝热帖追踪以及专家点评等内容。

推特是一家美国社交网络及微博客服务的网站，是全球互联网上访问量最大的十个网站之一。推特最大的优势就是深入到实况体育赛事的核

① 参见王子轩：巴西世界杯电视转播新技术，给球迷带来视觉盛宴，2014年6月17日，《北京青年报》。

心，推特的及时性使得它成为实况体育很自然的补充。关于 2015 年 9 月和 10 月的橄榄球世界杯赛事，推特上有 68 亿条相关印象，这是最近最新的例证，而且周期性内容的更新让球迷更愿意参与其中。

三、中国体育电视

中国体育电视起步较晚，新中国成立近 10 年之后才有了体育电视节目，才有了中国电视的实况转播。也就是说，中国电视的实况转播是从体育比赛转播开始的。

1958 年 6 月 19 日，北京电视台（中央电视台前身）使用日本在北京举办展览时留下的一辆两讯道转播车，在北京体育馆转播了“八一”男女篮球队的友谊赛。这是中国体育电视史上、也是中国电视史上的第一次实况转播。1958 年 7 月 20 日，北京电视台进行了第二次实况转播，转播的是匈牙利足球队对北京足球队的比赛实况。

1959 年 9 月，北京电视台第一次实况转播综合赛事——中华人民共和国第一届全国运动会。转播内容包括运动会开幕式及足球、篮球、排球等重要场次的比赛实况，在新闻节目中报道了比赛的消息，还在全运会结束后播放了电视纪录片，着重反映了党和国家对体育运动的重视和关怀，以及我国体育战线取得的成绩。

1961 年 4 月 4 日至 14 日，北京电视台第一次转播世界性的国际赛事——第 26 届世纪乒乓球锦标赛。北京电视台集中全台力量对我国举办的第一次世界性大赛进行了大规模报道，先后转播了开幕式、闭幕式和一些重要场次的比赛。在 10 天时间内转播了 14 场，共 35 个小时，拍摄了 71 条新闻片，编辑了 46 专题片，与此同时还制作播出了 4 次关于乒乓球的专题节目，并安排庄则栋、李富荣等优秀运动员与观众见面。

北京电视台在创办的相当长时间内，由于没有远距离传输设备，无法对在北京以外举办的体育赛事进行实况转播。直到 20 世纪 70 年代以后，由于电视技术的进步，北京电视台（1978 年改为中央电视台）才开始对国内外重大体育赛事进行实况转播。

1973 年 10 月 21 日至 27 日，中央电视台与武汉电视台合作，将在武汉举行的全国乒乓球比赛的实况用微波跟踪传回北京。这是中国第一次进行远距离实况转播。

1978 年 6 月 25 日和 26 日，中央电视台向全国观众现场直播了在阿根廷举行的第 11 届世界杯足球赛的半决赛和决赛。这是中央电视台第一次通过国际通信卫星回传信号到北京，现场直播海外体育比赛；也是中国观众第一次通过电视屏幕观看到高水平国际足球比赛实况。当时，电视播音员看着画面配解说向全国播出。尽管有报道指出这次直播有“盗版”嫌疑，但并不妨碍其成为中国电视体育史上的一个重要转折点。

1978 年 12 月 4 日至 22 日，第八届亚洲运动会在泰国曼谷举行。中央电视台派出记者与中国代表团同行，除了拍摄新闻片的编辑记者之外，宋世雄还作为体育电视节目解说员随队前往，直播了开幕式和女排、男篮的决赛。这是中央电视台第一次派出人员在海外进行现场直播。

1984 年，中央电视台第一次通过卫星转播奥运会实况。当年 7 月，第 23 届奥运会在洛杉矶举行，新中国的运动员第一次参加奥运会比赛，五星红旗第一次在奥运赛场飘扬。中央电视台先后通过卫星直播了开幕式、闭幕式和女排决赛等 10 场比赛实况。1988 年在韩国汉城举行的第 24 届奥运会期间，中央电视台共报道了总时数为 181 小时的体育比赛，其中现场直播 72 场，实况录像播出 35 场。

1986 年，世界杯足球赛在墨西哥举行，中央电视台第一次完整转播了全部 52 场比赛，并派出 6 人报道组赴香港，使用香港电视台的信号进行现场评论。在一个月的时间里，通过国际卫星传送 100 多个小时的节目，全部播出。这为以后的世界杯足球赛报道奠定了基本模式。

1990 年 9 月，第 11 届亚洲运动会在北京举行。中央电视台联合了全国 16 家地方电视台和北京广播学院（现中国传媒大学），向海外电视机构提供了包括 17 个比赛项目和两个表演项目的现场直播信号，共 950 小时。这次大规模的演练，不仅使中央电视台得到了报道国际赛事的锻炼机会，还增强了中国体育电视工作者的信心，是中国体育电视走向世界的起点。北京亚运会期间，中央电视台以演播室直播为节目框架，中间插有直播、录像、专题、采访、新闻、评论等多项内容，尽量加大信息量，增强可视性。16 天的亚运会报道，每天 14 小时全部采用这种方式，这是中央电视台此前从来没有做过的。

1992 年巴塞罗那奥运会是中央电视台体育报道走向成熟的转折点。中央电视台第一次建立后方演播室来重新包装节目,并开设早间专题,每天6∶30到7∶00进行直播,并在中午将经过重新制作后的信息进行滚动播出。此次奥运会报道总共播出 250 小时,创造了中央电视台历史上连续播出 90 小时的记录。

1994 年 10 月 4 日,第 14 届亚运会在日本广岛举行。此时,中央电视台国际体育报道的经验大大增加,经济实力也有了较大提高,广岛亚运会的报道实现了一个跨越性的转变。中央电视台派出 53 人的报道队伍,在广岛亚运会的国际电视中心租用了 250 平方米的工作地方,设立了自己单独的制作播出中心,并租用了一条单独的卫星通道,所有的广岛亚运会节目都从这里直接播出。这是中央电视台第一次在国外建立自己的制作播出中心。从形式上看,这只是一个地理上的转移,却足以标志着中央电视台技术上的成熟。在 16 天的时间里,中央电视台从广岛播出了 240 小时的亚运会报道,没有出现任何失误。参加广岛亚运会的各国电视机构第一次发现,中国人不仅出现在亚运赛场,国际电视中心里面也有他们的一席之地。中央电视台工作人员在广岛的业务活动,充分证明了中央电视台已经成为具有较强制作能力的亚洲大台之一。

1997 年,中央电视台在上海报道第 8 届全国运动会时,使用了当时世界上最先进的设备和报道方式。中央电视台体育频道第一次创造性地运用"大杂志式"体育报道模式,全天 16 小时播出全运会赛事,并将18∶00至24∶00作为一个整体来安排,内容包括直播、新闻、采访、现场报道、评论和花絮等。节目包装采用演播室主持人和节目预告相结合的方式,新闻按照杂志式编排以扩大信息量,谈话节目采用实景录制。

2000 年 9 月 15 日至 10 月 1 日,第 27 届奥运会在悉尼举行,中央电视台派出 108 人赴前方报道,并将第五套节目整体包装为"奥运频道"。整个奥运会期间,奥运频道播出了 584 小时节目,直播了 160 场赛事,录播了 30 场比赛,制作新闻 826 条,专题节目 2102 期。奥运频道的收视率最高时达到13.47%,占有率高达 20.50%。悉尼奥运会全面、立体的直播报道,充分展示了中国体育健儿奋发向上的精神面貌。这次报道加大了现场记者的赛前、赛间、赛后采访,加大了评论员的评论深度,为观众提供了更广阔的背景、更丰富的资料。

2001 年 11 月 11 日,第 9 届全国运动会在广州开幕。中央电视台对开幕式的转播实现了两个第一:第一次成功实现虚拟演播室直播体育节目,第一次在大型综合运动会上使用“单边多点”报道方式,从而使转播报道的内容更加丰富。在这次报道中,中央电视台首次还在全国推出交互电视。

2002 年 8 月 30 日至 9 月 15 日,世界女排锦标赛在德国举行,中央电视台共进行了 12 场直播、2 场录播。赛程前半段直播安全平稳,后半程前方现场发现直播干扰现象,因此,后方直播更改为延时播出,延时为 20 秒。这是中央电视台第一次连续多场延时直播,并成功杜绝了一起恶性播出事故。

2004 年,中国体育电视再上高峰。中央电视台作为 2008 年北京奥运会主办地的国家电视台,受邀为雅典奥运会制作乒乓球、羽毛球和现代五项三个项目的国际公用电视信号,这被视为中国体育电视正式登上最高级别体育电视国际舞台的标志事件。

2008 年北京奥运会,中央电视台在雅典奥运会制作乒乓球、羽毛球和现代五项三个项目的国际信号的基础上,增加了足球、篮球、排球、网球和武术五个项目的国际信号制作。参与制作的团队也从中央电视台一家扩展到北京电视台、广东电视台、江苏广播电视总台、上海文广新闻传媒集团、辽宁电视台、浙江电视台和天津电视台八家联合转播,创造了中国电视奥运会转播规模之最,矗立了中国体育电视的里程碑。

中国体育电视的发展,自然与体育电视栏目有着千丝万缕的联系。

1960 年 1 月 1 日,北京电视台创办了第一个体育栏目《体育爱好者》,隔周的星期二、星期五播出。它的对象主要是青少年、体育爱好者和体育工作者。

《体育爱好者》十分重视报道群众性体育活动,着重宣传介绍锻炼身体的科学卫生知识和群众体育活动与健身方案。播出的专题节目主要有:《怎样做广播体操》《怎样练滑冰》《怎样学游泳》《怎样练长跑》《怎样打太极拳》《怎样下象棋》《怎样下国际象棋》《怎样下围棋》和《怎样打桥牌》等,为广大观众进行体育锻炼和娱乐活动提供了帮助。在《体育爱好者》栏目中出现较多的还有少数民族体育、中国武术和国防体育等,可以说,它在那个时期比较全面地反映出了中国体育的状况。

1980 年，中央电视台开办了每周固定播出的体育专题栏目——《体育之窗》（每周 15 分钟），以普及体育运动知识为主。随后几年间，还开办了《世界体育》（每周 15 分钟）和《体坛纵横》（每周 50 分钟），缩编了大量国外节目。《体育之窗》除继续播出教学节目之外，还逐渐增加了赛事欣赏和深度报道的内容，在当时影响比较大的节目有：《体坛丰收年》《儿童体育乐园》《世界杯体操赛新难动作精选》《1982 年世界杯足球赛 146 个精彩射门》《志行风格》等。

1991 年 5 月，中央电视台取消了播出超过十年的《体育之窗》和《世界体育》《体坛纵横》，以杂志类栏目《体育大世界》（每周 50 分钟）和《赛场纵横》（每周 90 分钟）代之，努力满足观众的需求，增强时效性，并逐渐和国际接轨。

1989 年 1 月 2 日，中央电视台开办了第一个固定的体育新闻栏目——《体育新闻》，每周一至周六的 21∶55 和 22∶00 各播出一次，每次 5 分钟。《体育新闻》为国内广大体育爱好者提供了国内国际体坛的最新动态，采用演播室直播的方式播出，目前已基本做到了把刚刚在新闻播出结束前发生的事件及时报道出去。在每一天的节目中，观众看到的是 24 小时以内的全球体育赛事及相关报道。《体育新闻》栏目的开办提高了中央电视台在体育界的地位，扩大了中央电视台在体育观众中的影响，锻炼了体育报道队伍，加强了与全国各电视台在体育节目报道方面的合作。

1995 年 1 月 6 日，国内第一个大型直播体育谈话节目《体育沙龙》在体育频道登场亮相。1995 年 2 月 15 日，新任中国女排主教练郎平风尘仆仆从美国飞回北京，2 月 17 日晚，她就出现在了《体育沙龙》的直播室，满足了广大观众希望在第一时间看到郎平、了解郎平的心愿。《久违了，郎平》这期节目获得了 1995 年中国广播电视协会一等奖。

1997 年 3 月，《体育沙龙》由直播改为录播，同年 8 月更名为《体育漫谈》。1998 年 1 月再度更名为《五环夜话》，一直沿用到 2003 年，改为《体育今日谈》。

《五环夜话》是中央电视台体育频道唯一的大型谈话性栏目，从创办之日起就始终关注和捕捉体育热点、焦点问题和事件，配合体育界重大赛事的宣传，制作出了许多很有影响力的节目，受到广大电视观众和体育界人士的喜爱。

后来《五环夜话》还为观众请来过足球皇帝肯鲍尔、足球掌门人布拉特、中国奥委会主席何振梁等重量级人物,深入介绍过轰动世界的辛普森案和博斯曼案等等。中国所有奥运金牌获得者、乒乓球世界冠军以及其他项目的世界冠军,如我国第一个女子花样滑冰世界冠军陈露,都是《五环夜话》的常客。甚至当时刚刚丢掉冠军的谢军、被球迷直呼"下台"的原国家足球队教练戚务生,也成为过《五环夜话》的客人。可以说,"夜话"不仅是胜利者的庆功舞台,也是失败者的温馨港湾。

在配合我国体育重大活动和重大赛事上,《五环夜话》也始终走在前面。2000 年,在悉尼奥运会举办之前,《五环夜话》制作了 15 集奥运特别节目,以引导观众收看奥运热点项目。奥运结束后,又制作了介绍奥运幕后英雄的节目,更全面地加深了观众对奥运地了解和认知。还有其他方面如:在中国成功申办 2008 年奥运会,成功举办大学生运动会,中国男子足球冲出亚洲、进入世界杯等重大时刻,栏目也同步推出了《莫斯科归来》《为了这一天》《消费奥运,取之有道》(北京申奥话题)《给世界一个惊喜》(大运会话题)《大话十强赛》《沿着胜利的方向》《快乐米卢》《大话十六强》(世界杯足球话题)等节目。

1996 年 4 月创办的《足球之夜》,是中央电视台第一个专业报道足球的栏目。该栏目把足球职业化改革过程中出现的重大事件、赛场内外的新闻热点以及相关的人物故事作为自己的报道重点,以"球迷每周的节目"为宗旨,力争引领舆论主流,弘扬快乐足球。

在《足球之夜》的辉煌期,其收视率在央视体育节目中名列前茅,该节目段的广告价位仅次于《焦点访谈》,是球迷心目中观众最多、影响力最大和最权威的栏目。从 2014 年 3 月开始,《足球之夜》的播出时间跟随比赛直播进行调整。

2000 年,欲与《足球之夜》分庭抗礼的《中国足球报道》出笼,并在国内足球迷中获得较高口碑。这是由当时拥有甲 A 足球队的北京、上海、广东等 12 家电视台联合制作的专题节目,同时在全国 15 个省市现场直播。《中国足球报道》在每周四和周日比赛结束的当天晚上,就向球迷报道各场比赛情况、现场球迷的动态、赛前赛后新闻故事、花絮等。

2000 年 11 月 27 日，中央电视台体育频道《天下足球》栏目开播。《天下足球》是一个以报道国际足坛最新赛事和新闻为主的栏目，首播时间为每周一的19:30 至21:25。《天下足球》的前身是《国际足球赛场》，但不再仅仅是以报道赛事为主，而是延展了它的空间，更深入地挖掘足球背后的故事，介绍世界足坛的立时掌故，分析足球事件的新闻背景等，极大地丰富了节目的内容，同时也增加了节目的可视性。《天下足球》的子栏目《绿荫重量级》《绝对巨星》《足球制造》《看球听歌》《TOP10》等也颇具特色，深受观众的喜爱，成为《天下足球》吸引更多观众的招牌。

2002 年 7 月 16 日，在中国北京申奥成功一周年之际，中央电视台体育节目中心推出了《北京 2008》电视体育栏目。创办动机为"跟踪记录我国筹备 2008 年奥运会的全过程，培养和演练 2008 年奥运会电视转播的人才和技术。"

《北京 2008》发布权威的奥运新闻，关注北京奥运的进展，讲述令人感动的奥运人物，发现百姓的奥运故事。消息源的权威性、消息流的快捷性和消息量的丰富性，是《北京 2008》的优势所在。对焦点事件的及时反映和相应的深度分析，是《北京 2008》的看家本领。2003 年 4 月 2 日改版后，《北京 2008》开辟了专门的"奥林匹克课堂"，介绍奥林匹克知识，普及奥林匹克运动，传播奥林匹克精神。

体育栏目的发展，为创办体育频道打下了良好基础。1995 年 1 月 1 日，中央电视台体育频道开播。这是中国第一个自办的体育频道，也是目前国内规模最大、拥有世界众多顶级赛事国内独家报道权的专业体育电视频道。它的开播，满足了观众对体育节目日益增长的需求，受到广大观众特别是体育爱好者的普遍欢迎，是中国体育电视繁荣的重要标志。此后，北京电视台体育频道、上海电视台体育频道、广东电视台体育频道等相继创办开播。

中央电视台体育频道创办之初，每日播出 12 小时，每日首播节目 8 小时。1995 年 11 月 1 日，体育频道通过卫星向全国播出，每日播出 16 小时，每日首播节目 10 小时。2002 年体育频道每日播出时间已达 20 小时，每日首播节目平均达 10 小时以上。

中央电视台体育频道创办以来，进行过四次大规模的改版。2001 年，体育频道延长播出时间，平均每天延长 4 个半小时，增加各类体育赛事直播场次,增加新闻与信息服务内容,并根据特定观众群体设置栏目。改版后,体育频道共设18个栏目,从早6:00到次日凌晨2:00,平均每天播出20小时以上,成为涵盖国内外重大体育赛事转播、体育热点追踪报道、全民健身及娱乐休闲、体育知识普及教育、体育人物纪实报道等内容的全方位的体育专业频道。

2003年3月31日,体育频道再度改版。本着“让体育频道更好看”的目标和“赛事第一”的原则,对频道的外在形式、制作方式和节目编排等方面进行创新调整。

2006年9月5日,中央电视台体育频道在新的掌门人带领下,进行全新改版和内容调整,以实现动态编排,提高赛事资源的利用率,着力开发优势栏目,淘汰劣势栏目,加强新闻力度和深度,突出时效性,让体育频道更加专业和纯粹。放大赛事,强化专业性,是体育频道改版的基本原则。为此,体育频道加大了对赛事集锦的制作力度,并且更好地多次循环利用。体育频道不仅播出拥有播放版权的优质赛事,还自发组织一些商业性娱乐性赛事,比如2006年下半年推出的展示秘门绝技的“武林大会”以及“中华龙舟大赛”“谁是球王”和“谁是棋王”等赛事节目。

第二节　基本类别

体育电视有着多种分类方式。按照媒介层级分类,可以分为体育电视台、体育频道和体育栏目节目;按照赛事性质分类,可以分为竞技体育电视、群众体育电视和商业体育电视;按照电视接收终端来分,则可分为家庭体育电视、网络体育电视和户外体育电视等;按照体育电视转播的赛事范围又分为国际赛事电视、洲际赛事电视和国内赛事电视;按照赛事本身的特点来分又有单项赛事电视和综合赛事电视等等。

当前,全世界范围内还没有真正意义的体育电视台,ESPN(Entertainment and Sports Programming Network)也只能算是体育节目占了相当大比重的娱乐体育电视机构。倒是世界范围内依托电视台发展起来的体育频道逐渐日新月异,著名的有BBCsports、NBCsports、ABCsports、CBSsports、FOXsports、NKKsports和CCTV5以及蒸蒸日上的CCTV5+等等。中国国家体育总局曾动议联合中国教育电视台建立体育电视台,但至今没有付诸行动。

ESPN(Entertainment and Sports Programming Network)是当今世界最著名的体育电视网,公司的业务范围涉及体育网络、电视广播、互联网站、体育杂志和商品发行,24 小时连续播出体育节目。

ESPN 由美国人 Scott Rasmussen (斯科特 · 拉斯穆森)和他父亲 Bill Rasmussen (比尔 · 拉斯穆森)创立,1979 年 9 月 7 日开播,总部设于美国布里斯托市。目前,ESPN 已经发展成为全球最大的体育电视网,卫星网络覆盖 160 个国家,节目使用 21 种语言,全球收视观众超过 2.1 亿人。ESPN 在美国有主题连锁餐馆 ESPN Zone ,在全球多个国家都有 ESPN Magazine。ESPN 是一家合资公司,华特迪士尼公司拥有 80% 的股份,Hearst Corporation 拥有 20% 的股份。

一直以来,ESPN 以现场直播各式各样精彩刺激的体育活动实况而享誉。全球范围内的所有精彩赛事均进行详尽报道,透过 ESPN 最先进及最专业的转播制作技术,观众可以尽情欣赏精彩的体育节目,还可以感受现场的热烈气氛,如同亲临现场。

亚洲地区(除日本外)由星空传媒同时经营 ESPN 及卫视体育台,称为 ESPN STAR Sports,中国大陆、香港、台湾、东南亚等地区的观众均可以收看 ESPN 及卫视体育台。ESPN STAR Sports 专注于足球、篮球、高尔夫球、网球、一级方程式赛车等各项较受亚洲观众欢迎的体育节目的相关报道。

体育频道是体育节目集中播出的主要渠道,是最能够体现体育电视整体水准的标志。当前,世界上影响比较大的体育电视频道有 NBCsports、ABCsports、CBSsports、FOXsports、ORF Sport(奥地利国家电视台体育频道)、意大利 RAL1、德国 ZDF、挪威 NRK1、塞尔维亚 RTS2、澳大利亚 NET10、日本富士电视台体育频道、中国中央电视台体育频道、北京电视台体育频道、上海电视台体育频道、广东电视台体育频道和中国香港卫视体育频道(当地称为体育台)等。其中,CBS、ABC 和 NBC 包揽了夏季和冬季奥运会的电视转播权(见表 1.1)。①

---

① 数据来源:参照柯惠新 王兰柱《媒介与奥运》中国传媒大学出版社 2006 年 7 月第 1 版和其他相关资料整理。

表 1.1 奥运会电视转播状况

时 间	举办城市	季 节	转播费(＄)	电视网
1960	斯唯谷	冬季	394000	CBS
1960	罗马	夏季	550000	CBS
1964	因斯布鲁克	冬季	597000	ABC
1964	东京	夏季	1500000	NBC
1968	格勒诺布尔	冬季	2500000	ABC
1968	墨西哥城	夏季	4500000	ABC
1972	札幌	冬季	6400000	NBC
1972	慕尼黑	夏季	7500000	ABC
1976	因斯布鲁克	冬季	10000000	ABC
1976	蒙特利尔	夏季	25000000	ABC
1980	普莱西德胡	冬季	15500000	ABC
1980	莫斯科	夏季	87000000	NBC
1984	萨拉热窝	冬季	91500000	ABC
1984	洛杉矶	夏季	2 亿 2500 万	ABC
1988	卡尔加里	冬季	3 亿 900 万	ABC
1988	汉城(首尔)	夏季	3 亿 900 万	NBC
1992	艾伯特威尔	冬季	2 亿 4300 万	CBS
1992	巴塞罗那	夏季	2 亿 100 万	NBC
1994	利勒哈摩尔	冬季	3 亿 1000 万	CBS
1996	亚特兰大	夏季	4 亿 5600 万	NBC
1998	长野	冬季	3 亿 7500 万	CBS
2000	悉尼	夏季	7 亿 1500 万	NBC

续表

时　间	举办城市	季　节	转播费（$）	电视网
2002	盐湖城	冬季	5亿4500万	NBC
2004	雅典	夏季	7亿9300万	NBC
2006	都灵	冬季	6亿1300万	NBC
2008	北京	夏季	8亿9400万	NBC
2010	温哥华	冬季	8亿2000万	NBC
2012	伦敦	夏季	11亿8100万	NBC
2014	索契	冬季	7亿7500万	NBC

长期以来，NBC一直谋求独霸奥运会体育电视。1996年，NBC出价35.5亿美元，打包购买了2000～2008年的奥运会电视转播权，其中，2000年悉尼奥运会电视转播权7.05亿美元，2002年盐湖城5.45亿美元，2004年雅典7.93亿美元，2006年都灵6.13亿美元，2008年北京8.94亿美元。2003年6月，NBC出价20亿美元，一举击败其他两家美国公司获得2010年冬奥会和2012年夏奥会的电视转播权。NBC的垄断式做法和如此高额的出价，国际奥委会只能够在比赛时间、赛程安排和电视转播等方面尽可能满足其要求。

体育栏目节目是表现体育电视的最小单位，直接反映了体育电视的策划能力、制作水平、节目资源等各个方面。其中，体育赛事资源的占有率直接影响到体育节目栏目的整体分配和编排，影响到整个体育频道的节目饱和度。体育栏目是体育赛事节目的延伸，只有拥有丰富的体育赛事，才可能在体育电视竞争中占据主动位置。

从全球范围内考察，占据世界上收视排名前10位的体育节目无一例外，都是体育赛事（见表1.2）。①

① 资料来源：Eurodata。

表 1.2 世界上收视排名前 10 位的体育节目

国 家	电视频道	体育项目	收视率%
日本	富士电视台	足球世界杯	47.6
意大利	RAL1	足球世界杯	42.6
爱沙尼亚	ETV	冬季奥运会	42.6
挪威	NRK1	冬季奥运会	40.3
塞尔维亚	RTS2	篮球世锦赛	38.8
德国	ZDF	足球世界杯	37.2
巴西	Globo	足球世界杯	36.3
波兰	TVP1	冬季奥运会	35.9
美国	FOX	美式橄榄球	32.2
澳大利亚	Net10	澳式橄榄球	31.7

从表 1.2 可以看出,足球世界杯、奥运会、篮球是全世界电视观众普遍欢迎的体育节目,而一些地域性强当地人热衷的竞技项目如美式橄榄球、澳洲橄榄球以及北欧国家挪威冬奥会项目等等也能够吸引体育迷的目光。

在中国,体育赛事电视节目同样最有号召力。从最近几年全国体育电视节目的收视率和市场份额看,只要是当年有奥运会、全运会、足球世界杯等重大事件,体育电视节目就会有着良好的收视表现和很高的市场份额(见表 1.3)。

表 1.3 2005～2012 年中国体育电视节目收视前 10 名

2005 年		2006 年		2007 年		2008 年	
节目名称	收视率%	节目名称	收视率%	节目名称	收视率%	节目名称	收视率%
十运开幕	4.5	葡萄牙－伊朗	9.3	亚冬会报道	5.3	男篮中美	15.8
十运闭幕	4.0	日－克罗地亚	9.3	女足中新	4.3	奥运焰火	15.2

续表

2005 年		2006 年		2007 年		2008 年	
节目名称	收视率%	节目名称	收视率%	节目名称	收视率%	节目名称	收视率%
女排精英	3.5	韩国 - 多哥	9.2	亚洲杯中乌	3.9	奥运开幕	14.4
乒乓世锦	3.2	阿根廷 - 塞黑	8.9	亚冬会开幕	3.3	女子乒乓	13.6
十运田径	2.7	德国 - 阿根廷	8.7	女排大奖赛	2.5	奥运闭幕	13.3
十运男乒	2.7	澳 - 日本	8.6	国奥中日	2.3	女子百米	13.0
十运乒乓	2.2	塞黑 - 荷兰	8.6	夏特奥开幕	2.2	中古女排	12.8
国际足球	2.2	哥 - 厄瓜多尔	8.2	CBA 总决赛	2.1	男子乒乓	12.1
苏迪曼杯	2.1	西 - 乌克兰	8.2	大奖赛颁奖	2.1	中波女排	11.7
东亚男足	2	瑞士 - 多哥	8	女乒团决赛	1.9	中美女排	11.6

2009 年		2010 年		2011 年		2012 年	
节目名称	收视率%	节目名称	收视率%	节目名称	收视率%	节目名称	收视率%
男子跨栏	4.6	亚运开幕	6.2	网女单决赛	4.5	奥高低杠	6.2
十一运开幕	4.3	世界杯开幕	4.8	男米跨栏	3.6	男双 10 米台决赛	6.1
中伊男篮	3.3	亚运闭幕	4.5	中韩男篮	3.2	羽球颁奖	5.7
大冬运	3.2	女子撑竿跳	4.0	男乒决赛	2.7	奥游泳预赛	5.2
男羽决赛	2.5	亚残会开幕	3.4	大运会开幕	2.6	中韩女排	4.9
男子举重	2.5	亚残会闭幕	3.4	世界杯预赛	2.4	羽男单决赛	4.9
开拓者对火箭	2.3	世乒赛男团决赛	2.8	钻石联赛 110 米栏决赛	2.3	乒乓球男单第三轮	4.8
羽毛球男双决赛	2.2	世乒赛女团决赛	2.4	2011 年澳网女单决赛	2.1	男子 10 米气步枪决赛	4.6
中波女排	2.1	冬奥会男短道速滑	2.0	斯诺克锦标赛半决赛	2.0	女子单人双桨决赛	4.4
中美女排	2.1	冬奥会女短道速滑	2.0	羽毛球男单决赛	1.9	男子 100 米预赛	4.3

从表1.3可看出，在一个体育大赛周期中，奥运会、全运会和足球世界杯的地位非常显赫。2004年雅典奥运会期间，中央电视台的体育电视节目前10名的收视率，全部超过了10%。2006年世界杯足球赛，中国体育赛事节目前10名的收视率都超过了8%。2004年雅典奥运会，陈忠和率领中国女排一路杀进决赛，与处于巅峰状态的俄罗斯女排对决，电视收视率高达13.7%，意味着中国大陆超过1/8的电视观众，通过中央电视台体育频道收看了这场重大的比赛。2008年，北京奥运会电视收视率突破了历史，姚明率领的中国男篮与美国梦之队的比赛收视率达15.8%，前10名收视率全部超过10%。

不仅如此，在奥运会年和足球世界杯年这两个体育大年，体育电视节目在所有电视节目的竞争中占尽风头。2004年，雅典奥运会的相关电视节目在全国电视所有节目排位前20名中占到了13个，2008年北京奥运会，作为东道主的中国体育电视节目占据了除春节联欢晚会和"5.12汶川地震抗震救灾募捐活动晚会"外的18个，其中开幕式和闭幕式的电视收视率分别高达26.7%和23.2%。2012年伦敦奥运会，中国体育电视节目收视业绩依旧红火，奥运会的相关电视节目在全国电视所有节目排位前20名中占到了14个。

2006年德国世界杯和2010年南非世界杯男子足球赛的相关电视节目收视势头强劲，2006年占到了全国电视节目排位前20名中的12个，2010年基本上与2006年齐平，最高收视率为9.3%，最高收视份额达35.4%（2010年世界杯1/4决赛中德国VS阿根廷，体育大年的电视收视情况见表1.4）。

表1.4　奥运会年和足球世界杯年全国所有电视节目收视率排名

2004年		2006年	
节目名称	收视率(%)	节目名称	收视率(%)
春节联欢晚会	37.8	春节联欢晚会	31.1
猴年说猴专题	21.8	一年又一年	15.8
新闻联播	14.6	人类的朋友专题	15.3
奥运会女排决赛	13.7	元宵晚会	12.5

续表

2004 年		2006 年	
节目名称	收视率(%)	节目名称	收视率(%)
冠军荣耀	13.6	天气预报	9.8
奥运会双向飞碟	13.5	新闻联播	9.5
奥运会女排中古	13.4	世界杯葡萄牙－伊朗	9.3
元宵晚会	12.9	世界杯日－克罗地亚	9.3
乒乓球男单决赛	12.4	世界杯韩－多哥	9.2
奥运会女排中日	12.4	世界杯阿根廷－塞黑	8.9
奥运会女子手枪决赛	12.4	世界杯德国－阿根廷	8.7
射箭女团半决赛	12.4	世界杯澳－日本	8.6
精彩回眸奥运系列	12.4	世界杯塞黑－荷兰	8.6
十大二次会议闭幕	12.1	乔家大院	8.6
金色声音	12.1	李肇星答中外记者问	8.3
乒乓球女单决赛	12.0	世界杯哥－厄瓜多尔	8.2
奥运会男单半决赛	11.6	世界杯西－乌克兰	8.2
国家科技奖特别节目	11.3	世界杯瑞士－多哥	8.1
乒乓球男双半决赛	11.3	世界杯英－巴拉圭	8.0
焦点访谈	11.2	世界杯英－葡萄牙	7.8
2008 年		2012 年	
春节联欢晚会	29.3	春节联欢晚会	19.5
奥运会开幕式	26.7	元宵晚会	8.1
奥运会闭幕式	23.2	女子高低杠决赛	6.2
残奥会开幕式	14.2	男子双人跳水决赛	6.1
抗震救灾募捐活动	13.8	羽毛球男单颁奖仪式	5.7
男子举重决赛	13.5	游泳预赛	5.2
中古女排	13.2	中国好声音巅峰时刻	4.9

续表

2004 年		2006 年	
节目名称	收视率(%)	节目名称	收视率(%)
中波女排	12.9	中韩女排	4.9
奥运会开幕式	12.4	羽毛球男单决赛	4.9
男子乒乓团体决赛	12.3	乒乓球男单第三轮	4.8
女子乒乓团体决赛	12.1	男子气步枪决赛	4.6
女子乒乓单打决赛	11.9	女子单人双桨决赛	4.4
残奥会闭幕	11.7	男子 100 米预赛	4.3
中委女排	11.6	天气预报	4.3
中美女排	11.3	新闻联播	4.2
元宵晚会	11.0	中安女篮	4.0
中俄女排	11.0	奥运游泳日记	3.7
奥运会闭幕式	11.0	女子重剑团体半决赛	3.7
男子 10 米跳台决赛	10.9	福州中秋晚会	3.5
中阿女足	10.9	奥运铁人三项	3.5

商业体育传播包括临时性的体育手册、公开出版发行的体育图书、体育电影、体育报纸、体育杂志、体育广播、体育电视和体育新媒体等多种形式。

按照国际足联下属组织叫 FIFATV 的观点，现在电视转播终端包括了电视、IPTV、平板和手机，排第一位的还是电视。这一分类与央视科技网“全球视频屏幕类型 2012 ~ 2017 的平板电脑、计算机/笔记本电脑、智能手机和电视机”异曲同工。其中，家庭体育电视以其无以替代的传播技术和传播功能，在所有体育传播中扮演着最为重要的角色，网络电视和户外电视也占据着一定的体育转播市场份额。

一、家庭电视

所有的体育媒介活动中，电视媒介声画一体，形象逼真，具有真切的现场感，冲击力最强，感染力最大。当下，不少体育赛事在举办之前，首先考虑电视转播问题。一些赛事赞助商在商务谈判时的首要条件，就是要求电视转播，有些更是明确要求现场直播，以保证各方面商业价值的实现。抑或是为了让当地政府领导或公司总裁“风光”，抑或是为了使赞助单位“露脸”，还有就是为了包装明星和传递现场广告牌的价值。

为了达到这一目标，赛事举办方总是优先考虑电视转播，有时候“屈尊”将比赛放在很少有现场观众的早上或中午进行。国际奥委会 2006 年 10 月 26 日宣布，为了适应美国电视网全国公司 NBC 的需求，2008 年北京奥运会游泳决赛和大部分体操比赛安排在北京时间上午进行。国际奥委会之所以重视转播商的要求，既与奥运会赞助商的幕后操作有关，也和国际奥委会自身的转播收入分成有关。

要现场观众的上座率还是要电视收视率，成为当下赛事或活动举办方经常碰到的现实问题。在决策关头，一切体育赛事往往都是以电视为中心。无论是赛事规则的调整、场地变化，还是赛事时间的调整等等，都是为了吸引更多的电视受众，满足电视转播的需要。

二、网络电视

全球互联网的高速发展以及我国信息化程度的飞跃，为体育网络的生存与发展打下了良好基础。在绝大多数的商业门户网站中，都开设了体育频道，各种赛事网站（足球赛事网络如意甲、英超和中超等，篮球赛事网络如 NBA、CBA 等，网球赛事网络如中国网球公开赛和四大满贯等，高尔夫赛事网络以及赛车赛事网络）、体育组织网络（包括国际政府组织如国际奥委会，国际行业组织如国际足联、国际篮联，国家政府组织如国家体育总局、各省市体育局，国家行业组织如中国足协、中国排协及其他体育组织）、体育媒体网站（包括体育电视网站、体育广播网站和体育报纸网站等）以及其他各种类型的网站相继建立起来，丰富了网络媒体的内容，更是为体育事业和体育产业的健康有序发展提供了新的阵地。

2008 年，奥运发展史上首开新媒体传播买卖先河，中央电视台央视国际网络有限公司成为中国大陆区域内国际奥委会首个商业合作伙伴，购买了互联网、手机、车载移动电视等奥运会的各种新媒体传播版权，央视网成为全球唯一对所有赛事提供全程直播、点播和轮播的新媒体，开创了奥运会传播新纪录。

2004 年 2 月，扎克伯格创办的 Facebook（脸书）上线，成为美国的一个社交网络服务网站,是全球最早的体育社交网络平台。2006 年,博客技术先驱创始人埃文·威廉姆斯创建的新兴公司 Obvious 推出了 Twitter(推特)服务。由此,体育社交网络平台开始占据着体育网络的新兴传播市场。

体育电视和互联网等新媒体无疑是当下风头正盛的主要传播渠道,传统电视的大屏幕、大场景将体育赛事的纵深全景表现得淋漓尽致,传统电视的集群性、壮阔性、呼应性等特质与运动激情抒发、运动魅力碰撞相吻合,以互联网(移动互联网)为代表的新媒体视频传播在及时性、便捷性等方面具有无可争议的优势,将曾经辉煌一时的体育广播、体育报纸、杂志挤到了被人忽略的窘境。

三、户外电视

欣赏一年一度温布尔登网球公开赛的球迷,都会注意到全英俱乐部球场中间有个铺满草皮的山头,在这里能看到 1 号球场的巨型屏幕,这个通过大屏幕观看赛事的地方,叫作"亨曼山"。自从 1994 年亨曼开始在温布尔登比赛,每场比赛都会有上千观众来到这儿,边吃草莓或者冰淇淋边看网球赛事。亨曼退役之后,这座山渐渐又变成了"穆雷山"。2013 年,英国本土球星安迪·穆雷在伦敦奥运会称王之后,又一路杀进到温网决赛。这场决赛吸引了 1.5 万人挤进了决赛现场,有 1730 万名英国观众观看现场直播。无法进入中心球场的球迷,争先恐后去购买一张外场球票,坐在亨曼山上通过大屏幕收看赛事直播,球迷们可以一改场内观众一丝不苟正襟危坐的拘束,尽情手舞足蹈,畅饮高歌,乐此不疲。决赛当天,数千人坐满了亨曼山,欣赏大屏幕电视直播。由于需求太过旺盛,观众要想得到这张外场票,还要早上 6 点排队。

美国人希望美网能够效仿"亨曼山(穆雷山)",在法拉盛营造这种轻松愉快地看球气氛。美国媒体认为,美网的最好选择就是在阿瑟·阿什球场前的喷泉处,设立一块巨型电视屏幕,观众聚集到这里,就能够观看到精彩的比赛。至于名字,"罗迪克岭"或者"法拉盛喷泉"都是不错的选择。

有关方面认为,亨曼山的形成跟英国的野餐文化有关系,球迷们带着毯子,备足口粮,来到这块山头,把观看网球当作一种改良的野餐活动。如果美网创设"法拉盛喷泉",与美网观众相伴的更多是伏特加、烈酒和三明治,很可能会把观看网球比赛演变成一场疯狂的派对。

第三节　商业属性

商业体育总是与体育传播形影相随，只要有体育赛事和体育活动，必然活跃着体育传播的身影。首先，大众传媒参与传播，可以让更多的体育爱好者了解体育，理解赛事，促进体育赛事的全球推广，提升其商业化与娱乐化气氛；其次，体育赛事媒介版权（主要是电视的转播权）的售卖，是各项比赛的主要经济来源，激活了体育赛事、体育活动、体育人物的商业资源；第三，体育传播机构包括广播电视、报纸杂志、互联网（移动互联网）以及新兴的社交媒体平台通过报道体育赛事、宣传体育人物和体育活动，将鲜活的体育资讯演变成受众追捧的热土，升华为广告商不可或缺的舞台，收听率、收视率、点击率变成了广播电视网络媒体的聚宝盆。

一、市场培育

曾几何时，体育广播、体育报纸、杂志等体育媒体为体育赛事和体育活动鸣锣开道，培育了一代又一代体育读者、体育听众，形成了越发庞大的体育爱好者群体，进而培育和见证了一个个体育市场的兴起。在 20 世纪 80 年代之前，正是这些在今天已经开始走下坡路的体育广播和体育纸媒，成就了商业体育的日渐成长。

1984 年洛杉矶奥运会，电视转播成为商业体育赛事、商业体育活动等商业推广和商业价值升值的第一利器。30 多年过去了，电视转播貌似显得有点“老套”，但依然是最具影响力的渠道。任何商业体育的进行，一旦失去电视媒体的曝光，体育赛事和体育活动的商业价值与品牌的赞助意愿都将大大降低，体育人物的广告价值也会大打折扣。因此，媒体曝光率（包括报纸杂志的发行量、广播媒体的收听率、电视媒体收视率和新媒体的点击率等）与赞助价值有着相当大的关联。对赞助商而言，媒体曝光率是赞助行为中不可不考虑的一个影响因素。

要不是 1987 年 NBA 时任主席大卫 · 斯特恩怀揣两盘 NBA 比赛的精彩集锦录像带耐心等候在中央电视台东门外，以不收任何版权费用叩开中央电视台的节目大门，中国观众怎么会知道 NBA 的精彩绝伦？要不是 1992 年国际奥委会向职业运动员伸出橄榄枝，乔丹率以 NBA 球员为主的美国梦之队横扫巴塞罗那奥运会篮球赛场，通过罗梅罗团队制作的奥运会公用信号向全球转播,世界各地的电视机构和新媒体哪会像今天这样如此热衷于高价购买美国职业篮球赛直播版权?

2015 年,中国大陆网民总数为 6.88 亿(渗透率第一次超过 50%),电视信号所覆盖的人群为 12.78 亿(覆盖率 98%),这就意味着体育电视和新媒体对受众的影响范围非常广泛,电视转播和新媒体转播的信息穿透力足够强势。

在中国 28 个大中城市,15 ~24 岁的体育人口中,52.7% 的大众通过网络媒介获取体育信息,而通过电视获取体育信息的人口比例高达 95.5% 。在电视体育平台与网络体育平台共存的当下,电视仍然在受众覆盖率和关注度两方面占据着统治地位。

二、市场价值

很难想象,现在全球最昂贵的电视广告不是收视人口最多的一年一度的春节联欢晚会,不是万众瞩目的“两会”电视报道,也不是甚嚣尘上的超女总决选,而是出自于体育赛事美国橄榄球总决赛超级碗电视转播的贴片广告。最近几年,超级碗电视贴片广告价位逐年上升。2008 年,美国橄榄球超级联赛总决赛的 30 秒电视广告由 2006 年的 240 万美元增至到 300 万美元,平均每秒钟 10 美元。2013 年,超级碗热门时段的 30 秒广告费价位飙升到 400 万美元。到了 2015 年,超级碗电视广告再次涨价,达到 30 秒 450 万美元。

电视转播权是奥运会直接收益中的一个重要来源。奥运会电视转播权也是迄今为止奥林匹克运动会最大的一笔单项收入来源。尽管电视转播收入对奥林匹克财政支持上具有重要作用,但为了使世界上最广泛的观众观看奥运会,国际奥委会出售电视转播权的对象,只针对那些能确保相应国家或地区的观众免费观看奥运会的转播商。

自 1960 年的冬奥会和夏奥会开始,国际奥委会试行出售电视转播权。当时,电视转播费分别为 5 万美元和 39.4 万美元。自从洛杉矶奥运会全面实行商业化以来,电视转播权的售卖成为其收入的重要支柱,约 40% 的收入来自电视转播权。

NBC 不仅是国际奥委会最大的财主,还曾是他们的救命稻草。1988 年汉城奥运会时,由于世界经济不景气和韩国国内经济压力,组委会面临巨额亏损。NBC 挺身而出,以 3.09 亿美元的高价买下了转播权。作为国际奥委会最大的电视转播合作者，为了得到2000～2008年奥运会在北美的独家转播权，NBC一次性支付给奥委会35.5亿美元，而全球其他地区付出的全部转播费只有16亿美元，还不到NBC一家付出的一半。为保证NBC的利益，在与国际奥委会签署的协议中规定：国际奥委会同意与NBC协商并促使组委会与NBC协商竞赛日程的时间安排，尽最大努力将美国观众关心的赛事安排在NBC最高收视率的时段内。

奥运会如此，中国的全运会、青运会、农运会亦如此。长期以来，中国体育赛场上没有电视转播权售卖之说。作为中国电视的龙头老大，中央电视台不仅可以无限制免费转播任何赛事，而且还会时不时提出一些额外的条件，比如让赛事举办方提供食宿、交通乃至转播费用。因为在常规的赛事举办方眼中，唯有中央电视台的转播或直播，才能够体现赛事的档次和规格，才能够满足赞助商、广告商、合作伙伴们的需求。

1997年，第八届全国运动会在上海举行。精明的上海第8届全运会组委会认为，国外重要体育赛事的主要收入来自电视转播权，但中央电视台从未为转播全运会付出过一分钱，这很不公平也很不应该。在上海东方电视台向组委会提出独家转播全运会的微妙背景下，上海人开始与中央电视台展开艰苦的谈判。最后，上海全运会组委会终于获得了160分钟的广告时段，收获了价值约160万元的转播权收入。这笔转播费尽管数目不大，但意义十分重大，它开创了我国全运会历史上电视机构购买赛事转播权的先河。

如果第八届全运会是电视转播权销售（广告置换）的有效尝试，那么广州九运会则是首次全面实行电视转播权有偿转让的开始。广州九运会顺势扩大战果，经过同各家电视台的艰苦谈判，最终有30多家国内电视台购买了区域电视转播报道权，境外的两家香港电视台也共同购买了香港地区的报道权，中央电视台花费450万元购买了全国版权，该届全运会电视转播权的总收入近1000多万人民币。

世界杯足球赛、高尔夫球世界杯系列赛锦标赛、世界拳王争霸赛、ATP系列赛与网球四大满贯赛以及F1赛车等，无一不从电视转播商的口袋中捞取了大把钞票。2006年世界杯的电视转播收益达到了13亿美元，其中美国一家网络电视就向德国世界杯付出了2.5亿美元的费用。相比之下，中央电视台用2500万美元就拿下了2002年和2006年两届世界杯的中国大陆地区独家转播权，绝对是物美价廉。

三、受众财富

体育传播成就了商业体育，也成就了媒介组织本身的财富增长。通过花巨资购买顶级赛事版权，电视机构和新媒体公司的人气指数高涨，行业地位更为突出稳固。在传统媒体和新媒体融合成长的竞合环境下，不仅老牌体育传播机构拓展新媒体业务，朝着体育传播产业的全球化立体化方向发展，各种资本也纷纷注入体育传播中来，成为争夺受众财富的新生力量。由此引发的人才流动特别是高端人才争夺，就成了体育传播市场的热门话题。

近年来特别是进入21世纪以来，各种体育组织如国际奥委会、国际足联、国际排联、NBA、中国国家体育总局、中超等纷纷设立媒介委员会或相关管理机构，进行媒介交流与推广。随着各种新媒体的快速发展，国际奥委会、国际排联、国际网球联合会和NBA等组织还专门设立了新媒体专业机构。NBA还将手机媒体单列出来，标明其重要性。为了保证比赛的顺利进行，国际大牌媒介（如电视台、通讯社等）往往都是专业委员会的要员，参加各种国际体育组织的重要会议，参与有关方面的决策。例如，NBC奥运部全球运营副总裁阿莱克斯·吉拉迪的另外一个身份就是国际奥委会委员，中央电视台体育频道总监江和平兼任国际排联媒体委员会委员要职。有些赛事则干脆将重要体育媒介（主要是电视台）捆绑在一起统一部署，联合行动。温网与BBC共同开发商业市场，中网与中央电视台和北京青年报等一起推广中国网球市场，都是鲜活的突出案例。由此可见，大众媒介在现代商业体育中的作用和地位。

中国的商业门户网站都瞄准了体育受众，加大了体育报道的力度、宽度、广度、深度。2008年北京奥运会新媒体视频版权第一次在中国大陆分销售卖，就引发了包括新浪、搜狐、腾讯、网易、PPTV等的抢购，就连万达、阿里巴巴这样的财富巨头，也将触角伸进到体育传播产业中来。目前，腾讯意欲在国内外顶级篮球赛事转播领域有所作为，新浪则侧重于足球、网球等项目。

2004年创立于北京的乐视视频（乐视网），将乐视体育作为乐视全生态业务的重要棋子，一口气买下了英超、欧冠、德甲、中超、日本J联赛、韩国K联赛、高尔夫、网球、赛车等200个赛事版权。近年来，乐视在中国体育传播业界风生水起，其抢占足球传播市场的举措尤为突出。2014年，中央电视台体育频道足球解说员刘建宏加盟乐视，出任体育首席内容官。2015年2月6

日，刘建宏与老搭档黄健翔“双剑合璧”，打造《超级比赛日》。“刘建宏 + 黄健翔 + 徐阳 + 张路”这样的重磅足球解说组合，足够令人期待。2016 年 1 月 12 日，乐视以全新面孔亮相。2016 年 1 月 19 日，乐视宣布与北京国安深度战略合作。

中国是全球经济引擎，世界顶级体育传播机构看准中国体育产业热土，纷纷开辟中文体育媒体报道。ESPN 于北京等地设立办事处，提供全面的媒体支持服务。ESPN STAR Sports 是为中国大陆观众和网民专设的综合性体育网站，与 ESPN 及卫视体育台节目互为补充，为电视观众和网民提供了多方位触及体育娱乐的平台，涵盖的体育种类繁多、资讯丰富，从国际足球到 F1，从中国足球到网球，从比分直播到赛事预测，从博客到宽带视频下载，精彩层面一一涉及。

第四节 特 点

商业体育传播是商业体育与现代传播的有机结合，有着商业体育和传播媒介的双重属性与特点。因此，商业体育传播与传统大众传播及新媒体传播（电信传播）等注重党性、思想性、政治性、导向性、民族性和地域性等不同，更多表现在其全球性、专业性、娱乐性和商业性等。

一、全球性

体育无国界，商业体育传播同样没有边界，这是体育电视全球性的根本所在。体育电视的全球性指的是体育赛事的全球转播、体育电视节目的全球交流与推广、制作技术和手段的融合协作、体育电视人才的互通与合作以及体育活动的全球资源共享等，将全世界体育电视传播构建为“体育地球村”。

奥运会就是一个鲜活的范例。奥运会创办以来，为世界上数以亿计的电视观众奉献了精彩纷呈的体育赛事场景。在奥运赛场，冷门迭爆，很多体育强国的“世袭领地”被打破，开放成熟的全球化体育意识被越来越多的人所认同。无论是美国梦之队出神入化的篮球，阿根廷、巴西等激情四溢的桑巴足球，意大利、法国神妙的剑技，还是中国变化莫测的乒乓球羽毛球，日本韩国的“国粹”柔道、跆拳道，“非洲雄鹰”的田径（主要是中长跑马拉松项目）英姿，都让世界各国电视观众如痴如醉。

前国际奥委会主席罗格高度评价北京奥运会创立的奥运会新标杆，认为北京奥运会的成功，就是得益于“同一个世界、同一个梦想”的国际化理念得到了充分的诠释。北京奥运会让世界上各个国家与民族的传统体育与文化得到了充分展示，让全球电视观众为之热血沸腾，电视转播创造了历届之最。

北京奥运会期间，世界上200多个国家和地区的电视机构，不间断地转播了5000多小时的奥运节目（这个数字是雅典奥运的3倍），全球有45亿人观看了奥运电视转播。

国际奥委会电视转播与市场服务部主任蒂莫·拉姆直言，北京奥运创造了奥运电视转播历史上的最大奇迹，从来没有这么多的观众同时观看奥运会，这其中不但有传统的电视观众，还有不少手机电视观众、互联网电视观众，新兴媒体的视频转播得到了充分的扩展。

北京奥运会期间，以8.94亿美元的天价从国际奥委会购得转播权的美国全国广播公司（NBC）平均每天观众人数达到3040万，其收视率之高只有美国人最热衷的橄榄球总决赛“超级碗”可与之比肩。

日本的NHK对北京奥运报道投入了大量人力和物力，派出了400多人组成的报道队伍来到北京奥运现场。日本观众对北京奥运投入了前所未有的热情，北京奥运会开幕式的收视率达到了48%，NHK转播的有日本选手参赛的柔道收视率更是突破了50%。北京奥运让西班牙电视媒体大出风头，北京奥运会期间，西班牙广播电视台的收视率超过了30%，这个数字比西班牙本土进行的奥运会还要高。

二、专业性

体育传播有着和其他大众传播不一样的专业特性，对记者编辑转播平台和后期剪辑制作等有着特殊的专业要求。电视节目的策划、制作、转播、解说等多方面专业技能千差万别，注定了体育传播需要极强的专业能力，具有极强的专业特点。无论是比赛前的各种分析，还是对各种赛事的拍摄范围、拍摄角度、特写镜头、慢动作镜头和字幕等的处理；无论是对明星运动员的重点关注、豪言壮语和赛后的总结与分析，还是主持人播音员的现场解说，甚至包括画面剪辑、声像配合、后期处理和信号传导等，都有着很高的专业要求。体育电视的各个环节环环相扣，哪个环节出了一点问题和漏洞，就会直接波及整个体育节目的效果，影响到体育电视的竞争力。

NBA 的国际竞争力越来越大，与其高超的专业化程度有着密切关系。尽管有多家电视机构承担电视信号制作任务，如 ESPN、FSN、NBC 等，但 NBA 都要求他们遵循同一标准，按照严格的规定执行。NBA 每场比赛设有 14 台摄像机、从不同角度拍摄比赛现场，提供全景式的比赛镜头。NBA 的赛场拍摄还对重点球员重点照顾，安排有专门摄像机全程跟踪拍摄。NBA 电视转播有两套收录系统，一套供直播使用，另一套进行赛后录像编辑供市场发行或新闻使用。应合作伙伴要求，NBA 还可以提供单边服务，如全明星赛期间就为中央电视台体育频道提供了一辆转播车进行单边报道，也就是我们常说的 COMPOUND 报道方式。NBA 的活动组织也很专业很规范，如全明星周末活动从制证、接待到各项活动的组织均有专业化的队伍负责，有条不紊。就连 NBA 季前赛登陆中国时，也不惜血本从本土运来了全套音响和所有比赛地板，组成了比赛监督、裁判员、啦啦队、吉祥物、灌篮高手等 400 多人的庞大专业阵营，以保证原汁原味的 NBA 风格。

奥运会的电视转播也正在朝着专业化方向迈进，越来越多的高精尖电视专业设备和电视专业人才进入奥运会，成为奥运会电视转播的技术保障。从 1936 年柏林奥运会模糊不清的黑白电视转播，到彩色电视的引入、电视直播技术的推广以及超高速摄像机、电兔子摄像机等数字高清技术的深化，加上奥林匹克转播公司所率领的电视转播多国部队的专业操控，奥运会电视转播的专业化水准越来越为人们所看好。

北京奥运会是奥运史上第一次采用高清技术进行转播，BOB 全部以高清格式制作国际电视信号，传送给全球各国电视台。高清技术是指通过高清数字电视进行转播，它的图像质量达到 35mm 宽银幕电影水平，音质达到家庭影院的效果。虽然制作上两种信号大同小异，但高清信号对赛场的光线要求很高。在操作上，包含了两个很大的挑战，一是画面比例的转换，二是跟焦技术。目前国外的大部分信号是 16∶9 的画面，而国内则是 4∶3 的画面，两种画面之间的转换对摄像师提出了较高的要求，因为拍摄时同时要考虑两种画面，既不能漏拍所需要的内容，构图还要合理。此外，高清焦距相对较短，景深不像标清那样深，也需要很专业的摄像师去调整磨合。

超高速摄像机魅力无穷。中央电视台体育频道在雅典奥运会乒乓球、羽毛球和现代五项转播中出色完成了电视转播任务。其中，乒乓球转播分队为全世界观众呈现出乒乓球运动的独特魅力。这支不到十个人的团队承担着乒乓球比赛转播中画面、音频、慢动作回放、字幕等好几个工作，赛场内的多台摄像机安插在乒乓球场内的各个角落，捕捉每一个稍纵即逝的细节。在雅典奥运会电视转播时，由于应用超高速摄像机的拍摄，全球观众已经可以非常清晰地看到运动员的发球，包括球在球台上飞行，球在球网上擦网、擦边这种细节。细腻表现运动员心理、情绪的镜头让观众仿佛身临其境，而高清信号和超高速摄像机的结合将会彻底改变媒体报道体育赛事的方式和理念。这种技术的采用，使得人们从过去只是观摩比赛进入到把比赛看成一种讲故事。用一种特写的方式来进行报道，比如一个运动员的汗珠流下来，运动员的表情你能看得非常的清晰。这样人物就活了，就像某种电影的手法，通过镜头来获取一种感动。

除了超高速摄像机之外，为跳水比赛准备的高清自由落地高速摄像机，为田径赛场准备的电兔子摄像机，为游泳比赛准备的水下摄像机，这些顶级摄像器材在北京奥运会期间都为奥运会的电视转播增光添彩，为全球电视观众呈献出体育电视的专业史诗。

三、娱乐性

体育传播的娱乐性是指体育报道经常关注赛事的娱乐气氛、明星的八卦星闻和时尚风采。体育电视节目的娱乐性内容和表现方式所占比重越来越大，体育犯罪、丑闻、明星风流轶事等信息也越来越多。体育传播的主要娱乐因素有跌宕起伏的竞技场景、神秘莫测的比赛结果、滑稽搞怪的服装道具、运动明星的激情表现等，其主要表现方式为体育新闻报道的武侠式叙述、兵家语言的运用以及另类幽默的倾向及图片、图像、Flash 动画和与受众互动连线等。体育传播中的娱乐化风格本不是什么坏事，但是体育传播中过于追求娱乐化，难免会变得煽情、低俗化，甚至色情化。

被列为全球九大 CEO 的商界智者、前可口可乐公司董事长罗伯特·戈伊苏埃塔将体育浓缩简化为“娱乐”二字，“体育就是娱乐，娱乐就是体育。”英国德蒙斯特大学特威尔教授说，体育只有一个定义，即是一项广泛参与的娱乐活动。它包括所有刺激人们胃口的东西。它是没有剧本的表演，但包含了人类所有的表演精华，给我们带来了大喜大悲。

在现在的体育电视节目中，更加强调表演性，强调娱乐观众。运动员为了完成高难度的精美表演动作，有时不惜失去进攻得分的机会。商业体育总是充分运用赛事或者活动的精彩刺激场景，让观众赏心悦目。赛场里有运动员的即兴发挥，有啦啦队的载歌载舞，有裁判员的幽默表情和个性特色,活动晚会有演艺明星助阵,一切都能够让观众洋溢在艺术的氛围中。

四、商业性

体育电视的商业性指的是体育电视的所有环节都是按照市场规律办事,讲求利益最大化,实行明码标价。电视转播需要付费,各级赛事因电视转播的范围和受观众欢迎的程度有着明显差别,优质的体育栏目还有冠名费(有些火爆栏目有好几个不同名目的冠名),顶级教练员、运动员、裁判员等出席电视节目有出场费,有些特定场合和特定时间还有明星签字费。

体育电视以吸引观众眼球为根本,英俊潇洒的男选手,靓丽妩媚的女运动员,常常受到电视转播的特殊眷顾。达维登科很长时间一直是世界排名前10位的网坛高手,因为没有伟岸的身材和俊朗的外表,一直难以受到商家的青睐,至今没有大牌赞助商。我国乒坛女后张怡宁和跳水女王郭晶晶虽然都是双料世界冠军,但是两人商业价值相差甚远,代言广告品牌的数量相差很多,更有外在表现力的郭晶晶代言企业明显比张怡宁多出数倍。有人甚至认为,郭晶晶频繁爆出的"绯闻",也在提升着她的商业地位与价值。在2007年中国品牌研究院发布的《中国奥运金牌价值报告》中,郭晶晶的金牌价值达到了2.33亿元,张怡宁的金牌价值仅为2900万元。

体育电视的商业性表现在以下几个方面:一是体育电视的转播,特别是直播,使得体育赛事的商业价值获得极大提升,赞助商、广告商的利益得到空前满足;二是体育赛事的电视转播需要商业购买,售卖价格日渐增长,各种体育赛事的转播权争夺愈演愈烈;三是体育电视塑造体育明星,体育明星之所以能够"以质论价",身价一路高涨,其俊朗和亮丽的外表就是商业标签,为商家所追捧,皆归功于电视传播;四是体育电视广告成为当下最受欢迎的广告载体,全球最昂贵的电视广告就固定在美国橄榄球总决赛——超级碗,30秒贴片广告从2008年的300万美元增长到2015年的450万美元;五是通过电视转播,体育赛事或活动可以赢得足够的商业利益,体育赞助方对电视转播的依赖度越来越高。

体育电视商业化的趋势,迫使体育赛事为了便于电视的转播需要,不得不对比赛制度、形式甚至规则加以变革,增加一些项目的观赏性来满足电视的播出要求。例如,国际足联将20分钟的半场休息改为15分钟,以便使整个节目成为完整的电视节目段落;国际篮联将篮球赛由上、下半场变为四节,给了更多电视转播时插播广告的空间;国际排联把决胜局改为每球得分制，是为了适应电视播出的观赏性和刺激性；国际乒联更是改革连连，将原来冗长的每局21分制改为11分制，为了让乒乓球的球速慢一点，让观众看得清楚一点，不仅将乒乓球的直径由原来的38mm改为现在的40mm，颜色也由原来的白色改为现在鲜亮的橙色，乒乓球比赛台也变得更加鲜艳夺目；高尔夫球比赛从普通的比赛改变为金牌赛、一杆赛和比洞赛等等，其目的是为了能够满足电视转播的需求。不少体育竞赛时间被人为地提前或推迟，理由是为了更好地配合电视转播，迎合特殊观众（购买了赛事转播权电视机构所在地的观众）的收视时间。例如，1988年汉城奥运会，由于时差的关系，许多项目的比赛时间恰好是美国人睡眠的时间，为了不影响电视实况转播在美国的收视率及广告的收入，购得电视转播权的美国电视商（NBC）提出改变赛程，把游泳田径等部分欧美国家优势项目的决赛安排在美国电视播出的黄金时间举行。

以上种种媒体借助体育电视传播获取商业利益的做法，很大程度上改变了体育运动本身的内在规律及其价值取向。

此外，体育电视还呈现着“季节性”或“周期性”特色。所谓季节性（周期性），指的是体育电视的赛事转播和电视观众在年度上有着明显的大小年之分，单个赛事的赛事转播和电视观众在赛前、赛中和赛后有着显著差异。一般认为，夏季奥运会和男子足球世界杯比赛年是体育电视“大年”，单个（项）赛事如NBA、网球大满贯等常常会在半决赛、决赛阶段达到电视收视的高峰，形成体育电视的“疯狂季”。

鉴于体育电视的季节性（周期性）特点，电视机构不仅要妥善安排体育大年的节目布局和人员分配，更要在体育小年做好常规体育赛事的转播工作，并且与有关方面合作，创造性他推出符合时代潮流的传统特色体育赛事。

第二章 竞争格局

体育电视是电视媒介的重要组成部分，不仅电视转播是从体育转播开始，而且绝大多数卫视、省级地面频道和地级市电视台的频道都安排有一定比例和分量的体育节目。无论是电视综合频道的体育节目，还是专业体育频道中的体育赛事转播与直播、体育新闻和其他体育栏目，都在电视观众中有着极其重要的地位。

很多年来，中国体育电视以中央电视台体育频道为中心，一直占据着国内体育电视市场的主导地位，最近几年强占着约80%左右的市场份额。上海电视台体育频道（包括上海东方卫视）、北京体育频道、广东体育频道、山东电视台体育频道和辽宁体育频道等都有着各自的优势和特点，在区域内具有一定竞争力。陕西广播电视台原本想将体育健康频道改为休闲养生频道，并于2012年在北京召开了专家论证会，但被广电总局驳回。海南旅游卫视的高尔夫球转播占了一定份额，在全国范围有了一批固定观众。上海东方卫视的“体育特色”定位，加上F1赛车和网球大师赛总决赛等赛事区位优势，以及上海文广集团购买了三年中超转播权，曾给中国体育电视竞争增添了更多的优势。

2007年10月1日，由江苏体育频道、山东体育频道、辽宁体育频道、湖北体育频道、新疆体育频道、江西体育频道和内蒙古体育频道七省体育频道携手神州天地影视传媒有限公司共同组建的体育电视联播平台（CSPN）成功试播，很好地实现了省级电视台体育频道的资源共享，增强了区域电视台的竞争实力。

CSPN是中国首家以制作精品体育电视节目、提供国内外体坛最新动态资讯、拥有世界众多顶级体育赛事独家报道权并联合全国众多省级体育频道实现同步播出的跨区域体育专业合作平台，汇聚了全国近1000人的精英制作团队，其中300余人（包括体育频道总监）集中在北京“星光影视园”，共同完成CSPN各类节目的联合制作、统一播出。

2009年1月1日，经过精心打造的青海卫视以“24小时全体育频道”闪亮登场，意在充分利用青海本地的环青海湖自行车赛、国际攀岩赛、黄河抢渡赛等体育赛事资源。在电视节目同质化的情况下，在后奥运时代，青海卫视希望能够在环青海湖自行车赛、国际攀岩赛、黄河抢渡赛的基础上，通过引进国内国际顶级赛事，与青海独特的民族、文化、体育活动交相辉映，突出文体特色，实现差异化突破。随着湖南卫视与青海卫视在2010年的联姻，“24小时全体育频道”宣告灰飞烟灭。

凡此种种，加剧了中国体育电视的竞争。以中央电视台体育频道为竞争轴心，北京电视台体育频道、上海电视台体育频道（加上东方卫视的体育电视节目）、广东电视台体育频道等为主要竞争力量，辅之以CSPN和刚刚露出头角的青海卫视，构建出一幅绚烂多姿的中国体育电视竞争画卷。

几年之后，有着美好构想的CSPN基本上分崩离析，希望抢滩体育电视的青海卫视也曲终人散。以京、沪、粤为代表的体育发达省市级体育频道，刚刚在一些国际职业赛事领域发出自己的声音，在某些项目某个特定时间对中央电视台体育频道构成了挑战，中央电视台在2013年8月推出的CCTV－5＋高清直播赛事频道，将它们的挑战和竞争热情“杀得干干净净”。

2013年8月18日上午9时，中央电视台的第二个体育频道——体育赛事频道CCTV－5＋正式开播，希望能够更好地满足观众对不同项目的体育赛事的需求，同时还能更好地为促进中国体育事业和产业向职业化方向的发展提供传播渠道和平台。体育频道总监江和平对CCTV－5＋抱有很高的期许，“因为它的四全品质，表现形式‘全高清’、内容定位‘全赛事’、播出安排‘全天候’、运营免费‘全开路’，我相信一定能得到观众的认可。”

尽管江和平明确否定社会各方对“央视体育垄断赛事资源”的质疑，但体育赛事频道CCTV－5＋的从天而降，加剧了中国体育电视的竞争，成功挤压了省市级电视台体育频道，这已是不争的事实。有地方电视台体育频道总监戏谑地说，中央电视台几经周折还是开出了第二个体育频道，我们过几年要下岗了。

2005年中超元年，自恃由甲级联赛改朝换代为超级联赛会引名商巨贾齐折腰的中国足协，哄抬电视转播费，造成中央电视台退出转播的尴尬境地,引发了赞助商的连锁反应,成为中国职业联赛"裸奔"第一年。对中国足球超级联赛开局元年商业价值缺少真正了解的上海文广集团"吃螃蟹"地拿下独家电视转播权,没想到赔得血本无归。10 年之后,随着国家高层对足球运动的关注,2016 ~ 2020 年五个赛季的中超联赛电视公共信号制作及版权卖出了 80 亿元人民币的天价。

中国体育电视大佬马国力认为,中国体育媒体格局的变化,是我国的体育市场发展最为重要的条件。他预计,在 2020 年左右,中国会出现几个全国范围的体育赛事电视媒体平台。

研究认为,中国体育电视的竞争基本上在版权、渠道、项目和人才等几个方面展开,呈现出传统体育电视强势依旧、中央电视台独领风骚、体育新媒体异军突起的全新格局。

第一节　版权之争

"得赛事者得天下,得优质赛事者赢天下",是当下体育电视市场竞争取胜的不二法门。1964 年,NBC 以 150 万美元购得日本东京夏季奥运会电视转播权,并在 2000 年以来以总耗资近 60 亿美元取得了悉尼奥运会到伦敦奥运会等全部冬奥会和夏奥会的电视转播权。瑞士 ISL 公司长时期操控世界杯赛事转播权,ESPN、Foxsports 和 BBC 等,不惜一切代价争取世界杯赛事电视转播权,以此反映出赛事资源版权的稀缺性。国际传媒巨头默多克在 20 多年前就冒着破产的危险高价买断英超的版权,正是由于英超在各个俱乐部社区中的巨大影响以及英超在体育电视转播中不可或缺的特殊地位。

中国从第 8 届全运会开始电视版权售卖,中国足球、篮球、排球、乒乓球和羽毛球等职业联赛也和赛事的电视转播建立了密切联系。随着中国足球超级联赛和中国篮球职业联赛的市场兴起,电视转播权之争也进入到财力与实力的比拼。2015 年 9 月,体奥动力(北京)体育传播有限公司以 80 亿元拿下中超联赛 5 年媒体版权,引发了中国体育对赛事版权的全面思考。

全球互联网寡头一直热衷于体育赛事版权,他们凭借资本优势垄断大部分核心赛事版权资源,腾讯、新浪、乐视和 PPTV 等将 NBA、英超、欧冠、西甲、德甲等一一集纳到自己的新媒体传播平台上(见表 2.1)。

表 2.1　中国新媒体主要体育赛事版权图

名　称	资金支持方	主要赛事版权资源
腾讯	腾讯	NBA、欧冠、德甲、中超、NFL、CBA
新浪	新浪、阿里巴巴	英超、欧冠、德甲、中超、NFL、中网、UFC
乐视	万达、云峰基金	英超、欧冠、德甲、中超、日本 J 联赛、韩国 K 联赛、高尔夫、网球、赛车等 200 个版权
PPTV	苏宁、阿里巴巴	西甲、德甲、中超、荷甲、葡超
新英	IDG 资本	英超独家版权分销

马国力一直关注中国的媒体(主要是电视媒体)在体育产业中的位置和作用,尤其看重电视转播权的收益在一个国家体育产业中的重要作用。他指出,在国外体育发达国家的职业联赛中,电视转播权收入一般占所有收入的一半以上,是国家体育产业的龙头。在我国,这部分收入不超过 5%,表面上这是因为中央电视台一家独大,缺少竞争对手造成的。但其根本原因则是中国国情的"赛事转播权限制",依据是 2000 年 1 月 24 日《国家广播电影电视总局关于加强体育比赛电视报道和转播管理工作的通知》。

这个通知中规定,重大的国际体育比赛包括奥运会、亚运会和世界杯足球赛(包括预选赛),在我国境内的电视转播权统一由中央电视台负责谈判与购买,其他各电视台(包括有线广播电视台)不得直接购买,中央电视台兵不血刃地获取了奥运会和世界杯足球赛等最优质的顶级赛事资源。同时通知中又规定,国内重大体育比赛包括全国运动会、城市运动会和少数民族运动会的电视转播,由中央电视台负责谈判和购买电视转播权,其他各电视台不得直接购买。这两条规定实际上彻底掐断了中国各级地方电视转播机构对国际国内重大赛事的转播权。

在国家广播电影电视总局的政策影响下,中央电视台在中国体育赛事版权方面的谈判如入无人之境,基本上囊括了最佳资源,以不到 20% 的播出份额豪取了 80% 左右的收视份额。当然,中央电视台在赛事版权方面的强势,也造成了一些负面影响。如 2015 ~ 2016 赛季中国排球联赛就因为中央电视台体育频道麾下的中视体育娱乐有限公司打包营销受挫,出现了赛事冠名权“裸奔”,电视转播场数远远不够的“乱局”。

在中央电视台的强势打压下,省市级体育电视往往处于被动状态。赛事资源受到控制,涉及全国性的活动也是唯央视“马首是瞻”,就连一些冠有“中国”字头的栏目如“中国体育报道”、“中国足球报道”等,也在有关方面的干预下被迫改头换面。

为了争夺体育赛事版权资源,打破中央电视台体育电视的垄断地位,以江苏体育频道、山东体育频道、辽宁体育频道、湖北体育频道、新疆体育频道、江西体育频道和内蒙古体育频道七省体育频道联盟——CSPN 横空出世,并于 2007 年 10 月 1 日正式联网播出。这是中国首家以制作精品体育电视节目、提供国内外体坛最新动态资讯、拥有世界众多顶级体育赛事独家报道权并联合全国众多省级体育频道实现同步播出的跨区域体育专业合作平台。

CSPN 通过卫星及广电网络主备双路传输节目信号,实现各省级体育频道同步接收。目前,CSPN 提供的内容包括每天《体育早报》《体育午报》《体育时报》《体育晚报》四档体育新闻直播节目,以及《巅峰赛事》《精品赛场》等全球顶级体育赛事的转播。CSPN 联播网络面向全国,覆盖 5 亿收视人口。

CSPN 在中国电视界率先实现“中央厨房”的制作理念,实行统一采购、统一制作、统一播出的最新模式。CSPN 除自制节目外,目前已经拥有了中超、CBA 等国内顶级赛事,并且强力引进了 NBA、西甲、欧冠、欧锦、足总杯、世界杯外围赛等重大国际赛事,以及英超等转播赛事。CSPN 以 2008 年在瑞士、奥地利联合举办的欧锦赛和 2008 年在中国北京举办的奥运会为契机,以全方位的角度和国际化的视野,打造中国一流的矩阵式体育电视平台,以提升中国体育电视传媒的全新境界,开创中国体育电视传媒的崭新局面。

这种以江苏、山东、辽宁、湖北、新疆、江西和内蒙古七省体育频道加盟的 CSPN 和以京、沪、粤为代表的体育发达省市级体育频道,在一些国际职业赛事领域频频发出自己的声音,在某些领域正在对中央电视台体育频道构成挑战。这种挑战对体育电视的发展是有益的,只有勇敢地应对竞争,才能提升体育电视传播水平,从而惠及广大的电视观众。

1987 年,NBA 以“赠送”的方式进入中国体育电视市场。20 年后,NBA 转播费年年看涨,而且版权纷争愈演愈烈。2008 年,我国转播 NBA 系列赛的电视频道最高峰值达到 24 个。2015 ~ 2016 赛季,NBA 赛事不仅继续占据着中央电视台和北京、上海、广东等最主要的体育频道,腾讯体育也加入到了 NBA 视频直播中。现在的 NBA 电视转播,不仅在中国大陆众多电视频道分级售卖,而且还得搭上其“捎带”的电视广告。

当下,意甲、法甲、西甲、德甲和英超欧洲五大联赛先后登陆我国电视荧幕,占据着很多体育频道的重要位置。其中,英超是全球竞技水平最高的足球联赛,而球迷最多、营销最成功的非英格兰超级联赛莫属,在全球拥有近 15 亿球迷,是世界上电视收视率最高、也是电视转播权最昂贵的足球联赛。2006 年 2 月,天盛传媒以 5000 万美元的高价,一举击败包括中央电视台体育频道在内的中国大陆众多传统广播电视媒体,获得了从 2006 年夏季开始未来三个赛季的英超中国内地独家转播权。这意味着英超电视转播的传统格局被打破,体育新媒体时代和付费时代就此到来。

十年过去,英超电视转播版权费用依旧呈火爆势头。2016 ~ 2019 三个赛季的全球电视转播权超过 80 亿英镑(约合 770 亿元人民币),足以让足球联赛劲敌西甲联赛相形见绌,后者未来三年的转播费为 26. 5 亿欧元(约合 195 亿元人民币)。如此算来,就算是意甲、法甲、德甲和西甲四大联赛电视转播费用加在一起,也远远达不到英超一家的版权费用。

毋庸讳言,我国体育电视缺少赛事资源,更多的是依靠从欧美国家进口。据统计,我国体育电视的赛事转播 70% 以上来自国外购买的各种赛事。除了四年一度的奥运会、亚运会、足球世界杯和各种项目锦标赛杯赛外,NBA、欧洲足球五大联赛、网球四大满贯和超九赛事、世界排球联赛和女排大奖赛、高尔夫球系列赛大奖赛、F1 赛车和汽车拉力赛、环法自行车赛等一个个贴着“洋标签”的体育赛事纷至沓来,挤进中国电视荧屏,蚕食中国体育电视市场。就连国内观众不太热衷的美国橄榄球、美洲杯帆船赛等项目,也在寻找各种机会,陆续进入到中国电视节目市场。可以预知,中国体育电视的版权纷争将会愈演愈烈。

第二节　渠道之争

在传统电视时代,“渠道为王”称雄了很长一段时间,体育电视也不例外,很多电视台将创建体育频道作为争夺体育受众、争夺体育市场的主要发展方略。

从 1958 年中国电视诞生之日起,体育节目就是电视节目的重要内容之一。1994 年 10 月 1 日,中央电视台体育频道试播,标志着中国电视历史上第一个真正意义上的体育频道的诞生。1995 年 1 月 1 日,中央电视台体育频道正式上星,向全国各省市转播体育节目,成为唯一覆盖全国的体育专业频道。

随着网络视听技术的发展和完善,体育互联网电视开始与传统体育电视争夺产业市场。现在的体育电视渠道之争,已经从中央电视台体育频道、中央电视台体育竞技频道和各省市体育频道之间的明争暗斗,演绎到传统体育电视相互间的殊死拼争及传统体育电视与体育新媒体的肉搏缠斗。

一、群雄逐鹿

1999 年后,在中央有关部门"治散治乱"政策的号令下,省级电视台陆续开始实现有线频道和无线频道的合并,加大了频道资源整合力度和专业化提升,北京电视台体育频道、上海电视台体育频道、广东电视台体育频道、山东电视台体育频道、四川电视台体育频道、浙江电视台体育频道等就是在这样的背景下相继创办开播的。一些体育发达或经济活跃的城市电视台,如广州电视台、大连电视台、南京电视台、青岛电视台等也纷纷成立了体育(竞技)频道或以文体健康等为名称的专业频道。由于各级电视台对体育的热衷,在最鼎盛时期全国上下的体育频道或以类似冠名的专业频道超过了 100 家。

不少电视台体育频道(文体频道、健康频道)缺少赛事资源,大部分时间以播放电视剧来支撑,还有一些干脆就在推广药品、保健品,被观众戏称为"挂刀枪戟剑,卖狗皮膏药"。经过大浪淘沙,大部分体育频道或"疑似体育频道"逐渐难以支撑,慢慢改换了门庭。到 2003 年年底,全国只剩下 42 个体育频道。2005 年 8 月,久负盛名的足球城所在地的"大连足球频道"因为受到中超收视率滑坡影响更名为"大连文体频道"。到 2015 年年底,还余下 24 个体育频道。而完完整整称作体育频道的呼号,全国仅剩下中央电视台体育频道和体育赛事频道、北京、上海、天津、广东、山东、福建、河北、辽宁和广州市共 11 家单位(见表 2.2)。

表 2.2 全国体育频道一览表

地区	省级体育频道	省会级体育频道	市级体育频道
华东 5 个	江苏体育休闲频道 上海体育频道 山东体育频道	南京文体频道	宁波都市文体频道

续表

<table>
<tr><th>地区</th><th>省级体育频道</th><th>省会级体育频道</th><th>市级体育频道</th></tr>
<tr><td>华北 5 个</td><td>北京体育频道
河北体育健康频道
内蒙古文体娱乐频道
天津体育频道</td><td>太原文体频道</td><td></td></tr>
<tr><td>华南 4 个</td><td>福建体育频道
广东体育频道</td><td>广州竞赛频道</td><td>深圳体育健康频道</td></tr>
<tr><td>西南 0 个</td><td></td><td></td><td></td></tr>
<tr><td>华中 3 个</td><td>湖北体育频道</td><td>武汉文体频道
郑州文体频道</td><td></td></tr>
<tr><td>东北 3 个</td><td>吉林文体频道
辽宁体育频道</td><td rowspan="2">兰州综艺体育频道
银川文体频道</td><td rowspan="2">大连文体频道</td></tr>
<tr><td>西北 2 个</td><td>陕西体育休闲频道
新疆体育健康频道</td></tr>
<tr><td>全国 2 个</td><td colspan="3">中央电视台体育频道
中央电视台体育赛事频道</td></tr>
</table>

与此同时,我国体育电视环境的改良与稳定,保证了体育电视节目的稳定发展。通过一系列的重组和改造,一批竞争力较弱的省市级体育频道被停播,大力发展有竞争力的省级以及省会级体育频道,保证了我国体育电视环境的优化。新型的体育联播平台—CSPN 腾空出世,新的节目制作、播出理念大大提升了地方体育频道的竞争力,同央视体育频道形成良好的竞争,共同推动了我国体育电视市场的前进和发展。

二、一枝独秀

自中央电视台体育频道创办以来,就一直是我国国内无与匹敌的“龙头老大”。在全国不同类别体育频道的收视份额中,中央电视台体育频道始终是当家花旦,有着不易动摇的霸主地位。即使在 CSPN 组建之后的两年,中央电视台体育频道收视份额也一直稳定在 70% 左右。2006 年德国世界杯举行,中央电视台体育电视市场份额达到峰值,其以 11% 的播出份额,占据了全国体育电视80.1%的收视份额，不仅遥遥领先所有省市级体育频道，而且超过了中国其他全部体育电视收视份额总和的4倍(见表2.3)。

表2.3　全国体育频道竞争格局表

频道	播出份额(%)			收视份额(%)		
	2004年	2005年	2006年	2004年	2005年	2006年
中央台	8	8	11.0	68	72	80.1
省级卫视	2	3	3.6	3	3	2.9
省级地面	64	60	49.7	25	20	14.4
地市频道	19	22	27.9	4	5	2.2
其他	7	7	7.8	0	0	0.4
频道	播出份额(%)			收视份额(%)		
	2007年	2008年	2008年	2007年	2008年	2009年
中央台	9.4	8.5	8	77.2	79.1	68
省级卫视	2.8	3.7	2	2.8	3.9	3
省级地面	58.0	57.6	64	17.4	13.7	25
地市频道	21.0	19.5	19	2.0	2.1	4
其他	8.8	10.7	5	0.6	1.2	0
频道	播出份额(%)			收视份额(%)		
	2010年	2011年	2012年	2010年	2011年	2012年
中央台	8	8	8.5	72	69	72.5
省级卫视	3	2	1.8	3	2	1.2
省级地面	60	57	56.8	20	24	22.8
地市频道	22	23	22.2	5	5	3.2
其他	7	10	10.7	0	0	0.3

由于国家政策、赛事资源和人才储备等各方面的优势，中央电视台在国内体育电视领域一直占据着无可争议的独霸地位。2000年1月，国家广电

总局发布的《关于加强体育比赛电视报道和转播工作的通知》规定,“重大的国际体育比赛,包括奥运会、亚运会和世界杯足球赛(包括预选赛),在我国境内的电视转播权统一由中央电视台负责谈判与购买,其他各电视台不得直接购买”, 在政策上确保了中央台对体育赛事转播的优先权;其次,中央电视台体育频道是国内唯一一个覆盖全国的专业频道,在全国的覆盖率和收视率是任何地方台体育频道都无法匹敌的,这就在购买国外赛事转播权时,占据着主动和先机;其三,在体育节目转播尤其是在大型综合赛事转播方面,中央电视台体育频道有着地方台体育频道无法比拟的优势,从设备、技术到人员配备都具有雄厚的实力。中央电视台体育频道有着世界上最精良的摄录转播设备,超过1000人的制作团队集中了国内体育电视精兵强将,无论是采访、摄制、编播、解说评论等都精确分工,向专业化、高端化、品牌化迈进。

2004年雅典奥运会,中央电视台集中了所有资源全程转播,对各个赛事在转播和评论上都做了充足的准备,每个金牌产生后第一时间都有对选手生平的介绍。在2005年的第十届全运会上,中央电视台体育频道珍惜2008年北京奥运会的国内热身演练的良机,充分发挥了在本土转播的巨大便利,从赛事转播的各个方面都做了充足的准备。对各省市参赛代表队分别进行了相关的报道,全面模拟奥运会的转播,电视节目从取材、传输、编辑、存储到交换、播出全流程做到了数字化、网络化,同各地方相互合作配合共同完成开幕式、闭幕式以及所有赛事的现场直播工作,实现了预期目标。

三、地域挑战

受到央视高压的全国地方体育频道自然不甘于束手就擒,千方百计寻找体育电视的市场突破口。通过创办具有区域特色的电视栏目、增强地方特色体育赛事的转播力度继而增加体育电视播出份额等措施,省级地面频道(主要是全国各地的体育频道)的收视份额在2009年跃上峰巅,达到25%,并且在此后几年中稳定在20%以上。

中央电视台体育频道正在受到全国地方体育频道的挑战,在北京、上海、广东和辽宁等地区的竞争尤为激烈。

北京市是中央电视台体育频道与地方电视台体育频道正面交锋的第一阵地,北京的电视收视市场主要由中央电视台、北京市级电视台和其他省市卫视频道组成,体育节目竞争集中在北京电视台体育频道和中央电视台体育频道之间。

从各类频道体育节目近年来在北京市场的收视时间比例来看，在过去很长时间内中央电视台体育频道的收视时间所占比重稳定在60%左右，可见其在北京有着很好的收视态势，占据着主导地位。这一格局从2008年开始扭转，北京电视台体育频道借东道主之机迅速成长，晚间收视在北京落地的所有频道中排名第四位。中国网球公开赛声名日盛，正向着“第五大满贯”努力，加上国安足球、金隅男篮和北汽男排等三只御林军的强势人气，以及北京奥运会之后营造的国际体育影响力拉动的系列大赛，2009年收视份额跃至40%，2011年高达44.5%，稳住了40%大关。

在2008年这一举国关注的特定年份，各省级卫视、地面频道纷纷参与奥运会报道，加上央视国际网络有限公司下属的央视网首次参与体育报道，购买了北京奥运会新媒体转播版权，并且向新浪、搜狐等另外八家网络媒体转让转播权，导致“其他频道”收视份额陡增，占比为33.4%，大大超过了北京电视台体育频道21.9%的份额，也让中央电视台体育频道的收视份额降至最低值44.7%。新媒体和其他频道参与奥运会转播，导致中央电视台体育频道份额分流在2012年伦敦奥运会也得以体现，其另外一次50%以下的收视份额(47.6%)也出现在奥运年(见表2.4)。

表2.4　北京市各主要体育频道收视时间及份额%(单位:小时)

年份 地区及频道	2003年		2004年		2005年		2006年		2007年	
	时间	比例	时间	比例	时间	比例	时间	比例	时间	比例
CCTV-5	2041	60.6	2789	66	2189	61.6	2842	65.5	2386	60.8
北京体育	1068	31.7	1011	24	1195	33.6	1273	29.3	1388	35.4
其他频道	10	0.3	118	3	91	2.6	80	1.9	55	1.4
年份 地区及频道	2008年		2009年		2010年		2011年		2012年	
	时间	比例	时间	比例	时间	比例	时间	比例	时间	比例
CCTV-5	2386	44.7	1677.6	55.4	2015.5	57.4	1462.8	53.1	1542.4	47.6
北京体育	1168	21.9	1211	40.0	1281.7	36.5	1225.1	44.5	1381.1	42.6
其他频道	1777	33.4	141.8	4.6	212	6.1	67.7	2.4	317.3	9.8

上海市是我国体育的前沿阵地之一，体育设施完备，运动项目门类齐全，有着得天独厚的群众基础。在竞技体育舞台上，涌现了一大批世界级体育名将。泳坛名宿穆祥雄、穆祥豪、陈运鹏等威震海内外，朱建华、庄泳、杨文意等叱咤体坛风云，篮球巨星姚明无论是驰骋 NBA 赛场还是时下的“姚老板”，他的号召力都是难以估量的。处于黄金季节的刘翔，拉动了巨高的人气指数，即使是现在还会令人怀念其往昔的骄人战绩。

2004 年，上海文广集团取得了中超转播权，增大了体育赛事的转播量，大有与中央电视台体育频道“掰手腕”的架势。上海文广集团是国内电视媒体中唯一拥有篮球、排球、足球等职业俱乐部的机构，加上一年一度的网球大师杯总决赛（从 2009 年改为 ATP 系列赛 1000 分赛）、F1 赛车等国际顶级赛事资源，以及很多锦标赛、邀请赛对上海的青睐，上海文广集团的体育电视节目和体育频道一直是我国体育电视的重要力量。

上海广播电视台五星体育频道是五星体育传媒有限公司（简称“五星体育传媒”）的重要组成部分，这家上海广播电视台、上海东方传媒集团有限公司（SMG）旗下的全资子公司，是专业从事体育传媒内容生产、广告业务经营、节目版权营销、赛事信号制作、体育赛事组织、体育活动推广和品牌授权经营等业务内容和服务的提供商。

五星体育传媒致力于打造中国最领先的体育传媒产业集团，将以立足上海、覆盖全国、连接亚太地区为服务定位，融合社会各方信息、渠道、技术、资金和用户等资源，以媒体为核心，大力拓展体育相关领域的业务，积极探索实现共赢的合作模式，积极构架由广播、电视、平面媒体、互联网和移动互联网等组成的全媒体体育内容传播平台。目前，五星体育传媒拥有高清制播的 SMG 五星体育频道、五星体育广播（FM94.0）和数字电视劲爆体育频道以及“风行五星体育”多媒体传播平台和全国体育电视联播网等多种形态覆盖全国的全媒体传播平台。

五星体育传媒把努力提升产品策划、内容制作、产品营销和客户服务作为其核心竞争力，丰富服务种类，提高服务质量，在内容产品精准采集、有效聚合、实时更新和整合传播上下功夫，积极为广大用户提供优质的体育内容和全媒体联动服务，在为中国文化产业的发展做出积极贡献的同时，使公司成为国内乃至国际体育传媒业的龙头企业。

在上海，中央电视台体育频道受到强力阻击，上海本土的体育电视节目具有更为强劲的竞争力和更多的市场份额，占据着主导位置。长时间以来，上海市级频道一直占有60%左右的收视份额（峰值为2005年江苏南京全运会的62.7%），中央电视台体育频道则占有35%左右的收视份额（峰值为2004年雅典奥运会43%）。上海市级频道和中央电视台体育频道的最低值均出现在2008年北京奥运会年，中央电视台体育频道在上海的收视份额降至26.3%，上海市级频道为54.6%（见表2.5）。

表2.5　上海市各主要体育频道收视时间及份额%（单位：小时）

年份 地区及频道	2003年		2004年		2005年		2006年		2007年	
	时间	比例	时间	比例	时间	比例	时间	比例	时间	比例
CCTV－5	926	35.3	1626	43	1218	33.8	1397	37.7	1250	36.4
上海频道	1869	62.6	1941	51%	2257	62.7	2170	58.6	2081	60.7
其他频道	62	2.0	55	1	72	2.0	34	0.9	35	1.0
年份 地区及频道	2008年		2009年		2010年		2011年		2012年	
	时间	比例	时间	比例	时间	比例	时间	比例	时间	比例
CCTV－5	1433	26.3	1024.1	36.3	1224.6	37.3	867	37.9	900.9	31.6
上海频道	2974	54.6	1645.9	58.3	1892.3	57.7	1349.5	59.0	1750.7	61.5
其他频道	1040	19.1	151.8	5.4	164.7	5.0	72.7	3.1	196.3	6.9

在广州电视市场，体育电视频道竞争更为激烈，中央电视台体育频道、广东电视台体育频道与广州电视台竞技频道龙争虎斗，上演着中国体育电视“三国演义”。此外，由于毗邻香港澳门，香港翡翠台、本港台和澳亚卫视等境外电视也占有一定的市场份额。

在很长时间里，中央电视台体育频道的收视时间最多，占广州观众体育节目收视总时间的30%左右，2005年达到最高值39.4%。广东电视台体育频道和广州电视台竞技频道分庭抗礼，分占30%和25%的收视份额。这一格局在2007年随着广东电视台体育频道的强劲发展得以逆转。2007年，广东电视台体育频道以35.8%的收视份额首次超越中央电视台体育频道的33.1%，并且在2011年达到最高点51.8%，比中央电视台体育频道、广州竞技频道和其他频道收视份额的总和还多,完全确立了其在广东地区的主导地位(见表2.6)。

表2.6　广东省各主要体育频道收视时间及份额%(单位:小时)

年份 / 地区及频道	2003年		2004年		2005年		2006年		2007年	
	时间	比例	时间	比例	时间	比例	时间	比例	时间	比例
CCTV－5	1045	29.7	1423	32	1303	39.4	1452	36.0	1078	33.1
广东体育	941	26.8	1357	30	1004	30.4	1323	32.8	1167	35.8
广州竞技	1101	29.9	1016	23	712	21.5	992	24.6	832	25.6
其他频道	399	11.4	573	13	247	7.5	212	5.3	149	4.6
年份 / 地区及频道	2008年		2009年		2010年		2011年		2012年	
	时间	比例	时间	比例	时间	比例	时间	比例	时间	比例
CCTV－5	1238	22.2	769.7	23.1	889.3	21.2	727.2	24.2	704.8	26.0
广东体育	2125	38.1	1555.8	46.6	1966.2	46.8	1554.4	51.8	1275.1	47.1
广州竞技	831	14.9	895.1	26.8	901.8	21.5	665.1	22.2	571.1	21.1
其他	1380	24.8	115.1	3.5	441.7	10.5	54.2	1.8	156.8	5.8

2013年8月18日,中央电视台体育赛事频道(CCTV－5＋)正式开播,是现有CCTV高清综合频道置换而成的崭新的体育赛事传播平台。体育赛事频道以直播和录播国际顶级赛事为主,包括风行欧美的职业冰球、职业橄榄球联赛等原来中央电视台体育频道很少播出的赛事,同时也播出一些例如围棋赛、象棋赛、龙舟赛等具有中国特色的体育赛事。

近年来,我国数字电视快速发展,以足球、网球、高尔夫球、围棋、乒乓球、羽毛球、冰雪运动等为内容的10个付费体育频道应运而生。付费体育在中国的发展遇到一定的困难,最主要的是盈利模式难以得到观众的认同。首先,在开路体育资源较为充裕的情况下,观众无须付钱看电视。其次,体育电视在中国起步较晚,体育观众的培育期尚未完成,很难想象一个刚刚解决温饱的基层观众愿意付费看电视,广东欧洲足球频道收费用户的低迷就较好地解释了这一现象，而广东高尔夫球频道能够做到收支大致平衡，则说明付费电视的受众应该是收入较高且参与此项运动的高端人群。第三，以新浪、搜狐、网易和腾讯等商业门户网站为代表的新媒体平台和爱奇艺、乐视等互联网体育专业频道等正在加紧进军体育媒介市场，在一定程度上对开路体育频道形成竞争态势，更对付费体育频道的生存空间形成挤压之势。

尽管数字体育频道陆续登场，互联网体育日渐兴盛，但我国的体育电视依然是中央电视台一家独大。中央电视台体育频道是国内唯一的国家级体育电视媒介，拥有奥运会、世界杯、亚运会、全运会、青运会、农运会和各个项目的世界杯、世界锦标赛等顶级赛事资源，占有全国80%以上的体育电视收视份额，"统治"着权威信息发布、体育评选、体育晚会等几乎全部的体育活动，是全世界最具权威性和垄断性的体育频道，也是体育赛事与体育活动资源最为丰富的体育频道。

2008年北京奥运会的电视转播报道，是中国体育电视发展壮大的机遇。中央电视台作为中国大陆地区唯一一家持权转播机构，充分利用东道主优势和奥运品牌资源，利用7个完整频道，投入3000余人，形成三个报道中心，全方位、多渠道地报道北京奥运会，以实现传播效益最大化。为突出奥运形象，加大对北京奥运会的报道力度，中央电视台体育频道在奥运会期间更名为奥运频道，给全国亿万观众一种无以撼动的中国体育电视第一品牌的印象。地方电视台体育频道也都在利用奥运品牌制作相关的电视节目，争夺观众眼球。"奥运"成为所有体育频道不得不利用和放大的资源。

第三节　项目之争

体育电视市场的竞争，既体现在赛事版权的争夺，又与转播渠道（包括覆盖范围）密不可分，还需要兼顾到不同年份不同赛季的运动项目，以及不同项目在不同地域的受欢迎程度。

体育电视有着大年和小年的区分，每到重大综合性赛事（如赛事项目广受欢迎并且集中比拼的夏季奥运会）和四年一度的足球世界杯单项赛事年份（称之为体育大年），体育节目播出量大幅增加，体育媒介收视市场水涨船高，收视比重保持着超过3%的水平。中国体育电视市场在2008年的北京奥运会中收获颇丰，收视比重接近3.7%。我国体育媒体对各种项目的市场化竞争加剧，尤其是足球、篮球、田径等广受关注的项目，成为多家新兴媒体布局的首选。赛事资源稀缺造成版权昂贵，进而导致体育媒体形成寡头垄断的格局。①

一、央视多管齐下

中央电视台是我国体育电视的排头兵，以之为首的中国体育电视为我国体育赛事和体育活动的市场培育和中国体育职业联赛的推广，注入了新的内容与活力。从1994年开始，中央电视台体育频道和全国各家电视台体育频道对全国足球甲A联赛的培育，为现在的足球超级联赛奠定了基础，同时排球联赛、CBA和CUBA、乒乓球超级联赛和U－17比赛等，都是因为中央电视台体育频道和各省市体育频道的大力推介才得以生存和发展。

国际体育赛事在中国的推广，首先考虑的是中央电视台这一国家级电视媒介。F1赛车锦标赛、斯诺克公开赛和高尔夫世界杯（中国站）等都是在各级体育频道的大力培育下赢得了观众，赢得了市场，给了主办方赛事赞助方最大的利益满足。

中央电视台充分利用管理制度上的超级优势，重点布局奥运会、世界杯以及亚运会、全运会等重大赛事。在四年一度的赛事周期中，比较重大的赛事有夏季奥运会、冬季奥运会、全运会、世界杯足球赛和亚运会。每逢有大型赛事转播，即可保证我国体育电视节目播出量年年攀升。

在2004年首届中超转播权的竞争中，中央电视台遭到了传媒新锐上海文广新闻传媒集团的正面宣战，后者最终以1.5亿元独家买断了三年中超转播权。这是中央电视台体育频道首次在赛事转播权的购买中落得下风。现在看来，这更像是央视的明智之举。自2004年以来，中国足球环境日益恶劣，中超收视率一路下跌。据央视索福瑞（CSM）媒介研究提供的数据显示，2004年中超后半段观众流失率高达46%。

中央电视台体育频道放弃了中超转播权后，在篮球、排球、乒乓球、羽毛球和其他运动项目上更加均衡的安排转播，弥补了中超的空缺，避开了低迷球市造成的负面影响。

根据中央电视台体育频道总监江和平“赛事优先，直播优先，大众优先”的电视转播构想，近年来加强了赛事外购与自我筹办相结合的运作手段，强

① 2015年中游体育媒体传播市场前景发展分析，2015年10月21日，中国产业信息网。

化了体育电视的市场化运作。中视体育娱乐推广有限公司(中视体育)作为中央电视台体育频道市场运营的平台,承担着整合体育赛事资源和进行赛事资源市场开发的重任。2005 年改制后,中视体育面向体育市场不断加大改革的步伐,加快公司市场化进程,加强对频道主办赛事和自制节目的商业开发和市场推广。十多年来,中视体育充分利用 CCTV－5 和 CCTV－5＋的播出平台,将赛事资源、媒体资源、赞助商资源和社会其他资源进行全方位的整合,创建出一整套符合央视播出特点、符合中国体育产业发展方向的标准化赛事运营管理模式,通过借鉴国际重大赛事的运营推广经验和国内外体育营销方面的先进模式,成功运营推广了“安踏全国排球联赛”“恒源祥冰雪酷奥运系列赛事”“361 度国际跳水冠军巡回赛”“CCTV 体坛风云人物”评选“体育电视国际论坛”“篮球公园”“蒙牛城市之间”等颇具影响力的体育赛事、节目和活动。同时,中视体育不断拓展赛事种类,通过运作推广全国马术绕桶冠军赛、世界摩托艇锦标赛、华彬高尔夫公开赛等项目来满足不同受众的赛事收视需求,探求新的赛事营销模式。

2013 年 4 月,中视体育适时推出“谁是球王”——中国乒乓球民间争霸赛,比赛历时 3 个月,足迹遍及东北、华北、华东、华南、西北、西南六大赛区共 20 多个省份,挑选出 12 组乒乓球高手于北京决战,争夺男子组、女子组、老年男子组、老年女子组、少儿组和家庭组共 6 个级别的球王头衔。中央电视台综合频道和体育频道对最后的总决赛进行了现场直播。综合频道与体育频道并机直播一项民间体育比赛,是中央电视台建台 55 年历史上的第一次。这是真正服务群众、扎根群众、展现质朴的群众风貌与体育精神的一次大胆尝试。

二、京沪独辟蹊径

北京电视台体育频道在北京与中央电视台体育频道的节目项目竞争可谓针锋相对,《天下足球》和《足球 100 分》,播出的时间和内容基本相同,《足球之夜》与《足球报道》也是同一时间播出,就连每天下午的《体育新闻》也在同一时间进行。

北京电视台体育频道占据着中超主队北京国安队的转播权,充分做足了足球转播节目的工作,并且得到了广大球迷的认同和拥戴。在北京当地体育节目收视率排行榜中,北京电视台体育频道转播的“国内足球超级联赛北京国安 VS 长春亚泰”,收视率高达 9.1%,遥遥领先于其他体育节目,位列第一位,打破了中央电视台体育频道长期垄断北京体育电视市场收视排名前5位甚至包揽前10位的局面。

男子篮球是北京传统优势项目,巴特尔、焦健、张云松、马布里等一批新老名将云集,以及他们的辉煌战绩,吸引了不少篮球迷。北京电视台体育频道CBA加大转播份额,取得了极好的收视效果。在2014/2015赛季CBA季后赛,全国体育电视收视率创下历史新高,其中总决赛共有1.91亿人次观看,电视观众人数已经超过了全球人气最旺的体育赛事——美国超级碗。京粤半决赛第4场,CCTV-5、BTV-6和广东体育台都创下了收视纪录。到了总决赛,北京电视台体育频道的收视率继续走高,6场比赛的平均收视率达到7%,远远高出CCTV-5(1.4%)、广东电视台体育频道(1.6%)和上海电视台体育频道(1.1%)。

北京首钢男篮在2014/2015中国男子篮球职业联赛(CBA)总决赛中,以总比分4:2击败辽宁药都本溪队,荣膺赛季总冠军。北京电视台派出多路记者全程跟踪报道北京首钢男篮的卫冕之旅,并提前收集素材,为报道夺冠做好准备。3月22日首钢男篮夺冠,当晚21点55分,北京电视台《晚间新闻》栏目立即播出《北京首钢——CBA总冠军的足迹》专题片,回顾了首钢男篮艰辛的夺冠历程,展示了首钢男篮"狭路相逢勇者胜"的王者风范。

在NBA、英超、意甲包括全运会赛事的转播上展开了全方位的体育电视市场争夺战。作为2008年北京奥运会举办城市所在地的电视台专业频道,北京电视台体育频道在2007年积极筹划和改版,在杨澜等知名主持人的助阵下,北京电视台体育频道2007年推出了《通向2008——中国奥运军团》《奥林匹克人物访》《我与奥运》《奥运在身边》《奥运全纪录》《奥运知多少》等为奥运会量身定造的全新奥运节目,同时更强调了这一切都"在您身边",以此吸引更多北京当地观众的注意力。

上海文广集团在体育节目策划以及体育赛事项目选择中,表现出了非凡的市场认知力。近年来,上海籍运动员在竞技体育方面屡有突破。在竞技体育舞台上,涌现了一大批世界级体育名将,牢牢吸引住了上海市本土观众的目光。泳坛名宿穆祥雄、穆祥豪、陈运鹏等威震海内外,朱建华、庄泳、杨文意等叱咤体坛风云,篮球巨星姚明曾经驰骋NBA赛场,提起刘翔不禁让人怀念其往昔的骄人战绩,谢文骏脱颖而出标示着上海田径后继有人。

2004年,上海文广集团取得了中超转播权,增大了体育赛事的转播量,大有与中央电视台体育频道"掰手腕"的架势。上海文广集团是国内电视媒体中唯一拥有篮球、排球、足球等职业俱乐部的机构,加上一年一度的网球大师杯总决赛(从2009年改为ATP系列赛1000分赛,相当于现在的超九赛事)、F1赛车等国际顶级赛事资源,以及很多国际锦标赛邀请赛对上海的青睐,上海文广集团的体育电视节目和体育频道一直是我国体育电视的重要力量。

世界杯足球赛期间,上海市级频道充分利用独家转播权二次销售的机会大做文章,使得上海电视台体育频道轻而易举地盖过了中央电视台的风头,成了世界杯收视的大赢家,占据了收视率排名前10场的全部席位。

上海自身的文化传统和文化优越感,促成上海观众对本地运动员的偏爱和忠诚,从而更加关注有自己参赛球员的赛事,比如上海申花和上海联城俱乐部加盟的中超联赛。上海文广新闻传媒集团抓住观众的心理,重点报道以姚明、刘翔等为代表的上海籍运动员的新闻和赛事,一方面获得了很好的收视,另一方面也进一步促进了上海观众的这种热爱和忠诚,进而保证了上海市级频道稳定的高收视份额。上海市级频道在这方面的成功,也说明充分利用地域性的特殊资源是地方电视台争夺收视份额市场的一个可行举措。同时,上海又是一个体育强势地区,本身拥有非常丰富的体育节目资源。在这种情况下,外地频道包括中央级频道也很难抢滩上海市场。最近几年,上海地区体育节目收视率的前10名全部是上海电视台体育频道的节目。

三、观众各有所爱

在各类运动项目中,传统项目的发展很大程度上受到人们参与程度和国家队成绩的影响,新兴项目则更多受到了明星们的带动。中国篮球是民众参与程度相对较高的体育项目,加之近年来国内职业联赛发展势头迅猛,受欢迎程度持续保持高位,在体育赛事的电视市场中也获得了最高的收视比重。2012年数据显示,篮球类赛事对整体体育赛事收视市场的贡献超过1/5,观众每收看100分钟体育赛事便有20.7分钟收看了篮球比赛,54.3%的电视观众最喜爱观看篮球赛事。足球是世界第一运动,更是中国第一媒介活动。尽管中国国家足球队成绩低迷,但是足球仍是电视播出市场中占比较大的体育项目,53.1%的电视观众将足球视为最喜爱的体育电视赛事节目。中国传统优势项目羽毛球、乒乓球是多个城市民众参与程度最高的运动项目,在电视市场中虽然播出较少,却是资源利用率最高的体育赛事之一，以超过半数的51%的高比例位列中国观众最爱收看的体育赛事第3位（见图2.1）。

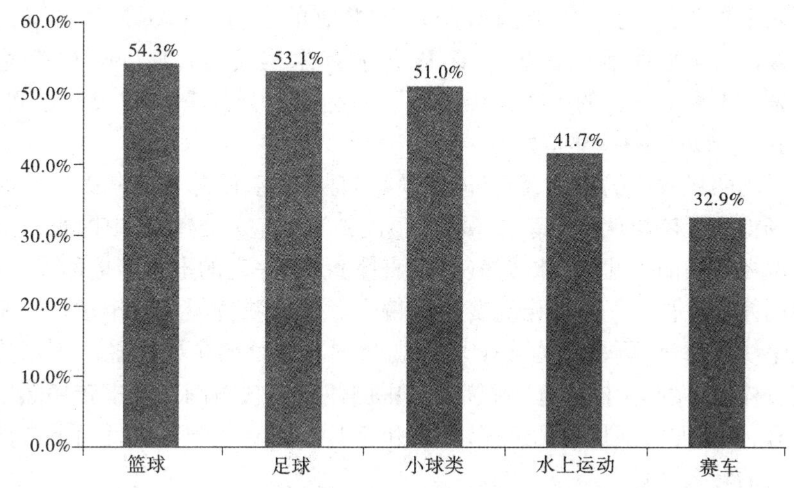

图2.1　中国观众最爱收看的体育赛事

在刘翔效应的拉动下，以及李金哲、张培萌、苏炳添等国际级新星的感召下，田径赛场成为中国体育电视的收视亮点。2010年钻石联赛全球14站比赛中，上海站电视转播收视人数达762万，占全部14站总收视人数的39.05%；2011年上海站赛事收视为2010年的3倍，占总收视人数的66.28%。2012年，全球有403家电视台转播上海站赛事，远超前一年的161家，赛事收视覆盖率同比上升171.9%。

2015年，世界田径锦标赛首次在北京鸟巢举行，田径赛事的电视收视率出人意料地远远超过了大众热门项目世界女排世界杯赛事。2015年8月，日本东京女排世界杯与北京田径世锦赛同期举行，出人意料的是，无论在女排世界杯的主办国日本还是在田径世锦赛的主办国中国，从两个大赛直接对抗的收视率比拼中，田径世锦赛均取得完胜。4年前的女排世界杯，在日本创造了女排收视率神话，平均收视率超过15%，中日大战的瞬间收视率曾一度达到25%。四年后的女排世界杯收视率最高的是日本五局大战多米尼加，收视率达13.2%，几乎只是2015年的一半。

反观同期举行的田径世锦赛，TBS直播的田径世锦赛百米飞人大战收视率超过20%，平均收视率达到18.5%。TBS最高收视率来自男子200米半决赛，16岁的日本和加纳混血少年，被称为“日本博尔特”的桑尼·布朗参赛与加特林同组,比赛的瞬间收视率最高值达到25.5%。

中国中央电视台女排世界杯同样敌不过田径世锦赛。北京时间8月22日周六下午开打的首场中国对阵塞尔维亚的比赛16城市收视率只有0.34%,而当晚直播的田径世锦赛男子万米决赛16城市收视率达到0.92%。中央电视台的田径世锦赛收视率逐渐上升到1%~1.2%之间,最高达到2.6%,收视率非常好。①

受到明星效应的作用,新兴体育项目如斯诺克、网球和高尔夫球等在中国市场得到了广泛认可。丁俊晖的"丁氏神童效应",拉动了中国观众对斯诺克电视转播的关注,台球转播(包括直播)占到一定的电视转播额度,反映出中国体育电视市场对斯诺克赛事的偏爱。台球项目不仅近年来在收视市场上呈线性增长,更是成为多个城市观众参与体育的主要途径。李娜连夺大满贯桂冠,掀起中国体育"娜旋风",中国体育电视对网球赛事转播热度不断上升,不仅四大满贯受到追捧,ATP和WTA的1000分赛也是当下中国体育电视的转播热点。

第四节 人才之争

随着体育电视的全球化、国际化、商业化,体育电视的人才争夺日益激烈。体育互联网的不断发展,媒介融合渗透不断加剧,体育电视专业人才的流动更加频繁,流向更趋多元化。地方电视台摸爬滚打历练出来的贤良之士,通过各种途径涌向中央电视台,体育新媒体则以灵活的管理制度和高额薪酬,吸引着传统体育媒体人加盟,王永治、许绍连等从新华社体坛传媒等纸质媒体体育负责人跳到了腾讯,就连已过退休年龄的中国体育江湖大佬马国力"退而不休",摇身一变成为乐视体育副董事长。

在这种人才竞争环境下,地方体育电视不仅受到赛事版权购买的政策体制限制,大量人才的流失对当地体育电视发展而言更是釜底抽薪。

一、地方电视向中央台流动

中央电视台体育频道是中国体育电视的圣殿,是很多体育电视人时刻梦想加盟的地方。中国传媒大学、中国人民大学、清华大学、北京大学等新

① 参见吕敏:日本收视率比拼田径完胜女排,2015年9月1日,新浪体育。

闻传播院校的毕业生都以挤入中央电视台为荣耀，哪怕不要编制，不考虑工作性质、工作强度、工资待遇等等，做一个栏目组聘用人就很知足。“电视北漂”“地下室精英”有一定比例说的就是这类“削尖脑袋”待在北京、待在中央电视台等中央级、北京市广播电视台的媒介人。

很多地方电视台的台柱精英，总会创造各种机会调入到中央电视台，带职来到中国传媒大学进修往往成为地方电视台名编、名导、名主持等借机参与到中央电视台节目组的良好机遇，使之陆续成为中央电视台“正规军”之外的庞大队伍。中央电视台体育频道吸纳了全国体育电视精粹，阵容整齐宏大，其中部分力量就是来自地方电视台。例如，已经辞职前往乐视体育的刘建宏从河北电视台加盟《足球之夜》，网球解说张盛来自北京电视台，黄子忠先后担任上海、广东和江苏电视台体育频道主播。

2005 年，中央电视台启动《谁将解说北京奥运》主持人大赛，网罗了从高校到地方广播电视台的八方贤哲，洪刚、于嘉、邵圣懿、田宗琦等通过选拔大赛进入到中央电视台体育频道。北京奥运会和伦敦奥运会期间，全国各地方广播电视台最优秀的解说评论员齐聚北京，组成奥运解说评论“国家队”，成为中国体育解说评论所特有的现象。

二、传统媒体向新媒体折腰

近几年，从传统媒体转型转轨到互联网等新媒体的专业人才比比皆是，央视主持人辞职进入新媒体创业投资领域尤其受外界关注，其中包括《赢在中国》制片人和主持人王利芬辞职创办优米网、主持人王凯创业做自媒体、前央视主持人罗振宇创办视频脱口秀《逻辑思维》和财经频道当家花旦郑蔚出走爱奇艺等等。加上中央电视台体育频道主持人刘建宏、段暄和刘语熙等撤离央视体育舞台，这种扔下中央电视台“金饭碗”转投网络新媒体的现象，被业界内外惊呼戏谑为“传统媒体向新媒体折腰”。

2014 年 8 月，中央电视台足球解说员刘建宏结束在央视的 18 年主持生涯，加盟乐视视频网站，担任体育运营方面要职。刘建宏随着《足球之夜》的改版一起离开，业界发出了“刘建宏出走央视，下一个会是谁”的大大疑问。刘建宏对互联网有着特殊含混的情愫，他一方面因互联网遭到球迷诟病而心情不爽，同时也认为“球迷讨论得越激烈，越能够体现互联网时代一个评论员的价值”。

曾经在世界杯闹出“解说门”的黄健翔，作为央视解说员转投新媒体的先驱者，面对昔日同行的出走则直言到，“每个人换工作都不容易，央视主持人换工作就更不容易”。

2015 年 11 月，中央电视台体育频道足球主持人段暄离职的消息得到多方确认，段暄好友申方剑、张力纷纷在个人社交平台上证实了段暄即将从央视离职的信息。随着段暄和万达集团少东家王思聪一起现身德玛西亚杯电竞比赛决赛现场，坐实了此前有关他高价加盟万达集团的传言。

2014 年亮相央视《NBA 最前线》的刘语熙有着出众的外貌和清新的主持风格。她在主持《我爱世界杯》期间，她穿哪个球队的队服，哪个球队就有很大可能不赢球，因此被网友戏称为“乌贼刘”。这位颇受球迷喜欢的“新兴主持人”悄悄从央视离职，活跃于各省市电视台的多个综艺节目中，或客串世界电子竞技大赛主持人，还有传闻称其改混娱乐圈，更有报道称她已经签约“国民老公”王思聪的电竞公司。最近又有消息传出，曾多次客串乐视体育活动的刘语熙，与乐视高层在微博频频互动，并被拍到与乐视体育一起前往法国的图片，猜测这是刘语熙已经转投乐视体育的信号。[①]

三、江湖大佬向互联网靠拢

2016 年 2 月初，乐视体育宣布前中央电视台体育中心主任、盈方中国公司前总裁马国力正式加盟，担任乐视体育副董事长。这位中国体育电视江湖大佬级人物“高龄”靠拢互联网，激荡起圈内圈外的巨大波涛。

马国力在微信朋友圈深有感触地说，在过去的两年里，我欣喜而又有些遗憾地看到，互联网公司成为中国体育市场化的先锋。没有它们，2025 年（中国体育产业 5 万亿）的目标不可能顺利实现。乐视体育是这个行业中的出色实践者，我渐渐理解了他们的生态系统并且非常高兴成为他们的一员。

马国力认为，互联网的出现打破了体育电视的固有体系。他非常在意电视媒介的发展，肯定中央电视台体育频道是观看体育赛事的最主要平台。

在马国力眼中，电视主要是内容的分发平台，而互联网是平台和交流工具的集合体。外界好像觉得央视体育和乐视体育是竞争，其实这两家就自己本身来讲并没有觉得对方是竞争对手，他们不是在一个层面上思考和发展。

2005 年 5 月底，中央电视台正式借调马国力为 BOB 首席运营官，为全

① 参见纪文君：刘建宏出走央视，下一个会是谁？2014 年 8 月 7 日，《长江商报》。

世界电视转播商提供服务。2008 年北京奥运会结束后，马国力选择跳出体制，出任盈方中国总裁。马国力执掌盈方中国期间，成功续约中国男篮、CBA 联赛，与李宁公司签下 5 年 20 亿的 CBA 赞助合同，盈方就此开始扭亏为盈，马国力随后升职为盈方中国董事长。

马国力在中国体育乃至国际体育界都有着极大的影响力和广阔的人脉，其在体育电视内容营销、赛事运作上的深厚经验，正是囤积了大量版权亟须变现的乐视体育所亟须补上的短板。2017 年，CBA 和盈方中国的合同就将到期，届时失去了 NBA 版权的乐视体育也许会因马国力与中国篮球丝丝缕缕的联系而获得一份 CBA 合同。

第三章　区域特征

体育电视具有全球化特征，是非战争时期最受欢迎的节目形态。在不同国家和地区，除了夏季奥运会、世界杯足球赛等全世界观众赏心悦目的赛事之外，部分体育赛事都存在着一定的区域选择，呈现出“萝卜白菜各有所爱”“东边日出西边雨”的区域特征。

长期以来，中国体育电视一直是中央电视台一家独大，其他电视台诸侯割据，北京、上海、广东、辽宁、山东、江苏、福建、河北和天津等省市体育频道“分封”着当地的体育电视市场，呈现出明显的区域特征。中共中央电视台的体育电视既要考量国际竞争大格局大市场，又要充分兼顾中国体育的区域特色，比如大众喜闻乐见的乒乓球、羽毛球、围棋、中国象棋等项目的电视转播。

在中华大地，北京、上海和广东不仅在地域上成“品”字形，自北至南横跨中华大地，而且这三个地方经济发达，信息畅通，国内外赛事资源丰富，体育基础设施雄厚，群众的体育意识深刻，参与性强，加上这三个地方都有当地的足球队、篮球队、排球队等国内职业俱乐部顶级球队，丰富了体育赛事电视转播资源。

在 2005 年第十届全国运动会之前，国内大型综合性体育赛事（全运会、亚运会等）只可以在北京、上海和广州举行。此后，中华人民共和国全国运动会先后在南京、济南、沈阳等地展开，这些地方的体育电视也得以大力发展。江苏、山东和辽宁作为中国体育大省，田径、男女三大球、游泳、射击、乒乓球、羽毛球等在全国体育竞争中处于领先水平，涌现了一批又一批国际级体育名将，为当地特色体育项目的电视转播创造了先决条件。江苏南京、山东济南和辽宁沈阳通过承办全国性综合运动会，壮大了当地体育电视传播队伍,提升了省级体育电视频道的品牌影响力,成为我国体育电视具有浓郁地域特色的重要力量。

因此,通过解析全球体育电视市场、中国体育电视市场以及北京电视台体育频道、上海电视台体育频道(五星体育)、广东电视台体育频道等的发展状况和受众赛事选择,可以从不同角度、不同层面反映出体育电视的区域特征。

第一节　全球体育电视市场

在全球体育电视市场,既有国际重大竞技体育赛事(主要是夏季奥运会和世界杯男子足球赛)资源的电视转播版权分配和争夺,又有各大商业体育赛事(网球大满贯及 ATP、WTA 系列赛、高尔夫球大满贯赛及欧巡赛美巡赛、美洲杯帆船系列赛、F1 方程式系列赛锦标赛、国际拳王争霸赛、国际田联黄金联赛现在改为钻石系列赛大奖赛、国际排大奖赛系列赛及沙滩排球系列赛等等)的全世界电视转播推广与普及,还有体育发达国家和地区职业联赛(如美国四大联赛、欧洲足球五大联赛、意大利土耳其等的女排职业联赛、阿根廷巴西等的足球职业联赛、日本足球 J 联赛、日本职业棒球联赛、韩国足球 K 联赛、印度板球职业联赛、中国乒乓球羽毛球超级联赛等等)的全球赛事电视转播。

一、重大赛事电视市场

四年一度的夏季奥运会和世界杯男子足球赛是全世界电视转播机构竞相争夺的节目资源,是具有最广泛电视观众(包括新媒体视频观众)的"全球性博爱电视节目"。这两项重大体育赛事的电视转播市场基本上遵循层级分配制度,由国际奥委会和国际足联作为第一层级总发包给电视转播商,电视转播商在国际奥委会和国际足联的授意和安排下,按照利益最大化原则按国家和地区进行转播分割。

ISL 曾经是奥运会和世界杯电视转播权的全球垄断公司,长时间霸占这两个重大赛事电视转播权的资源分配,尤其是在世界杯足球赛的电视转播权方面说一不二。随着曾经垄断世界杯足球赛电视转播权长达 15 年之久的 ISL 公司于 2001 年 5 月在其注册地瑞士卢塞恩宣告破产,世界杯电视版权业发生了巨大的变化,一个新的世界杯电视版权商——德国慕尼黑的基尔希媒体财团迅猛崛起。

1998年，世界杯游戏圈内的新贵基尔希集团以17亿马克买来2002/2006年世界杯在欧洲区的电视和电台转播权。预知ISL公司可能气数将尽，老谋深算的传媒巨头基尔希与国际足联签下了附加条款：如果ISL因故放弃上述两届世界杯的转播权，基尔希集团有权优先购买。随着ISL公司的破产，基尔希以17亿马克的“跳楼价”收购了ISL原本花28亿马克买下的2002/2006年世界杯欧洲区转播权，从而取代ISL成为世界体育领域名副其实的新霸主。

获得世界杯版权之后，基尔希首先将目光投向欧洲最大的市场——德国。为了获得尽可能高的经济利益，他们打算把世界杯“电视版权”卖给德国私营的RTL电视台或卫星一台以及付费电视台。基尔希集团的举动，遭到德国民众的各方抵制。为了保护自己客户的利益，国际足联挺身而出，“基尔希集团愿意把转播权卖给谁是他们的自由。”后来在时任德国总理施罗德的干预下，基尔希财团不情愿地将两届世界杯各24场最精彩的比赛以2.5亿马克卖给了公众电视台德国一台和二台。

继在德国市场的遭遇之后，想把转播权卖给付费电视台的基尔希集团在英国重蹈覆辙。经过长时间的讨价还价，基尔希最后以5亿马克向英国的公众电视台BBC/ITV出售了全部64场世界杯的比赛转播权。

与在欧洲四处碰壁相比，基尔希的世界杯“电视版权”生意在拉丁美洲的巴西、阿根廷、智利、墨西哥、乌拉圭、委内瑞拉等国进行得一帆风顺，总销售价达到了18亿马克。此外，基尔希还以1.2亿马克的价格向2002世界杯东道主之一的韩国出售了比赛转播权。①

至于中国方面与世界杯电视转播总代理商基尔希集团的转播谈判，则是另外一番场景。基尔希集团无须与中国众多电视转播商一个一个去谈判，因为中国大陆转播奥运会和世界杯的电视机构只有中央电视台。中央电视台以合适价位拿下中国大陆电视转播权之后，主要考虑是否要分销给省市级电视传播机构，如果想独家转播比赛，重点要做的事情则是版权保护工作。在适当时候，中央电视台都会在国内主要传播平台发表声明，显示其独家转播权益。

---

① 参见刘晓非：世界杯电视转播权炙手可热，央视已开始购买谈判，2001年11月2日，《足球报》。

2014 年 6 月 9 日,中央电视台拿到 2014 年巴西世界杯电视转播权之后,在中国各大媒体上发表了“版权声明”。声明说,经国际足球联合会(International Federation of Association Football,以下简称“国际足联”)授权,中央电视台独家享有 2014 年巴西世界杯决赛阶段比赛中国大陆地区电视、广播、新媒体(含互联网、手机及其他所有新媒体平台)转播权和分授权权利,以及视频点播权、音频点播权及其转授权等权利,独家权利期限为 2011 年 1 月 1 日起至 2014 年 12 月 31 日。

未经中央电视台书面授权,在独家权利期限内,中国大陆地区的任何媒体机构、单位或个人不得在电视、广播、互联网、IPTV、手机移动电视、互联网电视、手机应用客户端及其他任何新媒体领域以直播、延迟播出、视频点播、轮播或其他任何方式使用 2014 年巴西世界杯决赛阶段比赛的音视频信号或任何素材。根据与国际足联达成的协议,中央电视台有维护世界杯权益、打击社会盗版盗播行为的法律权利和义务。为此,中央电视台将依法采取包括法律手段在内的有效措施,坚决打击任何侵犯世界杯版权的盗版盗播行为。

二、商业赛事电视市场

国际著名的大型商业体育赛事往往有着悠久的发展历史,不少还是“百年老字号”,自然也有着丰富的商业运作经验,在全球电视转播权售卖方面坚守着“利益第二,市场第一”的法则,与夏季奥运会和世界杯足球赛一样,基本上覆盖了世界上大多数国家和地区的电视市场。当然,有些赛事的电视转播选择,往往也存在着一定的地域差异。久负盛名的 F1 赛车运动在全世界有着非常耀眼的电视转播收视数据,但在中国中央电视台转播比赛的十多年时间里,收视率几乎可以忽略,以至于从 2013 年开始,地方电视转播机构和乐视体育等新媒体接过了原本由中央电视台“独霸”的 F1 上海站赛事的电视转播接力棒。

网球四大满贯赛在全球有着广泛的电视转播市场,多年来都是世界各国电视机构争相哄抢的赛事资源。随着体育网络的发展及移动体育传播市场的进一步活跃,网球大满贯赛事的新媒体视频转播权纷争也日益加剧。

拥有百余年历史的温布尔登网球公开赛是世界顶级的网球赛事,是四大满贯中唯一将绅士风度进行到底的草地赛事,每年都吸引着全世界网球球迷的关注。乐视体育瞄准这一赛事的独特受众群体,果断地高价购买了

2016～2018年温网独家大陆新媒体转播等权益。这是乐视体育成功斩获的首个网球大满贯赛事，也是继拥有ATP、WTA、戴维斯杯、联合会杯、深圳公开赛之后，乐视体育扩展网球版权资源的又一重要举措。

对于本次签约温网，乐视体育CEO雷振剑表示："温布尔登公开赛是历史最悠久的大满贯赛事，乐视体育本次与温网的合作是全方位的合作，不仅是独家直播的新媒体平台，也是温网在中国大陆地区重要的推广合作伙伴，乐视还会把全英俱乐部优秀的赛事带到中国，真正服务中国喜爱网球的人群。"

除了拥有独家新媒体转播权以外，乐视体育本次还不同寻常地获得了对地方电视台的分销权，这在以往的版权销售格局中很少出现。由媒体平台作为版权拥有者进行分销，尤其是由网络平台分销给电视台，这体现了全英俱乐部对乐视体育版权推广团队的充分信任。

此外，乐视体育还将与全英俱乐部在温网的推广方面展开全面合作，其中重要的一项内容就是青少年网球赛事"通往温网之路"在中国的落地，此项赛事的获胜者将会受邀参加每年8月在英国全英俱乐部的比赛，并接受由全英俱乐部提供的网球训练。该赛事的落地，对未来中国网球运动的发展意义重大，可以帮助中国网球早日实现与世界顶级赛事的接轨。①

2004年10月，F1赛车登陆中国上海，中央电视台体育频道成为赛会首选电视媒体合作伙伴。承办单位上海久事公司买下F1上海站国内电视转播权分文不取送给央视，就是希望通过中央电视台体育频道这个国内唯一的全国覆盖的体育专业频道为F1在中国国内的推广和普及造势。

2004年开始，中石化开始冠名赞助上海站，并且在中央电视台体育频道投入大量广告。尝到市场收益甜头的中央电视台体育频道加大了F1赛事的转播频次，不仅对全球各地的赛事安排转播，并且全年一半以上的正赛转播时间在中国都是周日晚八时的黄金时间。

随着2008年中石化整体从F1中国站撤资，直接导致上海站无冠名裸奔，中央电视台体育频道对没有广告赞助的F1赛事转播态度急转直下，要么给其他比赛让路黄金时段，要么进行延播甚至干脆不转播，把F1相关的《精彩F1》也弃之高阁。2012年，中央电视台体育频道F1的播出时间由高

---

① 乐视体育获2016－2018年温网独家新媒体转播等权益，2015年7月14日，网易体育。

峰期的322小时下降到229小时,并最终与F1赛事转播说了再见。

2013年中央电视台退出F1上海站转播,给了地方电视台体育频道和其他对F1赛事感兴趣的电视频道更多的发展空间。上海电视台五星体育频道、广东电视台体育频道等11家地方台纷纷签约转播F1整个赛季。

杭州电视台少儿频道转播F1赛事,更是引发杭州车迷热议。杭州少儿频道曾转播过欧锦赛、中超、CBA,加上转播F1这样的高端赛事,被体育爱好者点赞为"杭州5套貌似可以改成杭州体育了,强烈支持"。浙江缺乏省级体育频道,杭州少儿频道认为,更多优质的体育赛事直播,将会成为少儿频道内容的重要组成部分。

杭州电视台少儿频道作为唯一一家市级电视台参与F1赛事转播,尽管声称是把直播F1全部19站比赛和排位赛作为市场摸底,但更多自信是看准了杭州潜在的F1赛车电视收视群体,他们希望用2～3年时间培育这一特殊收视人群,逐步把一群高端的体育赛事迷培养起来。

三、职业联赛电视市场

各个国家和地区的职业联赛与电视转播关系密切,并且存在着显著的区域性特征,即不同运动项目在不同国家和地区有着明显不同的电视转播市场。当然,在很多时候,体育电视市场也存在着"店大欺客抑或客大欺店"的标准化市场印痕。大牌电视机构往往会有着天然的优越感,有着更多的项目选择机会和议价空间,而优质职业联赛赛事必然也有着更多更广的电视转播渠道可供挑选,可以理直气壮的亮出电视转播权竞拍高价。

在中国,不管是什么级别、也不管是受市场欢迎程度高的职业赛事,首先要考虑是否满足中央电视台的需要。

最具说服力的地域性职业联赛当然是美国橄榄球,这项在美国人口普查局的资料里排位在"走步、游泳、健身、篮球、瑜伽、足球"之后的民众参与度较低的地域性运动,创造了全世界体育电视和电视广告的超级神话,催生出橄榄球运动极高的商业价值。美国职业橄榄球联盟(简称NFL)商业价值比奥运会和世界杯加起来还要高,就是依靠电视转播的强大推动力。《时代》周刊在1973年曾写道,"没有摄像机,美式橄榄球将只会局限在大学里和历史学家的记录中。因为有了电视,这项比赛才成为了娱乐产业的重要部分"。

为了让电视转播更好看,NFL陆续采用了许多革新的电视转播技术,包括即时回放、改善现场收音等等。为了辅助新球迷更直观理解这项运动的规则，Graphic System 于 1988 年在 ESPN 的转播时应运而生，以肉搏战吸引眼球的方式击败了棒球转播。现在的 NFL 电视转播早已脱离了纯粹的体育节目，而是变成了美国人迷醉的一档娱乐秀，将观赏性、娱乐性和参与性牢牢黏合在一起，把 NFL 特别是超级碗运作成了一项极度娱乐化的体育营销。

1993 年，由迪士尼承办的迈克尔 · 杰克逊的中场秀开启了超级碗娱乐新篇。在体育场的草坪上表演，每一次都是对道具、音响、照明、烟火、编排和舞台设计的考验，他们得在 25 分钟内搭建或拆除一个完整的舞台，还要保证它令人惊艳，给现场和电视观众创造一个梦幻乐园。

诞生于 1967 年的美国橄榄球职业联赛，是“伴随美国人成长”的比赛，超级碗（super bowl）即 NFL 年度总冠军赛，创造出美国电视历史上的一个个收视奇迹。根据 AC 尼尔森的数据，超级碗的收视率可以达到 40% ~ 60%，2008 年的超级碗有 1.3 亿美国人收看，比那一年给总统大选投票的人数还要多，全美节目历史收视排名几乎就是历届超级碗的内部竞赛。2015 年的超级碗又一次成为全美年度收视纪录冠军，而第二名和第三名则是——超级碗赛后和赛前表演。

如果说超级碗中场秀是娱乐风向标，那么超级碗电视广告就是美国社会经济的晴雨表。超级碗当天夸张的收视率，让全球各大品牌公司心甘情愿投入巨额广告费。能不能在超级碗上重金投放 30 秒广告，则成为品牌财力和地位的象征。根据美联社和尼尔森等的数据，2015 年超级碗的广告收入高达 3.5 亿美金。超级碗的 30 秒广告一路水涨船高，从 1990 年的 70 万美元、2000 年的 220 万美元、2010 年的 300 万美元骤升到 2016 年的 500 万美元天价（约合人民币 3285 万）。①

中国一直致力于将国球——乒乓球、羽毛球项目通过电视转播中国乒乓球、羽毛球超级联赛宣传到全世界，以提升中国特色体育文化影响力，增强中国体育产业的全球竞争力。但是，多年来尝试和努力的结果证明，中国体育电视还远远没有实现预期目标。中央电视台体育频道有意识地增加乒乓球赛事的转播分量，甚至遭受到了有些体育电视观众和社会各界的质疑。

2011 年 5 月，“棋圣”聂卫平猛烈“炮轰”央视，在其博文“乒乓座椅前的

① 参见朱凯麟，董芷菲，严小鳙：是什么改变了广告，改变了电视转播，还改变了美国人的运动文化？2016 年 2 月 8 日，《好奇心日报》。

黑幕”一文中指出央视转播乒乓球比赛的次数太多了,甚至连国家乒乓球队的内部训练,都会开着转播车进去直播,占用了众多体育迷心中憧憬的体育频道,使它简直成了“乒乓球频道”。有媒体指出,中央电视台体育频道总监江和平是位超级乒乓球迷,他对乒乓球的偏爱,已达到了忘我的境界,这直接导致了乒乓球在央视的至尊地位,而国家乒乓球队的球员和教练也被央视体育频道奉若神明。

中央电视台方面冷静地直面各方批评,但对世界乒乓球锦标赛等收视率下滑的惨烈现实感到很无奈,他们明白,“如果不转国球比赛,矛头还是会指向电视台。”

美国人口署2009年人口普查时,做了一个全国性的体育运动参与人数调查,结果发现美式橄榄球在各项流行性球类运动中的群众参与人数垫底。美国民众体育项目参与人数排名顺序依次是:篮球、高尔夫球、足球、乒乓球、垒球、棒球、网球、排球和橄榄球。一项在全美民主参与度垫底的区域球类项目,能够做到最具电视转播号召力的商业王牌,排名第一的篮球项目(NBA)做到了全世界转播最普遍且版权价格不菲的体育电视节目,而最有群众基础的乒乓球、羽毛球项目不仅在国际电视舞台上没有竞争实力,而且只要在中国大陆中央电视台等电视机构稍微增加转播频次,就会遭到口诛笔伐,个中缘由值得深思。

乒乓球、羽毛球项目观赏性较强,在我国这个世界第一人口大国有着广泛且深厚的群众基础,更有全球华人教练遍地开花式的人才培育和市场培育,国际乒联和国际羽联也想尽各种办法增加社会关注度,但始终没有挖掘出乒乓球、羽毛球赛事的文化内蕴,没有找准电视转播与项目本身的最佳结合点。也许,中国电视转播机构可以联手中国乒羽中心及国际组织,参照国际网球赛事(同属于隔网对抗运动项目)的市场运作经验,设置比肩网球大满贯的高额奖金,包装一代代国际级商业明星人物,给多年专属于中国的乒乓球、羽毛球赛事一注强心剂,唤醒全球电视市场,唤醒更多民众的注意力,让这两项区域性体育赛事成为全球新的商业体育亮点。

第二节　北京体育电视市场

北京电视台成立于1979年5月16日,2001年6月原北京电视台与原北京市有线广播电视台合并,成为中国最具影响力和竞争力的主流媒体之一,节目覆盖国内、北美、和亚洲其他地区，国内总覆盖人口超过2.5亿。北京电视台地处首都，尽享全国政治、文化和经济中心的优势。北京深厚的文化底蕴和国际大都市的影响力，形成了其独有的优势地位。近年来，北京电视台勇敢面对激烈的竞争，合理配置资源，优化频道结构，丰富节目内容，拓展多元盈利模式，不断增强自身实力和市场竞争能力，实现了全面、协调、可持续的发展目标。强大的内容生产能力是北京电视台参与媒介竞争的核心优势，一批影响广泛、交口赞誉的品牌节目，赢得了国际、国内新闻和广播电视领域的多项大奖。北京电视台拥有世界先进水平的技术设备和设施，节目制作、播放和传输已基本实现数字化，并初步形成了办公自动化管理体系。

北京电视台体育频道（BTV－6）是北京电视台的重要组成部分。凭借自身不断地完善和强大的区位优势，经过十几年的发展，BTV－6已经成为地方体育电视频道中的重要力量，节目播出量、覆盖范围、广告收入等均名列前茅。同时，凭借2008年北京奥运会的东风，BTV－6在节目制作水准、新闻报道水平、广告收入等方面又上了一个台阶。

目前，BTV－6已经实现了全天24小时滚动播出，及时报道各类体育赛事新闻，全年为观众提供1400场以上的精彩赛事。对英超、意甲、西甲等欧洲足球联赛的转播，很好地满足了国内球迷的需求；高密度的NBA赛事的转播，也照顾到了篮球观众的需要；中国足球超级联赛以及CBA也是BTV－6赛事转播的重要内容之一；F1大奖赛、网球四大满贯公开赛等世界知名的商业赛事也被BTV－6揽入其中……高品质的赛事转播很好地保证了整个频道的收视率。三档体育新闻类节目——《体育新闻》《天天体育》《足球世界波》，将每天的重要赛事信息尽收眼底。除了精彩的赛事直播和高水准的体育新闻，BTV－6还很注意体育专题栏目的开发，《快乐健身一箩筐》《桌上运动》《各就各位》等专题栏目在北京地区拥有数目庞大的拥趸。北京奥运会的召开，也给BTV－6的发展提供了良好的契机，《一呼百应迎奥运》等节目应时开播，反响良好。

近年来，北京电视台明显增加了体育赛事的转播力度，不仅对国内赛事密切关注，还适时配驻海外记者，追踪采访报道国际顶级赛事。同时，斥巨资购买NBA、欧洲足球联赛等赛事版权。在2004～2008年、2008～2012年两个完整的奥运周期中，可以清楚地看到体育赛事转播量的显著变化。2004年雅典奥运会时，北京电视台体育频道赛事转播量为2497小时，2008年北京奥运会增加到4117小时，同比增长65%。

2007 年,北京电视台体育频道全年的体育赛事播出量为 2906 小时,体育新闻的播出量达到 1183 小时,体育专题的播出量为 2953 小时,分别占全年节目总播出量(8760 小时)的 33%、14% 和 33%。2008 年,体育赛事播出量明显上升,转播量为 4117 小时,同比增长 42%,体育新闻的播出量 1154 小时,体育专题的播出量为 1951 小时,分别占播出总量(8784 小时)的 47%、13% 和 22%。

一、资源优势

北京,历史古城,祖国首都,是全国的政治中心、信息中心、经济中心、文化中心与总部中心。根据《2013 北京统计年鉴》,截至 2012 年底,北京 2069 万常住人口呈现“四高”,即高人口总量、高人口密度、高级知识分子和高收入,流动人口 773 万,每年抵京人数高达 1.5 亿人次。

北京集中了国际总部核心机构、各大部委和世界 500 强企业,是中国各大银行、各大保险公司、证监会以及大型国有企业的各个总部所在地,同时密布着全国省、地市的驻京机构。

北京交通发达,信息畅通。新华社、人民日报、中央电视台、中央人民广播电台和中国国际广播电台等国内各大权威媒体麇集,国外驻华新闻机构也多在北京安营扎寨。这里有全国最多的高等院校,既有北京体育大学、首都体育学院两所体育专业院校,也有中国传媒大学这一综合性传媒专业院校,还有意欲打造中国信息黄埔、在新媒体与电信传播上有所作为的北京邮电大学。1990 年,北京成功举办了亚洲运动会,此后又承办了世界大学生运动会、NBA 季前赛、中国斯诺克公开赛和中国网球公开赛等国际高水平体育赛事。2008 年北京奥运会的成功举办,用“无与伦比”之称征服了全世界,为中国为世界留下了宝贵财富。这财富既包括完善的体育场馆设施,畅通顺达的交通路网,更重要的是国民、市民的体育意识与人文精神。

北京在 2008 年举办奥运会后,留下了大量体育场馆和优秀人才以及获得举办大型赛事的丰富经验。北京市现有体育场馆已超过 6000 个,包括鸟巢、水立方、五棵松体育馆、工人体育馆、奥林匹克水上公园、国家体育馆网球中心和英东游泳馆等等。

北京市将未来产业发展的重点锁定在体育文化上,要加快北京国际化体育中心城市建设,将北京打造成“体育之都”。在体育赛事的牵引作用下,北京市做大体育产业规模,拉长体育产业链条。2010 年,北京市实现了既定目标——体育产业年增长速度达到 15%，体育产业创造的产值占到 GDP 的 3%，接近于体育发达国家的水平。

在着力办好中国网球公开赛、世界斯诺克中国公开赛等品牌赛事的同时，北京市还举办了意大利超级杯赛，并积极引进了美国职业篮球联赛（NBA）、美国职业橄榄球联赛（NFL）、A1 世界杯汽车大奖赛及国际足球对抗赛等顶级商业赛事。

据透露，北京正有计划地申办足球世界杯赛、铁人三项世界锦标赛和世界男子篮球锦标赛等最高水平的单项体育赛事，这也是官方首次表示要申办这么多的世界级赛事。另外，北京还要努力培育创办世界乒乓球北京大奖赛、世界杯公路（场地）自行车赛、世界跆拳道大师杯赛等品牌赛事。

2013 年 11 月，北京市联手河北省张家口市正式向中国奥委会提出了举办 2022 年冬季奥林匹克运动会的申请。中国奥委会认为，北京市和河北省张家口市具备成功举办冬奥会的自然条件和基础设施。中国奥委会正式同意以北京市的名义向国际奥委会申办 2022 年冬奥会，由北京市承办冰上项目的比赛，河北省张家口市崇礼县承办雪上项目的比赛。冬奥会的申办成功，使北京成为历史上第一个同时举办过夏季奥运会和冬季奥运会的城市。

北京市一直是国内传统体育强市，涌现了一代又一代名震海内外的体坛猛将。中国第一个世界高低杠冠军马燕红，只手扭转中国乒乓球颓势、一举率队在天津世乒赛重夺斯韦斯林杯的王涛，世界杯、世界锦标赛和奥运会乒乓球女子单打“大满贯”得主张怡宁，以及奥运会射击冠军杨凌，体操明星张津京、奎媛媛、张楠、滕海滨，跆拳道奥运冠军罗薇，女排奥运冠军冯坤，世界冠军曾春蕾，羽毛球名将董炯和短跑名将张培萌等都是北京体坛的骄子。名将云集，高水平运动队众多，增添了北京市体育电视蓬勃发展的底蕴。

北京奥运会的举办，很大程度上推动了北京全民健身的发展，为体育电视增加了新的内容。2022 年北京张家口冬奥会的申办成功，对北京市的冬季运动项目发展是一个巨大的推动力。北京市鼓励社会各界兴办体育协会、俱乐部、健身辅导站（点）。提倡参加全民健身活动的人员办理人身意外伤害保险。实施国民体质监测制度，建立国民体质监测系统，每五年向社会公布市民体质状况，并将国民体质检测结果纳入社会统计指标。2005 年北京市人大会议将每年的 6 月 23 日定为北京全民健身日，将全民健身正式定位到行政规划的高度上。自此，全民健身体育活动也成为北京体育电视的重要内容。北京电视台体育频道的《快乐健身一箩筐》就是北京市全民健身推广普及的一个很好例证。

二、赛事转播

体育赛事的转播是一个地区体育电视尤其是体育频道发展的重中之重，体育赛事项目和内容比例直接关乎频道的收视率，是体育频道发展赖以生存的生命线。在北京地区，奥运会、世界杯、欧洲杯、中国足球超级联赛、CBA、英超、西甲、NBA、澳网、温网、中网、斯诺克巡回赛、环京自行车赛、世界羽毛球巡回赛和意大利超级杯是体育频道直播的主要内容。在2012体育大年中，北京电视台体育频道全年共有23项赛事直播，直播日超过了300天。

北京国安足球俱乐部是北京本地最著名的职业足球俱乐部，虽然一直没有获得中国职业足球联赛的冠军，但是他们“永争第一”的精神得到了球迷普遍的尊重。90年代中期北京国安俱乐部在工人体育场创造的“工体不败”神话也是球迷们津津乐道的话题，中国最具才华的一帮球员在工人体育场连胜意甲豪门AC米兰、桑普多利亚，也展现了中国足球史的辉煌。最近几年，国安足球重见起色，球迷的工体情结再被唤起，足球电视观众趋于稳定上升，赛事直播平均收视率达5%。2011年北京国安赛事直播平均收视率达5.11%，处于全国前列。

北京首钢俱乐部是我国职业篮球联赛的劲旅。曾经的著名中锋巴特尔就是北京男篮的代表人物，尽管现已转会他乡，因为其成长成名在北京，北京球迷痴心依旧。2011年美国NBA全明星球员马布里燃起了北京球迷的新热潮，他以一己之力盘活了整支球队，也唤醒了电视观众久违的篮球情结。2013年3月30日，随着广东队球员最后一投弹框而出，北京金隅男篮以124∶121击败七冠王广东队，以4∶1的总比分战胜对手，首夺CBA联赛冠军，一万八千余名现场观众目睹了这一历史性的时刻。这个夜晚，是五棵松之夜，是北京篮球之夜，是北京体育辉煌之夜，是中国篮球职业联赛改朝换代之夜，更是北京体育电视本土赛事转播扬眉吐气之夜。总决赛五场比赛的平均收视率超过6.5%，收视份额近20%。其中，CBA总决赛第五场的收视率超过了10%的高门槛（10.6%），收视份额近25%，让人喜出望外，让中国体育电视看到了本土赛事转播的无穷生命力。

排球是北京市的传统优势项目，曾经涌现过郎平、冯坤等世界级球星。曾经，北京男排临近解散边缘，北京女排较长时间在保级区徘徊。“排球市长”的到来，给了北京排球新的希望，双双冠名“北汽”之后，精气神一飞冲天。北汽女排不仅甩掉了长期保级的帽子,2012 年还顺利杀入四强,2013 年全运会也有不俗战绩。北汽男排不惜巨资引进外援,以全新“黑马”姿态纵跃排坛。2013 年 2 月 3 日,在 2012 ~2013 中国男排联赛总决赛最后一个回合的较量中,北汽男排在客场再次以 3 比 0 击败了八一队,从而以总比分 2 比 1 获得了本赛季的冠军。这是北京男排参加联赛 17 年来的第一次问鼎,同时也弥补了北京“三大球”在联赛中男排无冠的空白。从 2010 年成立至今的三年中,北京汽车排球俱乐部通过努力,在今年完成了三大步的跨越,先是获得了男排联赛冠军,接着又在第 12 届全运会上分别夺得全运会男子成年组和青年组冠军。北汽男排的精彩表现,吸引了大量的电视观众。2012 开始,北汽男排的比赛直播收视率比 2010 年提高了 240% ,球迷争先恐后地等着看男排和新外援的绝招绝活。

与此同时,北航男排以及北理工男足也书写了学生体育在职业联赛中传奇的一笔。正是由于拥有如此众多的赛事资源,给北京电视台体育频道提供了本土情结浓郁的丰富素材。

此外,北京地区规格比较高的赛事有中国网球公开赛、中国斯诺克公开赛、北京马拉松公开赛等。中国网球公开赛在经过 4 年的历练和调整之后,在 2009 年全面升级。中国网球公开赛的男子赛事为总奖金达到 200 万美金的“500 分赛事”,女子赛事的总奖金至少为 400 万美金,男子赛事为仅次于四大满贯、9 站“1000 分赛事”的 10 站“500 分赛事”之一,女子赛事则为仅次于四大满贯赛的四个钻石皇冠赛事之一(女子赛事即皇冠赛超九赛事)。这样,从世界范围来看,中网男女赛事的整体实力与影响力将仅次于四大满贯赛事,与有着悠久的历史和传统的印第安维尔斯赛、迈阿密赛和马德里赛同级,名副其实的升级为仅次于四大满贯赛事的“超级赛事”之一。

中国斯诺克公开赛注定是中国人倍加关注的重大赛事之一,因为在 2005 年的比赛中,共有 14 名中国球手拿到了外卡,香港球手傅家俊打进了 1/4 决赛。年仅 18 岁的丁俊晖更是一路杀进决赛,并在决赛中将“台球皇帝”亨得利挑落杆下,创造了中国球手在中国公开赛上的最好成绩,而 BTV -6的知名栏目《桌上运动》正是以斯诺克比赛为主要内容。

三、节目内容

任何一个成熟的体育频道,都是由体育赛事转播、体育新闻和体育专题等栏目的完善组成,BTV -6 也不例外,体育专题、体育赛事和体育新闻组成了 BTV－6 节目的点、线、面，很好地保证了频道的制作水准和品味。

目前，BTV－6 有《体育新闻》《天天体育》《体坛资讯》《足球 100 分》《体育议起来》《节节高升》和《足球世界波》等新闻栏目，或覆盖全天的赛事信息，或纵览一个星期的体坛热点，给观众奉献一顿体育的饕餮大餐。《体育新闻》节目形式庄重、干脆，内容要求准确、客观和丰富。作为北京电视台历史最悠久的栏目之一，《体育新闻》是体育节目中的王牌节目，在京城体迷中有着不可替代的位置。调整后的《体育新闻》成为奥运板块中最具竞技性的栏目，也是当天最重要体育消息的超级浓缩版节目。《天天体育》是当日体坛资讯的集大成者，是当日焦点热点最全面反映的节目。《足球世界波》是一档专门以足球为主的新闻报道栏目。在传播足球新闻的同时，融合了精彩赛事缩编、经典赛事回顾、火爆对决前瞻等多个板块，让喜欢足球的观众在每一天的 18:30 都可以享受到一道美味的“足球大餐”。

BTV－6 非常注意体育专题栏目的开发和品牌塑造，专业化程度高、报道深入是 BTV－6 的节目特色之一。为了迎接奥运会、顺应全民的浪潮，2007 年 5 月份，BTV－6 推出了全新的全民健身指导类节目——《快乐健身一箩筐》。本节目是一档日播谈话类节目，也是北京电视台体育频道重点打造的一档非竞技类栏目。聘请北京市科学健身专家讲师团秘书长、国家级社会体育指导员、著名运动健康专家赵之心教授和其他专家学者，与主持人一起以轻松的方式谈论健身之道，内容横跨医学界和健身界，寻找隐藏在大众身上的健康杀手，开出简便易行的运动健身药方，并送出独家健身秘诀和实用健身知识。本栏目一经推出，就受到北京广大民众的热烈欢迎，引领着京城健身时尚和潮流。除此之外，BTV－6 还有《桌上运动》《各就各位》等一系列体育专题类节目，节目风格或端庄朴实，或幽默隽永，很好地填补了体育赛事和体育新闻以外的节目空白。

北京奥运会给 BTV－6 的节目制作带来了巨大的资源与机会，多个奥运类专题栏目的播出，赢得了广泛好评。《我爱北京》栏目是体育节目中心奥运节目部下属的一档周播的专题性节目，每周二晚18:00在北京卫视的奥运时段播出。节目的内容主要是基于北京市 2008 环境指挥部办公室、市委宣传部、首都精神文明办公室等 8 个部门联合发起的“我爱北京——08 环境建设系列社会评选”活动，宣传新北京、新奥运，向全世界人民展示北京的新变化，讲述红榜地区的优秀人物与感人事迹，用娓娓道来的方式向大家展示一个个环境优美，气氛和谐的社区、街巷、胡同等。《奥运故事 365》——你知道奥运会最初是怎么来的？“重在参与”的格言最初是谁说出来的？“更快、更高、更强”又是怎样诞生的？你能说出几个伟大运动员的名字？你又知道多少流传世界的奥林匹克经典故事……由北京奥组委新闻宣传部和北京电视台联合制作的《奥运故事 365 》大型系列电视节目，用讲故事的方式来解读奥运的历史，融知识性与趣味性于一体，带你结识伟大的运动员，全面了解他们背后的故事，感受精彩的历史瞬间，从中感悟什么才是真正的奥林匹克精神。

在 2012 年伦敦奥运年期间，北京电视台体育频道从早上 7 点开始，以“地毯式轰炸”不间断播出《奥运早新闻》《奥运赛事精选》《奥运早新闻重播版》《步步为赢》《奥运议起来》《冠军面对面》《步步为赢》和《天天体育》等奥运系列栏目，从不同视角和维度扫描奥运热点，极大满足了广大观众的奥运需求（见表 3. 1）。

表 3. 1　BTV - 6 伦敦奥运会节目编排表

时间	名称	主要内容
07: 00 - 08: 00	《奥运早新闻》	资讯为主，聚焦于最新奥运比赛和金牌点。将有奥运现场的视频连线。也将有部分非奥运体育新闻。
08: 10 - 10: 30	《奥运赛事精选》	择此前一日的精彩比赛，进行重播。
10: 35 - 11: 35	《奥运早新闻重播版》	奥运冠军访谈录，是北京、上海和广东电视台与中国奥委会合作，三台独享的一份资源。

续表

时间	名称	主要内容
11:40－13:10	《步步为赢》	重点打造的奥运栏目，一档在黄金时间播出的多样态综合性节目，融合直播、竞猜等多种元素。
13:15－13:45	《奥运议起来》	“奥运议起来”是一档在黄金时间播出的奥运评论类节目，根据最新奥运资讯，聚集媒体焦点话题与焦点事件。
13:50－14:20	《冠军面对面》	以奥运冠军访谈录为主，与冠军第一时间面对面交流，了解冠军背后的故事。
14:30－16:50	《奥运赛事精选》	重播前一日精彩赛事，直播当日重点赛事。
17:00－20:00	奥运赛事直播（《冠军面对面》晚间版择机）	奥运精彩赛事现场直播。
20:00－21:30	《步步为赢》	重点打造的奥运栏目，一档在黄金时间播出的多样态综合性节目，融合直播、竞猜等多种元素。
21:35－22:25	《天天体育》	汇集奥运资讯，聚集奥运热点。
22:30－07:00	奥运赛事直播	直播当日重点奥运赛事。
全天滚动播出《精彩时刻》《奥运字幕快讯》《奥运金牌榜》。		

四、事件营销

作为一个在各方面运作都十分成熟的体育频道，BTV－6 在事件营销上屡有建树，组织和主办了有影响力的大型体育活动。2008 年北京奥运会，给北京电视台体育频道带来了举办体育活动的巨大资源，这些活动的成功举办，宣传了 BTV－6、强化了 BTV－6 的品牌价值。

奥运会前夕，北京电视台体育频道借势推出了选拔奥运主持人的活动，将频道与奥运会绑定，起到了很好的宣传作用。

与以往从院校播音主持专业中选拔人才不同，此次活动为更多对成为体育节目主持人和解说员有兴趣的应届毕业生以及社会人士提供了一次展示的空间和平台。凡喜爱奥运、喜爱体育、喜爱主持，并有一技之长，便可以报名参与这次大赛，通过个人展示和体育知识、语言组织、应变反应等测试的考核之后，就有机会将自己与北京奥运会系在一起，进入北京电视台体育节目中心，一圆自己主持体育节目、解说体育赛事的梦想。

参与北京电视台体育节目中心奥运节目主持人选拔大赛，通过初试和复试两轮角逐，便有可能进入北京电视台，作为主持人和解说员成为 2008 年北京奥运会的报道成员。BTV－6 大赛宣传口号颇具煽动力——如果你有激情四溢的才华，同时渴望奠定梦幻人生的基石，那么便可以参与到北京电视台体育节目中心举办的“奥运节目主持人选拔活动”中。在挑战中成长、在失败中坚强，北京电视台体育节目中心的奥运舞台，给你一次绽放的机会、给你一个真实的舞台、给你一个展示的空间、给你一次跨入荧屏的机会，圆你接近奥运的梦想；在第一时间、第一现场，发出北京奥运赛场上的第一声惊叹，见证 08 奥运的传奇，为观众传递赛场上的感动。这一举措，不仅吸引了不少体育爱好者参与比赛，也成功为北京电视台体育频道做了一个大大的广告。

通过全程直播北京奥运会圣火传递。规模盛大、波澜壮阔的场景报道，显示了 BTV－6 的澎湃气势。2008 年 3 月 24 日，第 29 届北京奥运会的圣火在希腊雅典的古奥林匹亚点燃。以“和谐之旅”为主题，以“点燃激情、传递梦想”为口号的北京 2008 年奥运会火炬接力正式拉开帷幕。北京电视台体育频道于 3 月 24 日下午 16:00 至 18:30 现场直播此次取火仪式。从 25 日开始，每晚 19:40 至 20:00 在北京卫视直播奥运圣火传递。为报道好这次史无前例的火炬传递活动，从 3 月 24 日至 8 月 8 日，北京电视台以《“和谐之旅”奥运圣火传递百日大直播》为题，连续直播奥运火炬在境内外传递的盛况，为北京电视台观众朋友全景展示此次火炬传递中的动人场面、感人故事。

早在这次直播活动开始之前，北京电视台先期派出了九个摄制组，分赴境外14个国家,以"火炬传递 体验之旅"的名义,在火炬传递城市记录当地风土人情、了解火炬传递细节、访问当地高层政要、揭秘火炬手的故事、走访奥运冠军,体验、感受火炬传递城市迎接圣火的热烈氛围。"体验之旅"拍摄、记录的精彩内容都将在百日大直播节目中独家呈现。此外,北京电视台还派出了由体育中心、新闻中心、海外节目中心组成的强大报道队伍——上百名记者跟踪报道此次火炬接力的全过程。这支火炬接力报道组将跟随火炬传递的路线,走遍五大洲19个境外城市和113个国内城市第一时间,将火炬接力盛况呈现给观众。

2008年8月6日至8日,北京电视台全程直播奥运火炬北京传递活动。北京电视台体育频道派出上百人的转播队伍,全程覆盖直播此次传递活动。在直播期间,观众不仅全程同步观看火炬接力现场,还可通过精心制作的专题片,回味火炬在境内外传递138天的盛景,领略北京各区县厚重、浓郁的地理文化和秀美风光,感受火炬手的精彩故事。国际奥委会官员、我国前驻外使节、民俗专家以及众多知名人士走进演播室,与广大电视观众共同见证奥运圣火在北京传递的历史时刻,解读北京、解读奥运。

"和谐之旅"奥运圣火传递百日大直播将是北京电视台体育频道有史以来时间最长、参与人数最多、规模最大的一次直播。通过本次大型直播活动,BTV-6不仅全景展现了北京奥运会圣火传递的盛况,而且极大地提高了频道的节目制作能力和制作水平。

2012年伦敦奥运会,BTV-6组建了强大的奥运报道团队,派出了16名精兵强将远赴伦敦,每天通过电话连线、视频连线等方式,全程直播热点赛事,并选择热点赛事重点转播。这是一支国内地面频道中最大的奥运报道团队,在第一时间向首都观众报道奥运盛况和收视重点、热点、焦点,全力打造具有北京特色的差异化奥运特别节目,进而锁定了北京地区的忠实观众。

第三节　上海体育电视市场

成立于2001年10月8日的上海文广集团(SMG)五星体育频道,是涵盖广播、电视两大播出平台的体育传媒机构,2006年3月起,以"五星体育"红色标识统一对外,目前共有162名员工,平均年龄不到40岁。

作为SMG旗下的第一个专业频道,五星体育频道已经实现每日24小时电视播出,自制赛事、新闻和专题节目已经推广到东方卫视、ESPN-STAR-

SPORTS、美国 NBA－TV 等中国乃至全球的电视平台和新媒体平台。五星体育广播(FM94.0)全天播音 18 小时,是目前全国广播界最专业的体育发布载体。

五星体育有着丰富的国际国内赛事资源。目前拥有国内的中国足球超级联赛、CBA、全国排球联赛以及在上海举行的 NBA 中国赛、F1 中国站、网球大师赛、国际黄金田径大奖赛和斯诺克大师赛等顶级赛事的版权资源,同时,五星体育还拥有 NBA、F1、A1GP、MOTOGP、MLB、NFL、世界杯预选赛、欧锦赛、意甲、英超、西甲、欧冠、联盟杯、足总杯、澳网、温网、斯诺克系列赛等诸多国际赛事版权资源,平均每日直播 4 场赛事,每年为上海观众提供一流的赛事直播近 1500 场。五星体育每日在 12:00、18:00、19:00 和 22:00 四个时间段制作播出总长 3 个小时的新闻节目,新闻和赛事播出量继续保持在全国各省级地方台第一名。五星体育的收视率和市场份额屡创新高,品牌推广与市场拓展突飞猛进,体育电视节目和员工屡获国家大奖。

五星体育传媒是国内仅有的几家获得国际奥委会资格认定的体育赛事电视公用信号制作机构之一。它拥有一支具备制作大型国际体育赛事公用电视信号能力的制作团队,参与制作的 2008 北京奥运会、NBA 中国赛、网球大师杯、ATP1000 上海站、斯诺克大师赛、2010 广州亚运会、深圳世界大学生运动会、世界大学生冬季运动会、上海国际马拉松赛和 2008 奥运火炬传递等国际顶级赛事和活动,先后获得党中央、国务院、上海市授予的多项荣誉称号。五星体育的奥运制作团队,成功为 2008 北京奥运会制作足球和网球两大赛事的国际公用信号,获得了北京奥组委和国际奥委会的高度评价。

一、资源优势

背靠经济发达长三角地区以及优秀的母集团,是上海体育电视传媒(五星体育)发展的最大优势。在行政力量壁垒重重的电视行业,上海体育电视传媒的发展必然受制于所属地区的经济发展状况。上海电视台体育频道能够在中国体育电视严峻的竞争环境中取得成功,与得天独厚的地域资源、明星资源、球队资源等密切相关。

体育频道向受众提供的是精彩的体育节目,向商家提供的是广告时段和衍生广告投放形式,同时电视体育频道本身的需求是一流的体育资源。因此强势体育频道的出现,必然在资源供给与观众客户需求两方面都能达到充分饱和的状态。中国经济持续高速发展的同时,人们对体育的不同偏好、不同层次的需求也在大幅增加，经济发达区域的体育活动蓬勃开展。在这样的良好背景之下，发达区域内的体育电视传媒可以加快发展，甚至可以在壮大之后适时走出去猎取新的资源。

1. 地域优势

正在向现代化国际大都市目标迈进的上海，肩负着面向世界、服务全国、联动“长三角”的重任，在全国经济建设和社会发展中具有十分重要的地位和作用。

依据《上海统计年鉴》的数据，截至2012年底，上海市总人口达2380万，全市生产总值达20182亿元，使上海经济自1992年以来已连续20年保持两位数增长。按常住人口和当年汇率折算出近20年来的上海人均生产总值，1990年首次突破1000美元，1995年跃上2000美元台阶，1999年再上3000美元新台阶，至2007年又跨越5000美元台阶，达到8594美元，相当于世界上中等国家的收入水平。2012年，上海人均生产总值已经连续三年跨上五位数台阶，达到13551美元。

上海外商林立，总部经济发展迅速。2007年，上海共批准外商直接投资合同项目4206项，合同金额148.69亿美元，实际到位金额79.2亿美元。至2007年末，上海已与130个国家和地区的外商签订直接投资合同项目4.88万项，合同金额1294.04亿美元，落户上海的跨国公司地区总部184家，投资性公司165家，外资研发中心244家。

上海国际交往频频。截至2007年末，上海已与世界上52个国家的70个城市（省、州、大区、道、府、县或区）结成友好城市或建立友好交流关系，在上海设立领事机构的国家已达62个。随着上海国际影响力不断提高，来沪设立常驻分支机构外国新闻媒体不断增多。2007年有13家外国新闻媒体在上海新开设分支机构。至年末已有日本、英国、俄罗斯、美国、法国、比利时、荷兰、新加坡、泰国、德国、芬兰、瑞士、韩国、瑞典、意大利、西班牙、澳大利亚、马来西亚、挪威、丹麦、加拿大21个国家113家新闻机构在上海设有分社，常驻记者108人①。

2. 明星助力

上海是中国体育重镇，新中国成立以来为国家培养输送了大量优秀的体育人才。近年来，体育超级巨星的不断涌现，让这座城市的体育备受瞩

---

① 内容与数据来源：上海政府网。

目。飞人刘翔在田径领域的历史性突破,举国振奋。姚明远赴美国在 NBA 打拼,在篮球帝国不断创造优异的成绩,让无数国人感到骄傲。王励勤作为乒乓国手,历年来在乒乓球的重大国际赛事中“称王争霸”,为祖国和人民赢得了无数荣誉。这些体育巨星所带动的相关项目,产生了巨大的体育冲击波,吸引了一批又一批忠实的拥趸,为五星体育内容的制作与播出,相关广告的经营与发展,带来了巨大的明星效应。

刘翔一人拉动了田径比赛的新闻与赛事的收视率,让田径黄金大奖赛得到上海观众前所未有的追捧,即使现在伤情未明,仍然有着一大批拥趸;姚明无论是在 CBA,还是在 NBA,他所在的俱乐部都受到上海乃至全国球迷的狂热关注,及至现今的“姚老板”时代,姚明依旧是拉动 CBA 人气与收视的重要引擎;因为有王励勤参加乒乓球大赛,再加上国球本身的魅力与影响力,总能让五星体育保持一个较高的收视率。当然,上海还曾培养出游泳“五朵金花”中的庄泳、杨文意,三次打破男子跳高世界纪录的朱建华,当今跳水新星吴敏霞,现代五项的钱震华以及其他现役或退役的明星运动员,他们一直以来都是五星体育发展的重要收视依托。

刘翔是中国运动员的骄傲,他在雅典奥运会上以 12 秒 91 的成绩平了由英国名将科林·杰克逊保持的世界纪录。这枚金牌是中国男选手在奥运会上夺得的第一枚田径金牌,书写了中国田径的新历史。从此,电视镜头开始全方位追踪刘翔,这也是历史上田径项目首次成为中国体育电视的热门热点。2004 年雅典奥运会男子 110 米栏冠军得主刘翔以 12 秒 91 的成绩打破奥运会纪录,并追平世界纪录;2006 年 7 月 12 日,在洛桑田径黄金联赛中他又以 12 秒 88 的成绩打破了由英国科林·杰克逊保持了 13 年之久的世界纪录;2007 年 2 月,在德国田径室内赛上,刘翔以 7 秒 42 的成绩打破了 60 米栏的亚洲纪录;2007 年 8 月 31 日,在日本大阪的第 11 届世界田径锦标赛男子 110 米栏决赛上,刘翔在第九道以 12 秒 95 的成绩获得冠军,成为集世界纪录、奥运会冠军、世锦赛冠军于一身的男子 110 米栏大满贯得主。2008 年 3 月 31 日上午,刘翔从胡锦涛手中接过火炬,成为中国境内第一个火炬接力手,为奥运火炬接力拉开了序幕。

2008 年 8 月,北京奥运会男子 110 米栏预赛第一轮,刘翔尚未真正起跑,就因伤退赛。四年后的伦敦奥运会,刘翔虽在跨越第一个栏时就打栏被绊倒,但之后他坚强地站了起来,忍着剧痛,单腿艰难的跳跃着奔向终点。红色的身影还是最终完成了比赛。29 岁的刘翔,就以这样一种战士的方式挥别奥运。当刘翔用单腿一步步地向终点跳来，在到达终点最后一个栏架时，他亲吻了栏架。这一幕，不知多少人为之感动落泪，这一吻，又不知凝聚了多少刘翔对这项运动的深情。这些场景，成了体育电视观众永远难以抹去的印记。

姚明是中国体育舞台的另外一位传奇，自然也是上海五星体育的收视热点。姚明 18 岁入选国家青年队，19 岁穿上了中国队服。在 2001 年的亚洲篮球锦标赛上，姚明场均贡献 13.4 分 10.1 个篮板和 2.8 次盖帽，投篮命中率高达 72.4%，帮助中国国家队夺得冠军，显示出他是卓越的篮球天才。2000 年奥运会期间，姚明平均每场拿下 10.5 分和球队最高的 6 个篮板 2.2 次盖帽，投篮命中率高达 63.9%，他的成绩举世瞩目。在美国当地时间 2002 年 6 月 26 日的选秀大会上，姚明顺利被休斯敦火箭队选为中锋，他也成为联盟历史上第一个在首轮被选中的第一位中国球员。同时也成为联盟历史上最高而且是第二重的状元。在姚明加盟休斯敦火箭队之后，他成为继王治郅和巴特尔之后第三位登陆 NBA 的中国球员。

3. 球队支撑

2001 年以前，上海三家电视台分别拥有各自的体育俱乐部，上视的女足、东视的东方篮球俱乐部（男、女篮）、有线台的男女排以及有线 02 足球队。它们曾经在相当长的一个时期内创造了繁荣与辉煌，丰富了体育电视的本土资源，带动了体育与传媒的良性互动发展。

随着 2001 年三台合并组建成上海文广新闻传媒集团，所有体育俱乐部统归 SMG 管理。上海体育电视传媒（五星体育）依托文广新闻传媒集团，借助旗下一些俱乐部和国际体坛、国内体育界建立了良好的协作关系，并通过俱乐部所属的球队参与国内外的各种赛事，获得了各类赛事、联赛的电视版权，丰富了体育电视节目资源，五星体育也借助于赛事、球市的效应提升了上海电视传媒在国内外的影响力和知名度。上海体育电视传媒（五星体育）的名称和标识屡屡出现在各个赛事当中，俱乐部下属的著名运动员、教练员成了上海的形象宣传大使，最为典型的例子是借助于姚明的球星效应，向世界宣传上海、宣传中国。

尽管在三台合并后，对于上海电视体育传媒（五星体育）是否有必要继续托管这些体育俱乐部一直存有很大的争议，但是这一模式的历史功绩不可否认，今后如何创新管理、走向市场，仍需要业者和学者去大胆地探索。

二、节目内容

体育电视节目主要有三大重点，一是体育赛事直播（第三部分专门陈述），二是体育新闻，三是创办品牌栏目。

体育新闻一直是上海体育电视传媒发展战略的重点。长久以来对上海体育电视传媒的收视率与收视份额的影响重大，即使在体育赛事的淡季，或者在上海体育电视传媒尚未取得重大赛事版权的被动局面下，体育新闻总能创造黄金时段高收视峰值，而在大型的综合性赛事中，新闻战略的正确实施弥补了上海体育电视传媒的很多短板。

上海体育电视传媒的新闻战略在 2004 年雅典奥运会、2008 年北京奥运会和 2012 年伦敦奥运会的实践中得到了验证，体育新闻在频道的创收功能上发挥重要作用。在不能获得核心赛事资源版权的背景下，从体育新闻的角度入手。受众的时间是有限的，特别是在主力收视群体中，能完整收看比赛的观众并不多，因此满足他们在体育新闻的需求，是上海体育电视传媒必然的选择。

经过多年的发展，五星体育《体育新闻》节目目前一天四档，在 12：00、18：00、19：00、22：00 四个时间段内滚动直播，第一时间、第一现场向观众播报国内外体育消息。《体育新闻》节目是上海体育电视传媒的主打节目，上海体育电视传媒不断与国际化、专业化接轨，在提高节目收视率和社会影响力的同时，积极探索新的报道形式与手段。

五星体育除了每天播出的四档《体育新闻》以外，还专设两档专业体育新闻——《天天足球》和《G 品篮球》。

一个电视频道要想创品牌，必须要有自己的品牌栏目。品牌栏目是指具有一定号召力和招牌效应的知名栏目，在广大的电视观众中获得较高的知名度、美誉度和忠诚度。上海体育电视传媒经过多年的耕耘努力，建立了多个品牌栏目，尤其是在低投入的局面下，取得了相当不错的成绩。影响较大的栏目有足球旗舰《五星足球》，另外还有《篮球风云》《唐蒙视点》，赛车栏目《超级马力》。

《五星足球》是一档由五星体育首席主持人娄一晨主持的贯穿始终的旗舰式足球栏目，娄一晨以其多年解说赛事而积累的足球知识与嘉宾以及广大观众一起纵论天下足球。该节目拥有雄厚的观众基础。《五星足球》以本土球队专题和国际足球赛事专业分析为主轴，针对频道拥有的中超、英超、西甲、意甲、欧洲冠军杯、亚冠联赛、女足世界杯、欧洲杯等大量赛事版权,抓住全年的每一个足球热点,全力做到全景辽阔,精华荟萃,内容深厚,分析至深,从而领航现有的栏目。《五星足球》格外重视拥有的本土第一资源——中超,利用这个优势,在联赛期间派出多路记者奔赴各个中超赛场,在每周一给观众带来详尽的联赛消息。此外还对周末的国际赛事做出精彩点评,并全力推出观众互动环节,不断在上海球迷中打造自己的影响力。

有了姚明这样的金字招牌,自然要考虑将品牌资源放大。五星体育的篮球品牌节目《篮球风云》将原先负责制作中国篮协的官方节目——《篮球风云》积极转变为自有品牌,由全面报道CBA联赛的进程和中国篮球明星的场内外生活向更广阔的领域拓展。针对NBA目前在中国球迷心目中的特殊地位,《篮球风云》每期推出最新的NBA动态,加强巨星姚明、易建联及其所在球队的报道。此外,对于中国国家男女篮的各项大型锦标赛事以及国内的CBA,栏目都特派记者进行详细的跟踪报道,使该节目的收视率稳中有升。《篮球风云》经过创新改版,改变主持人的传统播报样式,不断增强与明星、球迷的互动,在内容选题的增量上,更加注重校园篮球、街头篮球的草根性,亲和为本,扎根上海本地,取得很好效果。这种创新为节目最终收视率的突破打下了坚实基础。

《唐蒙视点》是以五星体育首席主持人唐蒙命名的老牌周播栏目,该节目以国内外体坛热点人物和重大事件为主题进行追踪、访谈、解析,与当事人进行面对面的交流,为观众剖析新闻背后的事实。《唐蒙视点》在沪上体育电视观众群中具有较高认可度,收视率稳定。该节目还不断创新,增设了读报版块,抓取重点,深度阅读,深入剖析,同时在专题的选择上,更加注重人文沉淀与社会关怀,将和谐体育的理念深入贯彻到节目中,在内业一直享有极高的声誉。

《超级马力》是五星体育充满进取心与活力的一档赛车类节目,该节目以频道首席主持李兵为核心展开,挖掘五星体育的赛车资源。自开播以来,节目吸引了大量高学历、高收入人群,为五星体育的收视目标打开了新的天地,同时也使五星体育的专业水平得到了进一步的提高。《超级马力》紧扣全年的国际赛事热点,同时积极培养本土资源,在内容的编排上,有计划地推出以本土自有品牌赛事为焦点的事件追踪报道,为未来的空间拓展奠定了良好的基础。

三、赛事转播

按照上海文广新闻传媒集团的整体定位，赛事在五星体育处于龙头地位。除了与中央电视台紧密合作的世界杯、奥运会等国际顶级大赛外，近年来，上海五星体育尽可能多地安排转播各种规格的国际国内体育大赛。

五星体育的发展机遇，很大程度上来自于上海这座城市所带来的越来越多的高端体育赛事，如上海网球大师杯（2009 年开始转为大师系列赛）、F1 上海站、摩托 GP、上海黄金田径大奖赛等。上海体育电视传媒已经参与越来越多的赛事制作，随着上海“亚洲体育中心城市”地位的逐步确立，优质项目资源的供给是国内其他城市所无法比拟的，上海体育电视传媒的后劲发展充足。发展城市景观体育项目，以体育为载体，建设亚洲体育中心城市，提高上海的国际形象，这些背景十分有利于上海体育电视传媒的发展。众多重要的国际性体育事件都选择了上海，大型的体育高端会议和活动也经常在上海举办，而这其中很多都是世界上最赚钱、最有人气的运动项目，成为五星体育的重要节目源泉。

从需求上看，中国经济发达区域的人口受教育程度显然要高出经济发展一般的地区，人们有钱有时间的同时才能有意识有兴趣地关注更多的体育项目。网球、高尔夫球、保龄球、拳击、冰球、赛车等体育项目，有着明显的区域差异。作为长年扎根于上海的专业体育频道，上海五星体育电视传媒的品牌影响力在国内是首屈一指。专业的团队，一流的理念，精细的内容制作，项目的创意与创作视角，以及地域文化形成的制作理念，为上海地区乃至整个长三角地区的观众，年复一年地送上精良优质的体育节目。上海体育电视传媒的能力在不断提高，经验在不断丰富。

最近几年，五星体育在上海文广传媒集团的庇佑下，充分利用自身的独特优势，除了转播传统赛事如世界杯、F1、网球大师赛等外，还认真细致地转播了在上海本土举办的女足世界杯、上海国际田径黄金大奖赛和世界斯诺克上海大师赛等具有影响力的国际赛事。

1. 女足世界杯

国际足联女足世界杯是仅次于男足世界杯的国际足联第二大重要赛事，决赛阶段，来自五大洲的 16 支劲旅展开了 32 场激烈角逐。2007 女足世界杯于 2007 年 9 月 10 日至 30 日在中国的上海、天津、杭州、武汉和成都 5 个城市进行。上海作为主赛场，承担开幕式、闭幕式和相关比赛。五星体育作为东道主的转播报道主平台,全方位关注在上海举行的这项世界级足球赛事,从2007年年初就开始投放赛事宣传片,并配合赛事组委会做好赛事的宣传工作。在比赛期间,五星体育的奥运足球制作团队对32场比赛全程转播,并推出由马良行、孙雯、李必、娄一晨和李兵组成的强大转播阵容,本次转播取得很大成功,黄金时段赛事转播平均收视率达到3.3%,其中决赛收视率达到7.5%。采访编辑部5路记者同时出击,通过赛事和新闻联动,全方位、多角度地将这一顶级赛事呈现在球迷面前,同时五星体育还依托这项赛事的国际影响力,依托上海国际化大都市的影响力,积极对自身的品牌进行推广。五星体育在当月黄金时段创下收视率2.2%,市场份额7%的全年新高。

2. 田径黄金大奖赛

上海国际田径黄金大奖赛是国际田联正式批复的室外赛事之一,是中国举办的国际顶级田径大赛,是继网球大师杯、F1之后又一落户上海的世界一流单项体育赛事。比赛创办于2005年,每年9月下旬在上海举办。参加该赛事的田径选手按照国际田联的规定必须是年度排名前40位的选手。2007年10月,国际田联一级赛事—上海国际田径黄金大奖赛在上海松江大学城举行,五星体育的工作人员与国外知名制作公司合作,克服了场地条件限制,共同制作了比赛的国际公用信号,运用这一信号直播黄金大奖赛的媒体有EUROSPORT(欧洲体育)、中央电视台体育频道以及15家国内地方电视台。五星体育打破了以往重要国际大赛转播信号由国外制作公司人员领衔制作的格局,在本次田径黄金大奖赛的转播中,五星体育承担了大量的制作任务,全面占据了属于自己的一方土地。给国内观众带来了惊喜,也在国际上打响了上海体育频道的品牌。2009年,上海国际田径黄金大奖赛于9月20日在上海体育场举行,赛事组委会将拍摄的宣传片在各大媒体播放,宣传推广赛事,提升赛事知名度。

3. 斯诺克大师赛

2007世界斯诺克荣威上海大师赛8月6日至12日在上海体育馆举行。上海东亚体育文化中心有限公司签下了斯诺克上海大师赛5年的赛事举办权,上海文广新闻传媒集团(SMG)和上海东亚体育文化中心有限公司签订了合作协议,共同承办2007～2011年的世界斯诺克上海大师赛,创中国台球大赛的规格纪录。上海文广新闻传媒集团下属的五星体育传媒对赛事进行全程报道和直播,每天直播时间总量长达8个小时,赛事的成功举办、报道和转播在海内外产生了良好的反响。五星体育集全频道、频率之力，在赛事制作、报道、转播及宣传推广本次赛事中发挥了综合实力。本次大师赛，五星体育共直播近 56 小时，平均收视率达到 1. 5% ，市场份额 6% 。此外，各部门通力配合，圆满完成了明星红地毯秀、新闻发布会、开幕式及闭幕式等一系列直播工作。

4. 网球大师赛

网球大师杯既是网球顶级赛事，也是上海"本土赛事"，是上海五星体育全面展示国际体育电视形象的重要机遇。该赛事每年 11 月份在上海旗忠村网球中心举行。赛事期间，五星体育集全频道、频率之力，在赛事转播、新闻报道方面发挥了综合实力，黄金时段收视率达到 1. 3% 。五星体育还在大师杯现场分别搭建了广播和电视演播室进行现场新闻连线、人物专访及广播节目直播，推广五星品牌。此外，各部门通力配合，完成了明星红地毯秀、新闻发布会、开幕式及闭幕式等一系列直播工作。比赛期间，五星体育奥运网球制作团队还完成了高清信号的制作及团队演练，在历年负责双打转播的基础上，突破性地独立承担单打转播重任，团队精心准备，认真筹划，圆满完成大赛的各项转播报道工作，为上海今后承办更多大型国际网球赛事提供了雄厚的电视转播保障。

2008 年是上海网球大师赛的最后一年，SMG 五星体育精心备战，从 11 月 9 日至 16 日，五星体育奥运网球制作团队共制作播出近 70 小时的大师杯网球赛事，黄金时段平均收视率接近 2. 0% ，决战收视峰值接近 4. 0% ；从 10 月初的网球大师杯预热报道到 16 日谢幕，五星体育新闻采访与编辑部通力合作，共同采访制作新闻、评论和专题片近 500 条，全部报道近 800 分钟，收视与市场份额均创 5 届大师杯以来的新高。上海这座城市与网球运动的共同发展走过了辉煌的 10 年，而 SMG 五星体育依托城市一流的国际网球大赛资源，苦练内功，抓住机遇，提升专业能力，积极打造品牌，不断开拓市场，迄今为止在网球这个专项领域已经牢固确立了国内领先、国际一流的位置。

五星体育奥运团队此次全程直播 2008 上海大师杯赛，使用的是全高清的设备，单打比赛信号由五星体育转播团队和国际团队 TPL 合作制作，双打比赛则完全由五星体育自己的转播团队来承担。作为 SMG 五星体育旗下最重要的一支赛事转播团队，网球团队从成立之初就作出向国际一流标准看齐的定位，长期的理论与操作培训，转战大江南北的实战演练，直至决战北京奥运会。在 2008 年的上海网球大师杯上，SMG 五星体育奥运网球制作团队更加积极主动,严格要求自身。从前期进驻场馆布置机位到模拟合作演练至最后的大师杯谢幕直播,所有的工作一丝不苟地按照制定的工作流程手册进行,每日超过12个小时的工作量,即使是家门口的大战也丝毫不放松,真正地做到高标准、严要求、零差错。五星体育网球制作团队出色地完成了2008上海网球大师杯直播任务,再一次获得大师杯组委会与国际同行的赞誉。同时为了给广大观众带来大师杯全新的观赛体验,团队制作的赛事信号还通过上海文广百事通IPTV联合东方宽频,提供大师杯多视窗转播,并有赛事直播、点播、回看和赛程查询等多种互动功能可供选择,观众除了可以收看到五星体育的转播画面,还可以在两个选手视窗中,选择观看最中意的网球大师。

上海已经成为举办大师杯届数最多的城市。送走2008年大师杯之后,上海从2009年起迎来ATP1000大师系列赛事。五星体育用年复一年的努力,向广大的球迷继续呈献精彩绝伦的网球赛事。

四、品牌建构

五星体育在上海体育电视市场有着极高的人气,丰富的本土明星资源、迎合观众需求的赛事直播和科学的栏目创建与编排等,而海派主持解说的特有魅力和新媒体联动发展又为五星体育的品牌建构锦上添花。

1. 提升主持人品质与影响力

五星体育不断完善主持人考核制度和激励机制,加强主持人职业生涯的规划,积极构建主持人(包括外聘嘉宾)信息数据库,通过举办体育节目主持人和嘉宾选拔赛等发掘新人,拓展人才引进渠道,有效培养主持人和评论员的后备人选。同时,发挥首席主持人的传帮带作用,积极打造具有较高政治素养、专业素质的全能型主持人队伍。通过注重对主持人荧屏视觉形象的建设和管理,强化对主持人进行整体的包装定位,并针对特定的收视群体,运用各种传播手段、方式,扩大优秀主持人的品牌影响力。

(1)继续提升五星体育主持人影响力。SMG五星体育频道宣传职能与节目部门将积极配合,根据相关主持人的主持风格联动策划,为其量身定制创新节目,让更多主持人在适合自己特点的节目中施展才华。

围绕年度重大赛事,SMG五星体育频道利用传统和新兴媒体平台对主持人进行有效的宣传,并通过五星体育官方网站、微博,开展更多与观众交流的主题活动。以赛事、栏目为龙头,SMG五星体育频道将滚动推出相关主持人的系列宣传片，增进主持人的社会影响力。

（2）发展壮大主持人队伍。作为体育专业媒体，SMG 五星体育频道所需要的主持后备人才不仅仅拥有靓丽外表和出众的表达能力，更需要他（她）是一个体育爱好者，甚至是某一体育项目方面的专家。SMG 五星体育频道在记者编辑队伍中深度挖掘和培养具有一定专业素养和有志在赛事解说岗位上发展的人员，充实到赛事解说主持人的队伍中来，为重要赛事报道任务的圆满完成做好人员储备。

为向广大观众呈现精彩的电视体育赛事，有效建立 SMG 五星体育频道赛事解说员（嘉宾）库，储备优秀人才以保障电视节目的持续收视长红，SMG 五星体育频道在今年 2 月至 4 月期间，通过举办“谁来解说体育赛事”SMG 五星体育频道赛事嘉宾主持招募活动，面向社会发掘部分赛事的嘉宾主持，以促进五星体育传媒事业的迅速发展和繁荣。

（3）强化对主持人专业素养的培训。首先，SMG 五星体育频道加强对主持人职业生涯的规划，通过系列讲座让主持人了解和明晰自己的工作特性和未来职业发展的目标，并设计或定制主持人个人职业发展的方案。

在重大赛事报道前，SMG 五星体育频道根据赛事报道的要求和主持人专业的特点，分批分次组织主持人深入上海市级优秀运动队学习交流，让专业的教练对主持人进行一对一的专业培训，以快速提升公司主持人的专业水平，为公司报道好重大赛事奠定基础。

SMG 五星体育频道针对主持人的形象问题，邀请上海戏剧学院等专业老师讲课，帮助主持人更加了解自己的形象特质和形体语言，形成良好的美感。

根据主持人常常深夜工作的特殊性，SMG 五星体育频道通过设立“健康课堂”，邀请医学专家对经常彻夜鏖战的主持人进行健康养生知识的培训，帮助主持人缓解工作压力，掌握调养身体、保持身心健康的方法。

（4）积极推进提升主持人荧屏形象的工作。SMG 五星体育频道按照“定光、定景、定妆”三定准则，把灯光、摄像、造型三大界面的工作以标准模块的形式予以固化，以期在日常工作中更好地执行。

抓住高标清同播的契机，SMG 五星体育频道强化高清演播室电视制作系统，持续改善灯光和扩声等设备和设施，从荧屏视觉上提升主持人形象。通过与专业主持人包装团队沟通，完善“主持人定妆手册”，努力在“定妆”这一环节上为主持人的形象加分。

(5)强化主持人队伍的日常管理。SMG 五星体育频道完善《SMG 五星体育频道主持人工作手册》,对主持人的工作分工、工作要求和工作流程等进行规范,通过建立主持人工作评估机制,以强化对主持人工作的质量管控。SMG 五星体育频道支持主持人参与台、集团各兄弟媒体的节目制作或各种宣传公益活动,增进彼此互动,来增强主持人的影响力。

2. 五星体育新媒体的发展状况

五星体育传媒致力于打造中国最领先的体育传媒产业集团,将以立足上海、覆盖全国、连接亚太地区为服务定位,融合社会各方信息、渠道、技术、资金和用户等资源,以媒体为核心,大力拓展体育相关领域的业务,积极探索实现多赢的合作模式,积极构架由广播、电视、平面媒体、互联网和移动互联网等组成的全媒体体育内容传播平台。目前,五星体育传媒拥有高清制播的 SMG 五星体育频道、五星体育广播(FM94.0)和数字电视劲爆体育频道以及“风行五星体育”多媒体传播平台和全国体育电视联播网等多种形态的覆盖全国的全媒体传播平台。

(1)“风行 SMG 五星体育频道”。由 SMG 五星体育频道与风行网(www.funshion.com)联袂打造的“风行 SMG 五星体育频道”是基于互联网和移动互联网的多媒体体育传播平台。此平台以电视、PC 和智能手机等多屏互动形式向用户提供服务,通过视频播报重要体育资讯,全媒体、全视角地让用户更加轻松自如地锁定国内、国际体坛大事,随时随地的获得自己想要知晓的体育信息,并即时推出赛事直播,五星体育全数囊括了精彩赛事资源。

(2)五星体育官方 APP 移动客户端。由 SMG 五星体育频道和风行网联合研发的五星体育官方移动客户端(APP)1.0 版于 2013 年 8 月正式上线,从而实现了五星体育、劲爆体育频道的内容在移动客户端 24 小时不间断直播。这是五星体育传媒在实现向全媒体领域全力拓展迈出的关键一步,也是有效融合社会资源,积极探索新媒体和传统媒体相融合的一个重要举措,并将有助于五星体育在未来实现体育专业媒体多屏互动传播。

SMG 五星体育频道为了实现传统媒体向全媒体发展转型的战略目标,自 2012 年起与国内专业视频点播平台风行网成为战略合作伙伴,正式进军互联网视频传播领域。

2013 年,SMG 五星体育频道为加快实现全媒体领域的战略布局,在经过一定时间的市场调研和用户专访后,公司决定携手风行网开发一款五星体育官方的移动客户端产品，以满足用户观看直播体育赛事的需求。随着技术的改进和用户的反馈，该移动客户端的产品版本将不断更新，包括推出点播、回看，五星体育广播的在线收听，并实现用户在线查询赛事数据和互动点评的功能。

(3)五星体育棋牌游戏平台(www.17dp.com)。五星体育棋牌游戏平台是基于电视和有线、无线互联网等实时联动的大众休闲型互动平台，能为广大用户提供种类丰富的自主研发的棋牌类网络游戏服务。

第四节　广东体育电视市场

广东体育电视是我国体育电视的重要力量，与地方体育台中的北京体育频道、SMG体育频道一起组构成地方传媒势力的“三驾马车”，是领先于其他地方体育频道的“第二集团”。广东体育频道以其丰富的足球赛事资源和独特的岭南文化，在整个广东地区及其周边地区拥有巨大的市场份额和很高的收视率。

广东电视台体育频道所属的广东电视台成立于1959年(时为广州电视台)，是我国建台最早、发展最快、最具有影响力的省级主流媒体之一，1979年1月1日正式改名为广东电视台。

1959年9月30日广州电视台(1979年1月1日改称“广东电视台”)建成试播。1960年7月1日正式开播。20世纪80年代以前，广州电视台的体育报道分3条线，体育新闻由新闻组负责，体育专题节目由专题组负责，实况转播由文艺组负责。

50多年来，广东电视台以其前沿先锋的拓展精神、深厚的民族文化内涵和新潮时尚的节目风格，有着广东省乃至周边省市庞大的受众群体。广东电视台体育频道是广东电视台唯一的体育专业频道，前身为1993年创立的广东有线电视台体育频道，2001年7月与广东电视台体育中心合并，成为广东电视台旗下的专业频道。广东电视台体育频道是目前中国华南地区最大的体育专业频道，下辖新闻、竞赛、专题、评论、足球、编播、综合等7个部门和广州金视体育有限公司。

广东电视台体育频道是我国华南地区最大的体育专业频道，全天24小时播出，通过有线网络覆盖了包含深圳市在内的广东省的21个地市级地区，拥有广东全省1100万有线电视用户。2006年，广东电视台体育频道成功实现异地传输,进入拥有480万用户的重庆市有线电视网。为此,广东电视台特别为重庆观众制作全部为普通话播出的节目,主要内容为英超、意甲、德甲、西甲、欧洲冠军联赛、NBA、CBA等体育赛事直播以及体育新闻和各类专业体育栏目。

2005年10月10日,数字付费频道——广东电视台欧洲足球频道正式试播,标志着广东台体育节目在这一领域的发展刚刚开始。2006年1月1日,广东体育频道重庆版正式开播,这是国内专业频道首次在异地播出。2012年2月25日上午9点,广东体育频道重庆版停止播出,从2006年1月1日开播,这个频道存在了2246天,即6年零1个月又25天。

2008年的北京奥运会,广东体育频道在北京盘古大观内设置前方演播室,并首次实现IBC演播室、盘古演播室和后方演播室的三地连线。并且,在北京奥运会期间,广东电视台还负责足球赛事秦皇岛赛区的国际公用信号制作。

2010年的广州亚运会,广东体育频道组建了5个团队,共153人,负责亚运会8个大项、11个小项的公用信号制作,成为亚运会电视公用信号制作任务最多的地方电视台。在宣传报道方面,体育频道更是首次在珠江河面设置移动演播室,创国内先河。

经过几十年的发展,广东电视台的体育节目达到了一个崭新的高度,其体育频道拥有200多人的节目制作团队,每天生产超过35小时的节目(体育频道和欧洲足球频道)。

广东电视台体育频道成立之初,主要以提供体育新闻类节目为主,安排转播一定比重的竞技体育赛事,结合大众喜闻乐见的群众体育活动,穿插在不同时间档,突出了广东体育频道的特色。广东电视台体育频道每天有5档新闻栏目,从清晨、午间到午夜从不间断,《体育闪报》《午间体育新闻》《体育世界》《晚间体育新闻》《午夜体育新闻》滚动播报最新鲜的体育资讯,为观众提供全方位的体育新闻。频道为了突出群众体育的特征,还在各档体育新闻中推出了以健身操为主导的健身专业栏目和板块。

进入新世纪以后,随着科技的飞速发展,高新技术在体育节目的采写、拍摄、制作和编排等方面被大量运用,体育频道的发展也面临着非常好的机遇。国外体育电视的"入侵",尤其是毗邻港澳台的独特位置,给境外电视渗透到珠三角地域提供了便利条件,也给广东体育电视带来了更大的挑战。广东电视台体育频道审时度势,通过广东有线体育频道和广东电视台体育中心的资源整合,很快找到了适合自己的发展道路——依托广东赛事多和本土体育发展较好的优势,以国内外顶级足球赛事作为节目播出主线,带动其他赛事和其他节目的发展。在演播风格上,广东电视台体育频道从实际出发,为受众着想,采取了普通话、粤语等多种语言形式交叉播报,赛事解说也"量身打造",尽量采用体育迷感兴趣并且能接受的语态,充分尊重各层次受众的收视习惯。

随着体育电视节目的不断发展和竞争的加剧,广东电视台体育频道考虑到,要想打造专业强势的体育频道,体育专业栏目必不可少。《体坛三棱镜》《环球体育》即是广东电视台体育频道重点打造的品牌,也是体育迷喜爱的综合类体育评论专题节目;而《足球时刻》《足球周刊》《世界足球杂志》《绿茵共同体》则成为足球迷不可错过的足球类节目;《篮球大本营》《狂野角斗士》《劲速天地》《棋牌苑》《网球天地》《运动季候风》等节目也满足了不同观众的需要。通过不断地改革与创新,广东电视台体育频道已经形成了自己独特的节目特点,成为地方体育频道中极具竞争力的体育专业频道。

一、资源优势

广东地区是我国改革开放的起点,经过30年的发展,广东省已经成为我国最富有的省份之一,经济、文化、教育高度发达。这里是"世界工厂",家电、服装、玩具、纺织和新型动漫游戏等产业占据全世界的半壁江山。广东省聚集着我国最密集的城市群落,广州、深圳、中山、佛山、东莞和珠海等新兴城市簇拥形成1小时经济圈,走在我国改革开放的前沿。

浓郁的岭南文化和雄厚的经济基础,为广东体育孕育出了一批又一批叱咤风云的名将,也给广东带来了强大的体育生产能力和巨大的体育消费市场。广东是中国第一个世界纪录创造者陈镜开和中国第一个世界冠军容国团的家乡,"跳水教父"徐益明以及胡佳、劳丽诗、何冲、何姿等一大批世界冠军都诞生在这里,吕钦、许银川等在中国体育界有着鼎鼎大名的中国象棋特级大师们也都出生于此。广东足球一直是我国"南派"足球的代表,容志行、陈益明、赵达裕、古广明等都是我国足球界的杰出代表人物。在我国职业联赛初期,广东足球大放异彩。如今的广东恒大足球俱乐部继承了"南派"足球的优点,凝聚了全世界的超级球星,如日中天,连续三年拿下中国足球超级联赛冠军,并且夺得了2013年的亚冠金杯。广东宏远俱乐部是中国男子篮球的霸主,在CBA过去的7个赛季中,六夺联赛冠军,是当之无愧的联赛巨无霸。从广东宏远俱乐部走出的易建联,成功进入 NBA,是中国新生代篮球队员的代表。另外一只广东球队——东莞新世纪男篮也在 2009 年成功杀入 CBA 四强行列。广东体育电视正是依托于如此强大的区位优势,在报道资源上取之不尽,在体育电视收视市场中独领风骚。

广东地区是我国赛事最密集的地区之一,大型运动会和商业比赛较多。新中国成立以来,广东省先后举办了 1987 年第六届全运会和 2001 年第九届全运会。2007 年,广州又连续举办了第八届全国大学生运动会和第八届全国少数民族传统体育运动会。2010 年,广州又成功举办了第十六届亚运会。2011 年 8 月 12 日到 8 月 22 日,广东省深圳市举办了第 26 届世界大学生夏季运动会。与此同时,广东地区每年的商业比赛也很多。一年一度的 WTA 广州网球公开赛,不仅很好地普及了网球运动,还给广东体育电视提供了优秀的赛事资源。

广东地区有我国乃至世界最先进的高尔夫球场——观澜湖高尔夫球会。这座闻名世界的专业球会,横跨深圳与东莞近 20 平方公里的青山绿水,拥有 12 个由 12 位高球巨星设计的世界级球场,融汇五大洲的球场风格,传承 6 个世纪的高尔夫时尚,成为 216 洞世界第一大球会。并且,球会倾力打造一个集运动休闲、商务社交、养生疗养、长居短憩、美食购物、文化娱乐于一体的国际高尔夫休闲胜地。2007 年,高尔夫世界杯这项历史最悠久、地位最崇高的高尔夫球赛事移驾观澜湖。正是由于拥有如此丰富的高水平运动会和商业赛事,广东体育电视的赛事直播、报道质量才得以保证。

二、赛事转播

精彩的国内外顶级赛事直播(转播)节目,一直是广东电视台体育节目的特色之一。1984 年,广东电视台开始转播英国足总杯足球赛;1986 年开始引进意大利、英格兰和德国顶级足球联赛节目;1993 年和 1994 年,广东电视台分别在英国和澳大利亚直播世界体操锦标赛;1995 年,在瑞典直播第二届世界女足锦标赛;从 1994 年开始,连年直播温布尔顿网球公开赛;从 1995 年开始,每周转播一场英格兰足球超级联赛和世界级的拳击比赛;从 1997 年开始,世界一级方程式赛车和世界摩托车锦标赛进入了广东台的直播室。1997 年,广东电视台购买了中国足球队世界杯外围赛小组赛客场的全国独家报道权,在国内体育新闻界引起了轰动。90 年代末至 2001 年,广东电视台在卫星频道直播的英超联赛更是在全国范围内造成很大的影响。

1996 年,广东电视台与北京、辽宁和上海东方电视台组成联合报道组,赴亚特兰大采访奥林匹克运动会。这是地方电视台第一次获准派记者参加奥运会的报道。联合报道组每天发回奥运会新闻和专题《圣火 96——来自亚特兰大的报道》,在全国引起了很大的反响,显示出地方台联合的力量。奥运会之后,广东、北京和上海东方以及羊城报业再度联手,从 1997 年 1 月起,每周一的黄金时间在三地同时播出体育新闻评论性专题节目《中国体育报道》(后更名为《体育报道》),并有十多家国内电视台购买并播出这个名牌体育栏目。1998 年和 2000 年,包括广东电视台在内的多家省级电视台又联合报道了曼谷亚运会和悉尼奥运会。

2001 年九运会之后,广东电视台体育部与广东有线体育频道合并,成立体育中心,负责体育频道的运作,最大的变化就在于节目的制作能力大大加强。2002 年的韩日世界杯和釜山亚运会、2004 年的雅典奥运会和葡萄牙欧洲足球锦标赛均取得高收视率,体育频道的品牌影响力也在迅速扩大;2005 年江苏十运会,广东电视台在南京设立直播室进行报道;2006 年德国世界杯报道在广州地区的收视率远远高于同类型其他频道;2006 年多哈亚运会,广东电视台牵头,联合国内八家省级电视台进行报道。

2008 年北京奥运会,广东体育频道在北京盘古大观内设置前方演播室,并首次实现 IBC 演播室、盘古演播室和后方演播室的三地连线。并且在北京奥运会期间,广东电视台还负责足球赛事秦皇岛赛区的国际公用信号制作。

2010 年的广州亚运会,广东体育频道组建了 5 个团队,共 153 人,负责亚运会 8 个大项、11 个小项的公用信号制作,成为亚运会电视公用信号制作任务最多的地方电视台。在宣传报道方面,体育频道更是首次在珠江河面设置移动演播室,创国内先河。

1. 大打足球牌

如果说 CCTV5 是以赛事的丰富性和报道的权威性取胜,上海五星体育频道是以网球、F1 赛车等新兴比赛为重,那么广东电视台体育频道的特点就是大打足球牌,以足球转播为特色。

广东民众热衷足球,喜欢观看足球比赛,乐于购买足球彩票,是我国足彩销售额第一大户。目前,广东电视台体育频道花重金购买了英超、意甲、西甲、德甲、欧洲冠军联赛、欧洲联盟杯等赛事的转播版权,可谓欧洲顶级足球赛事的转播权应有尽有。同时,转播中超、中甲的比赛,以满足本地球迷的需要。2006年,广东电视台体育频道转播足球比赛的时间达到2171小时,占全年体育比赛总播出量的52%;2007年广东电视台体育频道转播足球比赛的时间为1613小时,占全年体育比赛总播出量的44%。最近几年,广东电视台体育频道根据体育市场竞争新格局和广大观众的需求特点,适当调整了足球的播出比重,将其稳定在20%左右(见表3.2)。

表3.2 广东电视台体育频道节目播出比重与市场份额表

属性	播出比重%				市场份额%			
	2010年	2011年	2012年	2013年	2010年	2011年	2012年	2013年
足球	19.33	23.37	24	24.2	7.59	5.7	4.8	4.25
篮球	23.73	21.58	20.81	27.24	6.66	6.62	4	2.73
网球	3.2	3.33	4.06	4.51	3.56	4.06	1.29	1.04
排球	1.5	2.75	2.07	2.73	5.51	3.37	3.44	1.21
乒乓球	3.83	2.01	1.36	2.39	4.86	5.19	2.5	1.2
羽毛球	5.08	4.81	4.16	1.13	5.03	4.08	2.68	1.41
台球	0.72	0.25	0.19	0	3.64	2.32	1.49	.
棋牌	0	0	0	0.44	.	.	.	1.14
搏击	6.36	7.98	7.17	1.23	3.26	3.42	1.25	0.53
赛车	1.75	0	0	0.62	2.57	.	.	0.47
体育专题	8.29	8.03	9.01	8.03	4.08	3.33	1.08	1.08
赛事特别报道	0.17	0	0.15	0	7.2	.	2.38	.
体育新闻	13.63	14.55	16.02	19.59	1.83	2.56	1.74	1.25
高尔夫	0.01	0	0	0	8.73	.	.	.
冰上/水上运动	0.57	0.89	0.64	0.31	7.19	4.71	2.42	1.48
其他赛事	1.73	0.57	0.69	0	6.08	3.88	6.83	.
体育其他	10.09	9.87	9.69	7.6	5.56	4.62	1.95	1.09

广州恒大足球队在2011年再战超级联赛并取得冠军,带动本地球市和足球收视不断上升。随着中央电视台体育频道自2012年开始播出中超赛事,一定程度上分流了原广东体育的观众,导致广东省体育电视本土份额在2012年和2013年出现下跌的情况。

欧洲足球频道的成立,以及斥巨资买下3年英超的大陆地区独家转播权和3年的意甲A包的转播权,进一步加重了广东电视台大打足球牌的特点。

2. 粤语取胜

与中央电视台相比,广东电视台体育频道在覆盖范围和新闻资源方面有先天的不足,收视人群仅仅局限在广东地区以及部分周边地市,然而,资源的匮乏有时也会成为媒体聚焦策划报道的优势。正是因为有了这种先天不足和非常严格的地域限制,才为广东电视台体育频道立足本土、因地制宜、科学定位提供了条件。据统计,广东本地粤语的使用者约占本地人的45%,粤语是广东地区的第一大方言。在转播英超和《体育世界》的播出当中都是采用粤语,这是广东电视台体育节目的天然优势。在2006年德国足球世界杯上,对每场赛事进行直播的广东电视台体育频道,因为是粤语评述,所以在广东地区拥有极高的人气。根据AGB尼尔森媒介研究的统计,在6月10日英格兰对巴拉圭的比赛中,广东电视台体育频道在广州的收视率最高能达到15%,而中央电视台体育频道在广东的最高点数只有5%。大型体育赛事毕竟数量有限,并且也是那些"正宗"体育迷的最爱,要想吸引更多的受众,并且使自己频道与其他频道有所区别,就必然需要在特色上下功夫,引导受众积极参与进来。

目前,广东省体育电视市场中,中央电视台体育频道份额较小,广州市级的体育频道———广州竞赛频道和香港的翡翠电视台体育赛事直播,构成我国省级体育频道中独一无二的竞争现象。

3. 受香港影响明显

广东位于我国改革开放的最前沿,同香港毗邻而居,正所谓"近水楼台先得月",广东电视台体育频道受香港体育频道的影响比较明显。首先,体现在收视方面,广东地区可以收到香港的体育频道,这样就对广东体育电视市场的受众形成了一定的分流;其次,广东体育电视在制作理念、转播技术和解说技巧等层面上可以参照香港地区的先进经验。2011年,广州竞技体育频道邀请香港体育解说欧洲足球赛事,一度超过了广东电视台体育频道的其他相同赛事直播节目。

三、节目内容

体育节目主要是体育新闻与体育专题节目。广东电视台体育频道致力于为观众提供全方位的体育新闻资讯，每天5档新闻栏目从清晨到午夜从不间断，《体育闪报》《午间体育新闻》《体育世界》《晚间体育新闻》《午夜体育新闻》滚动播报最新鲜的体育资讯。每天早晨7:30的《体育闪报》及时报道前一天晚上22点以后到当天早上发生的国际体坛重要赛事、重要新闻，并且提供当天体育赛事看点等内容；中午12点档的《体育新闻》汇聚了最丰富的国际国内体坛新闻，以简讯的方式播出；18:20的《体育世界》成为新闻中的主打，以国内体坛消息为主，国际体坛为辅，汇集了大量体育频道记者自采内容，更贴近广东观众的生活和口味，此档新闻播出采用广东话，很好地体现了区域性的收视需求；21:30档的《体育新闻》及时跟进最新的体坛消息，以深度报道为目标。

打造专业强势的体育频道，体育专题栏目必不可少。深度报道的专题节目和专栏节目是广东电视台体育频道的重要内容。目前广东电视台体育频道有《吉列体育》《体坛三棱镜》《体育世界》等综合类体育评论专题节目，也有《足球周刊》《足球报道》《世界足球杂志》《绿茵共同体》等足球类专栏节目，还有《劲速体育》《潇洒一杆》《围棋报道》《体坛星语》《运动广场》《健康食府》《疯狂扑克》《四海钓鱼》等其他专题栏目满足不同观众的需要。这些栏目都有一定的受众群，发展势头较好，除了竞技类专题之外，与老百姓日常生活息息相关的健康类、游戏类、休闲娱乐类专题也一一呈上。以《健康食府》专题为例，该栏目将饮食和健康生动结合，令观众在欣赏美食的过程中了解到美食的多元化知识，在吃得美味的同时还能吃得健康，纠正生活上的一些坏习惯。

2006年，广东电视台体育频道的体育专题播出量为1698小时，占全年节目总播出量（8760小时）的19%；2007年，体育专题的播出量为1879小时，占全年节目总播出量（8760小时）的21%。最近几年，广东电视台体育频道体育专题的播出比重趋于稳定，保持在8%左右。

在2008年奥运会到来前夜，广东电视台为观众特别奉献了《超级奥运530》《奥运来啦》《奥运关我事》等各类型精彩的奥运前奏节目，整合奥运节目资源全方位报道全民奥运的盛况，让观众用自己的方式为奥运加油。

《超级奥运530》播出时间为周日下午17:30，是一档热闹有趣的奥运合家欢节目。每集节目以一个奥运项目为主题，在演播室进行游艺活动，以普通人家庭 PK“明星家庭”的方式进行。其中明星家庭主要由运动明星、知名教练、主持人、DJ、演员、歌手、电视小荧星、体育爱好者、奇人等组合而成。每集节目以一个奥运项目为本体，衍变成看图找错、声声相应、极限抢答、动感比拼和五福聚首等五类动感全身的娱乐游艺项目。

《体育新闻》是近年花大力气打造的节目，目前已经发展为从早到晚每天滚动播出 4 次。它集各类体育资讯于一身，以最新、最快的形式，把最新、最快的体育新闻传递给体育爱好者。栏目基本分为专题和新闻两大板块。2008 年和 2012 年奥运期间，《体育世界》除了播出北京、伦敦回传的精彩奥运专题外，在广州也主动出击，以休闲形式来报道奥运，比如“广州市民是怎样用自己的方式支持奥运的”“广州市民为奥运举行了哪些体育活动”等等。

四、事件营销

体育频道的发展壮大与其为观众提供喜爱的赛事直播有很大关系。然而，随着生活节奏的不断加快，人们自身的锻炼机会越来越少，大家的身体素质也不断下降。而一个国家要想成为真正的体育强国，大众体育是十分重要的一点，也是具有决定性作用的一点。体育频道单单推出精彩的比赛及专题、评论，已不能满足其发展的需要，把大众体育作为体育频道的一个重要方面将是大势所趋，将大众体育作为推广体育频道的重要手段也一直是广东体育频道秉承的战略思想之一。从早期的《健身操》栏目到近几年组织的为奥运会服务的“2008 奥运舵手选拔（广东赛区）活动”全民参与诠释奥运宗旨“我是冠军———全民急速大挑战”以及“广东五人制足球赛”“广东省铁臂王擂台赛”等一系列活动，都实现了使受众从单纯地看到积极参与的转变，也实现了借组织和举办体育活动来增强广东体育频道影响力的目的。

应奥运会的需要，广东电视台体育频道推出了“奥运舵手（广东赛区）选拔活动”和“我是冠军——全民急速大挑战”等活动，这一系列活动借中国首次主办全球最大的综合性运动会——北京奥运会之机以及奥运会的巨大影响力来宣传广东体育频道，是为推广奥运会和扩大大众体育运动的影响而服务的。广东电视台体育频道通过积极宣传，使越来越多的人参与进来，从而带动参与者的一个个圈子也对比赛进行关注，形成了以关注奥运会为中心，关注奥运宣传活动为外围的相对稳定的受众群。客观上，广东电视台体育频道借奥运会的东风也提高了自己的影响力。

广东电视台体育频道结合本省的体育特点，推出了极具本土特色的“广东五人制足球赛”和“广东省铁臂王擂台赛”，受到了社会各界的广泛关注。在电视节目竞争日益激烈的今天，广东电视台体育频道通过举办一系列民众参与积极性高且难度不大的活动，来主动适应激烈的竞争。

广东人爱球，尤其爱足球，这是其他省份所不具备的优势。足球在广东拥有巨大的市场，足彩在广州的销售额在国内是其他省份无法企及的，而且广州足球不管在职业联赛，还是业余的五人制足球赛以及大学生五人制足球赛中都有不错的表现。广东电视台体育频道作为专业的传播机构，在转播国际国内的顶级足球赛事的同时，必然不会落下自己本土的赛事。

广东电视台体育频道作为这些业余比赛的集中转播频道，通过这类与老百姓切实相关的赛事转播，必然能引起本土观众对广东体育频道的关注，从而提高广东体育频道的收视率和市场份额。2009 年 3 月 1 日，来自广州的中国喜喜队在决赛中通过点球决战，击败对冠军志在必得的东道主上海徐房队，夺得 2008—2009 赛季茵宝杯五人足球全国总决赛冠军。这是广州业余足球历史上首次获得全国五人足球(业余)赛冠军。同时，也是继原广州酒家队在 2002 年夺得首届中国足球丙级联赛冠军后，广州业余足球 7 年后的再次问鼎。事实上，中国喜喜队近几年一直都是广州业余足坛的“一流强队”。该队(之前名为“蒲点队”)曾在 2006 年勇夺新快报主办的“模拟世界杯”的冠军。这些优异的成绩对于推动广东足球运动的发展有积极的促进作用，而这也必然推动了大家对比赛进行推广的广东体育频道进行更多的关注。

2006 年 9 月底，广东电视台体育频道对为期五天的广东首届“铁臂王掰手腕擂台赛”进行了全程直播，赛事营造出了“铁臂王中王，全城尽疯狂”的架势。这次活动是由广东省社会体育指导中心和广东电视台体育频道主办的。广东省社会体育指导中心的负责人表示，掰手腕本身就是群众喜闻乐见的项目，本次比赛的很多参赛选手都是现场报名的，体现了“全民健身，人人参与，与奥运同行”的宗旨。同时，本次比赛充分利用了媒体的优势，包括其影响、宣传和市场运作的力度，政府不出一分钱，完全利用社会资源来搞体育，应该说，这代表了全民健身工作发展的趋势。事实上，社体中心、电视台和企业在本次比赛中也形成了多赢的局面，切合了“构筑和谐社会”的主题。广东电视台体育频道通过这次掰手腕比赛积累了经验，为以后开发和运作更多种类的比赛打下了基础。同时，掰手腕比赛本身还可以提升到更高的层次，例如城市对抗赛甚至全国性比赛等。

第四章　观众特征

体育运动是社会发展到一定程度产生的一种文化现象，随着人民生活水平的提高和生活条件的改善，大众对体育运动的关心和参与体育运动的意识明显增强，到现场观赏体育赛事、追逐体育明星成为人们新的生活时尚。

互联网的普及和移动互联网的兴起，给全球体育爱好者了解体育信息更多的渠道，人们可以通过传统广播电视和新型互联网终端欣赏体育赛事、学习新的运动健身项目，并且可以在更为宽松的时间和空间得到更丰富的运动感受和体验，使得体育意识不断被唤醒潜滋暗长。

同时，体育运动的发展也在一定程度上影响着人们的生存环境，反映了人们生活的品质，推动着社会的发展。本章将主要对中国电视观众的体育意识、对主要运动项目的认知、电视观众的收视特征和体育观众的媒介环境特征进行分析，了解目前受众对体育运动的基本态度和追求。

第一节　体育意识

体育意识（sports consciousness or awareness，mentality）简单地说就是体育世界的主观映像在人脑中的反映，指人们在体育活动中自觉认识体育意义与作用的基础上，所产生的能动的心理认知认可与发现再造等活动，表现为对体育的认识程度、了解与理解程度、重视程度，以及在此基础上发展而来的参与体育活动的积极性和自觉性、对球星的追捧程度以及体育消费水平等等。

除了生产力发展水平以外，体育意识的养成和发展与体育环境也有直接关系。2008 年北京奥运会使体育运动成为全国上下关注的焦点,各项体育基础设施的建设和与体育相关的知识普及都以前所未有的规模展开,和以前相比,体育环境有了很大的改善,由此,公众的体育意识也逐渐有了变化。

为了了解中国电视观众的体育需求和对体育项目认知方面的体育意识,央视索福瑞媒介研究公司一直在进行对公众体育消费习惯的研究,研究的主要目的是了解大家对体育的认知和态度。从 2003 年开始,每年春季和秋季各进行一次入户访问调查,在该研究领域积累了大量信息。从 2007 年春季起,该项研究的调查范围由原来的北京、上海、广州 3 个城市扩大到国内 11 个主要城市,增加了成都、重庆、杭州、南京、深圳、沈阳、天津、武汉,推及人口达到 3800 万人。

一、体育需求

体育需求是体育意识的一种表现,而对体育的认知程度则可以从对体育运动的感兴趣程度和参与程度两方面着手进行分析。

根据央视索福瑞媒介研究公司对中国大陆的 11 个主要城市的调查显示,73.3% 的人在不同程度上对体育运动感兴趣,其中有 7% 的人"非常感兴趣",30.3% 的人"比较感兴趣"。

经过对各类人群进行进一步分析,发现男性对体育的感兴趣程度明显高于女性,近 10% 的男性对体育非常感兴趣,而女性还不足 5%。对体育一点不感兴趣的人所占比例中,女性比男性高了将近 10 个百分点。

在各个不同的年龄阶段,中国大陆的大众体育需求有着很大差异,人们对体育的感兴趣程度随着年龄的增长有递减趋势。年龄越大,人们对体育的感兴趣程度越小。研究显示,目前并没有明确的研究结果表明人们在年纪大了以后会放弃自己感兴趣的体育运动。由此可以推论,新一代的年轻人由于生活水平提高,生活环境有了较大改善,对体育运动感兴趣程度明显高于上一代人(见表 4.1)。

表 4.1　不同性别、年龄人群对体育的感兴趣程度（%）

感兴趣程度	合计	性别		年龄			
		男	女	15－24	25－34	35－44	45－54
一点都不感兴趣	25.5	21	30.4	19.1	23.2	27.6	29.8
有一点兴趣	36	33.7	38.6	32.4	37.4	37.8	34.8
比较感兴趣	30.3	35	25.1	35.5	30.9	27.8	29.1
非常感兴趣	7	9.2	4.5	12	7.6	5.1	5.1

人们对体育的感兴趣程度与受教育程度和居民收入密不可分，呈明显的正相关状况，即受教育程度越高和家庭平均月收入越高的人群，对体育的感兴趣程度越高。调查显示，受教育程度“初中及以下、高中、大专及以上”人群“比较感兴趣”的比例分别是23.1%、29.7%和37.7%，“非常感兴趣”的比例分别是5%、7.4%和8.2%。家庭平均月收入越高的人群，对体育“非常感兴趣”和“比较感兴趣”的比例越高。可见经济实力和对体育运动的兴趣之间存在着较为密切的关系（见表4.2）。

表 4.2　不同受教育程度、收入人群对体育的感兴趣程度（%）

感兴趣程度	受教育程度			家庭平均月收入			
	初中及以下	高中	大专及以上	0－1200	1201－1700	1701－2600	2600＋
一点都不感兴趣	33.3	24	20.2	31.6	28.8	23.3	19.4
有一点兴趣	35.3	38.3	33.8	34.4	39	38.9	33
比较感兴趣	23.1	29.7	37.7	26.2	26.4	31.7	36.3
非常感兴趣	5	7.4	8.2	5.1	4.9	5.4	10.6

二、体育参与

在对体育活动的参与方面,除少数人以外,85%的被访者表示平时会参与各种形式的体育活动。这一比例明显高于前面提到的对体育感兴趣的人的比例,有一小部分(10%左右)人尽管对体育活动不感兴趣,但是仍然会参与一些体育活动。促使这小部分人参与体育活动的原因,也许是出于健康或者工作需要考虑。

我国国民对散步和跑步情有独钟,多数人在平时选择了散步、跑步等体育活动。其中,女性选择散步的比例更高,而男性更多选择跑步。从年龄段分布来看,随着年龄的增长,选择散步的人比例在增加,选择跑步的人比例在减少。除此之外,羽毛球、骑自行车、游泳、乒乓球、篮球等都是很多人经常进行的体育活动(见表4.3)。

表4.3　人们经常进行的体育活动(%)

参与项目	合计	性别		年龄			
		男	女	15-24	25-34	35-44	45-54
散步	51.6	44.2	59.6	36.8	45.2	54.3	65.4
跑步	31.9	35	28.4	42.9	33	32.2	22.6
羽毛球	26.4	23	30.1	37.2	30	24.1	17.6
骑自行车	18.8	21.3	16.1	19.5	16.8	19	20.4
游泳	14.7	15.8	13.6	22.6	18.7	11.2	9.3
乒乓球	13	17.2	8.5	19.7	13.2	11.5	10.2
篮球	11.9	19.5	3.7	31.4	13.5	6.2	4
登山	9	7.4	10.7	8.1	8.1	9.5	10
健身	8	6.8	9.4	10.6	10.2	5.4	7.1
足球	5.9	10.8	0.7	16.4	7.5	3	0.7
跳舞/扭秧歌等	2.9	1	4.9	2.1	1.2	2.4	6
不参加体育运动	15.7	15.2	16.2	8.6	18	17.6	15.5

研究结果表明,我国国民选择散步、跑步作为日常体育活动的更多,可能与当下生活条件与居民收入有着密切关系。散步、跑步经济实惠,时间安排简单灵活,晨练黄昏练都很流行,既可单独锻炼,也可结伴同行。从费用开支方面考虑,散步、跑步相对支出较少,基本上不需要场租费、器具费等。

我国国民体育消费意识还处于萌芽时期,当前的体育消费市场空间巨大。众所周知,进行体育活动通常都会需要一些花销。网球、羽毛球、乒乓球、游泳、健身等对场地有要求的活动场地需要费用,自行车、篮球等活动器械需要费用,即使是散步、跑步等不需要特别支出的活动,可能也需要添置一些运动服、运动鞋等装备。人们平均每年参与体育运动的花费不等,1/4以上的人没有专门的体育相关花费,1/5 的人每年花费在 100 元以下,近 1/4的人年花费在 101 ~ 500 元之间,1/4 以上的人每年在体育方面的花费超过500 元,其中有 5% 的人每年花费甚至在 2000 元以上。近年来逐渐兴起的高尔夫球运动、赛车运动、赛马运动和帆船运动等贵族体育项目,人均花费就远远高出一般百姓的支付能力,只有一批达官贵人进行这些高端消费。

三、体育观赏

除了亲自参与体育活动,现场观看比赛也是体育意识的一种体现。我国的体育赛事一样蕴藏着巨大的潜在市场,国民现场观看体育赛事的热情正在陆续启动。目前,我国多数人没有选择去现场观看比赛,只有 15% 左右的被访者在被访问之前的一年中观看过现场比赛,但其中绝大多数只看过1 ~4次比赛,只有 2% 左右的被访者观看过 5 次以上的现场比赛。

随着中国国力的增强,加上北京奥运会的成功举办,网球大师杯赛、中国网球公开赛、世界高尔夫球锦标赛系列赛、中国台球公开赛、F1 赛车、NBA季前赛等越来越多的国际性体育赛事来到中国,中超、CBA 和中国排球联赛等国内各种体育赛事影响力日益扩大,中国民众到现场观看赛事的热情日益高涨,现场观看各类体育赛事的人群比例呈现出逐年上升的势头。

在现场观看过比赛的被访者中,多数人(70%)观看过足球比赛,近三成(28.8%)观看过篮球比赛,观看过其他体育项目比赛的人群相对较少,都在10% 以下。由此看来,我国的传统优势项目如乒乓球、羽毛球、跳水和女排等如何增加看点、吸引观众,还有很多方面需要努力。尤其叫人困顿的是,我国的男女竞技体操水平高居世界一流行列,各种体操赛事如世界锦标赛、世界杯、中国公开赛等赛事现场却门可罗雀,值得人们去深思。

2015年北京田径世界锦标赛是第一次在中国主办的顶级田径赛事,因为中国田径健儿的优异战绩和博尔特等名将的登场,引发了观众极大的热情,八万人的鸟巢体育场几乎场场爆满,这让全世界体育产业巨头见到了中国庞大的观众市场潜力。

四、明星追逐

追星也是体育需求的重要元素之一,追逐明星已经不仅仅是现代年轻人的专利。在我国,姚明、刘翔、孙杨、宁泽涛、郭晶晶、李娜、易建联、吴敏霞、张继科、王楠、张怡宁、邓亚萍、林丹和丁俊晖等是最受欢迎的体育明星。姚明由于在NBA的优异表现,受欢迎的程度更高一点,这种优势主要表现在男性当中,而在女性心目中他们的受欢迎程度不相伯仲(北京奥运会之后,刘翔的受欢迎程度明显下降),但北京奥运会新星何雯娜、刘子歌、仲满及中国高尔夫球运动员梁文冲等没有能够列入这个阵营之中。

国外运动明星中,贝克汉姆、罗西、C罗等足坛巨星,乔丹、科比、詹姆斯、库里等篮球明星和网球运动员费德勒、德约科维奇、莎拉波娃以及高尔夫明星老虎伍兹和麦克罗伊等最受欢迎。

追逐明星的直接效应一方面是表现在现场观战的体育迷不断增长,包括远涉重洋的追星族人数也呈现上涨趋势,带动了一波又一波体育旅游热浪;第二方面则表现在模仿学习,增加了项目的参与人群数量,对相关装备制造业有着相当大的推动力;第三方面则是媒介市场的进一步繁荣,电视转播和新媒体转播市场更火爆,各种移动终端的互动益发活跃。

第二节　项目认知

中国民众对不同的体育运动项目,感兴趣程度千差万别、各不相同。中国的传统优势项目如足球、篮球、乒乓球、武术、游泳、羽毛球等是人们感兴趣程度最高几个项目,其次是跳水、体操、排球、足球等项目。这些项目在中国发展时间较长,有着广泛的群众基础,竞技体育成绩也具有全球竞争力。最近几年,国家开始顶层设计国家足球振兴计划,引爆了全国足球热潮。

足球在中国的体育迷心中,占据着重要位置。尽管中国足球似“扶不起的阿斗”屡战屡败,但人们热情依旧不减。中国女子足球在2016年里约奥运会前夕明显复苏,直接杀进决赛让球迷惊喜不已。

除了中国传统的优势项目，桌球也比较受人欢迎。尽管表示对桌球/斯诺克感兴趣的人不到50%，但是对桌球非常感兴趣的人的比例达到了9%，可见相当一部分人非常热爱这项运动（见图3.3）。随着中国神童丁俊晖战绩的攀升，傅家俊、梁文博和田鹏飞等频频活跃于世界大赛赛场，中国斯诺克迷桌球迷的数量还会进一步快速增长。

一、电视观众对足球运动的认识

足球运动在世界上被称为"运动之王"，因为最受新闻媒介关注也被称之为"世界第一媒介运动"。足球运动是一项古老的体育活动，希腊人和罗马人在中世纪就已经从事这项运动。有史料记载，中国古代足球的出现比欧洲更早，称为"蹴鞠"或"蹋鞠"，"蹴"和"蹋"都是踢的意思，"鞠"是球名。"蹴鞠"一词最早记载在《史记 · 匪涨亓写》里，汉代刘向《别录》和唐人颜师《汉书 · 枚乘传》中均有记载，到了唐宋时期，"蹴鞠"活动已十分盛行，成为宫廷中的高雅活动。1958年7月，国际足联主席阿维兰热博士来中国时曾表示"足球起源于中国"。

在中国有着悠久历史的足球运动当然很受重视，在全国各地普遍受到欢迎，并且有着一定的地域差异性。在北京、上海、广州等大城市的电视观众，对足球感兴趣的程度也不尽相同。对足球非常感兴趣的电视观众比例在上海最高（35.0%），而北京和广州只有29.3%和26.8%，而对足球不感兴趣的比例，上海是12.5%，要低于其他两个城市（北京17.2%、广州19.3%）。

在对足球运动的态度上，调查结果是"足球是一项时尚的，不分男女的大众体育运动。"但对于商业化，中国足球不是很成功，但拥有著名的球星，还是很有希望的。具体态度表现如下：有超过九成的被访者认为"足球是一个大众体育项目，可以吸引任何年龄段观众来观看"，有超过七成的被访者认为"足球是一种过于商业化的体育项目"，有超过七成的被访者认为"在中国，足球不是一项很成功的体育项目"，超过83%的人并不认为"足球是男性主导的运动，女性毫无兴趣"，有超过八成的人认为"足球是时尚的体育项目"，有近八成的人认为"足球是一项在中国很有发展前景的运动"，有不到两成的人认为"足球的比赛规则过于复杂，看不明白"，有超过一半的人认为"中国拥有著名的足球球星、健将"。

北京、上海和广州电视观众喜爱的足球队主要由两类构成，一类是巨星云集的世界级足球俱乐部强队，像西班牙的皇家马德里、马德里竞技、巴塞罗那、德国汉堡和英国的曼联等等，另一类是中国当地足球队，比如北京人喜欢北京现代(国安)，上海人喜欢上海申花、上海上港，广东乃至全国球迷的最喜爱的无疑是中国足球巨无霸恒大淘宝。

上海市因为有两支足球俱乐部，各自拥趸时擦出火花，在赛场打架斗殴时有发生。2016 年 2 月，在亚冠小组赛首轮的一场比赛中，上海上港客场1∶2不敌墨尔本借败。在墨尔本的主场中，一些申花球迷在现场打出标语"只有申花代表上海"，引起全球媒介和业界内外一片躁动，有关方面指出"中国球迷出洋相出到国外去了"。

二、电视观众对篮球运动的认知

篮球是全世界最普及的运动项目之一，1891 年由美国马萨诸塞州斯普林菲尔德市基督教青年会训练学校体育教师 J. 奈史密斯博士所创造。1908 年美国制定了全国统一的篮球规则，并用多种文字出版发行于全世界，逐渐传遍美洲、欧洲和亚洲，成为世界性运动项目。篮球运动是 1896 年前后由天津中华基督教青年会传入中国的，随后在北京、上海基督教青年会里也有了此项运动。

在中国职业篮球联赛(CBA)和全国高校篮球联赛(CUBA)的直接影响下，原本有着深厚群众基础的篮球运动在我国深受球迷和百姓喜爱，职业联赛开展较好、运动水平较高的省市更加投入。八一男篮称雄期间，主场所在地宁波的球市极为红火一票难求；广东东莞银行男篮风生水起时，不仅东莞球迷、广州球迷、深圳球迷蜂拥而至，外省市喜欢易建联的球迷也到全国各地赛场捧场；辽宁鞍山药都俱乐部近两赛季杀进总决赛，球票临时涨价引发球迷不满，但依然挡不住观赛热潮。

自 2011 年赛季开始过去的 5 年，北京首钢是 CBA 最成功的球队，三度夺冠，一次四强和八强。随着首钢队名次稳定在 CBA 联赛的前茅，季后赛票价水涨船高，但仍供不应求。2014 ~ 2015 赛季总决赛公开出售的门票价格最高达 1200 元，每场对外销售 10000 张左右的门票都在网络购票开启的瞬间消失。通过官方微信平台预定首场总决赛主场门票的球迷达到了 9 万人，预定总决赛第二场门票的人数也有 7 万人之多，每一场 CBA 总决赛在北京的收视人口都达到了 600 万左右。在常住人口 2200 多万的京城，关心首钢男篮命运的人几乎占全部常住人口的三分之一，这表现出大众群体强烈的参与意识。

在对篮球运动感兴趣的程度上，北京、上海、广州三城市略有不同。非常感兴趣的比例，北京(23.4%)要略高于其他两个城市(上海19.3%，广州20.5%)，对篮球运动不感兴趣的比例，广州(24.3%)要略高于其他两个城市(北京21.7%，上海21.3%)。

在对篮球运动的态度上，调查结果是"篮球是一项时尚的、不分男女的大众体育运动。因为过于商业化，中国篮球不是很成功，但有著名的球星，很有发展前景。具体态度表现如下：有超过八成的被访者认为"篮球运动是一个大众体育项目"，有超过六成的人认为"篮球运动是一种过于商业化的体育项目"，有超过一半的人认为"在中国，篮球运动不是一项很成功的体育项目"，只有两成的人认为"篮球运动是男性主导的运动，女性毫无兴趣"，有超过八成的人认为"篮球是时尚的体育项目"，有九成的人认为"篮球运动是一项在中国很有发展前景的运动"，超过八成的人认为"篮球运动的比赛规则不是很复杂"，超过八成的人认为"中国有著名的篮球球星或健将"。

北京、上海、广州和沈阳等地的观众喜欢的篮球队主要由两类构成，一类是来自美国NBA的篮球强队，像金州勇士队、迈阿密热队、洛杉矶湖人队、克利夫兰骑士队、休斯敦火箭队和俄克拉荷马雷霆队，另一类是中国本土篮球队，比如北京人喜欢北京金隅(首钢)队，上海人喜欢上海东方队，广东人喜欢广东宏远队，辽宁人喜欢辽宁药都队。中国电视观众喜欢的篮球队排名顺序一是与球队球星有关，二是与球队战绩有关，三是本土球员参与(最好是主力战将)有关。而上述3个因素，又都直接或间接与电视转播频次和强度有着密切关系，与这些球队的公关意识和公关水平密切相关。

三、电视观众对网球运动的认识

网球运动最早起源于12～13世纪，是法国传教士在教堂回廊里用手掌击球的一种游戏。到了14世纪中叶，一位法国诗人把它传进了法国宫廷。当时没有球拍与网，球是布卷成圆形后用绳子绑成，场中以绳为网，利用双手作为球拍，把球从绳上丢来丢去，法语叫作"tennz"，英语叫作"take it, play! 即抓住，丢过去"，今天的网球(tennis)一语即来于此。后来以木拍代替手，16世纪传入民间，并很快传开到各大城市。现代网球运动的历史一般是从1873年开始的，英国人沃尔特、克洛普顿、温菲德等将早期的网球打法加以改良，使之成为夏天草坪上进行的一种运动，并取名"草地网球"，同时在英国各地建立网球俱乐部。后来,有好事者将网球搬上桌面进行运动,于是就有了我国最普及的乒乓球(table tenis)运动。

网球运动于19世纪随西方近代体育传播传入中国。在旧中国,第一届全运会上网球是正式比赛项目,从第三届开始又增加了女子网球项目。1924年到1946年,中国选手共参加了6次戴维斯杯网球赛,1953年中国成立中国网球协会。

现在,网球四大满贯赛以及ATP系列赛已经成为电视观众尤其是网球迷的精神大餐,成为体育电视的主要内容。上海大师赛的持续举办,中国网球公开赛(北京)的升级,给了中国球迷近距离欣赏赛事的机会,也给我国体育电视工作者在网球专业领域更多的锻炼舞台。

李娜在2011年年初参加的澳网与俄罗斯名将莎拉波娃的半决赛,中国通过电视直播观看比赛的观众达到了3000多万人。2011年6月,李娜在法国网球公开赛击败意大利上界冠军斯基亚沃尼首次夺冠的决赛吸引了约1.16亿名中国电视观众,不仅成为当年中国收视率最高的单场体育比赛,还是中国历史上单场网球比赛电视直播观众数最多的一场比赛。赛会组织方认为,"李娜法网决赛的收视观众数目,显示了女子网球在中国巨大的发展潜力,是体育运动的魅力在一个渴望成功的人口大国的充分释放。"

四、电视观众对F1赛车运动的认知

F1就是Formula One的缩写,中文叫作一级方程式赛车。F1在现今赛车领域所代表的地位就有如"奥运"或"世界杯足球赛"。目前F1共有10支参赛车队,每场比赛最多只有20位车手上场,每年规划有16~17站的比赛,通常约在三月中开赛,十月底结束赛季,每站比赛可吸引超过10亿人次通过电视转播或其他媒体观赏这一世界顶级的赛事。

一级方程式赛车对于中国电视观众来说还比较陌生,绝大多数人还只是在电视中见过,2004年一级方程式赛车比赛来到中国,让中国车迷近距离感受到风驰电掣的别样风情,也给电视转播市场增加了新的节目内容。2003年12月12日,世界赛车委员会公布了2004年度F1赛程,其中在中国上海有一站,即9月26日中国大奖赛。2004年2月12日上午,F1赛事组委会在上海国际会议中心正式宣告成立,由国家体育总局局长和上海市市长担任组委会名誉主席、组委会主任,国家体育总局方面在成立大会上说,F1中国大奖赛是中国体育界除2008年北京奥运会和2004年出征雅典奥运会之外的第三件大事,国家体育总局予以高度重视。

2003年2月24日,中央电视台体育节目中心与上海国际赛车场有限公司签署了2003年~2010年F1赛事电视转播合作及赛事运动推广战略合作伙伴协议,从2003年开始到2010年8年中,中央电视台体育频道将直播全部赛事,并且制作相应的专题节目和记者采访等F1赛车新闻节目。从2013年开始,中央电视台体育频道不再直播F1中国赛,改为上海五星体育频道、广东电视台体育频道、北京电视台体育频道、杭州电视台少儿频道等11家地方电视机构转播赛事精彩盛况,乐视体育作为国内著名体育新媒体专业公司购买了F1中国大奖赛直播报道版权,形成了传统电视媒体与新型互联网媒体综合立体报道F1赛车的全景式画面。

经过10多年的市场培育,F1中国大奖赛已经有了大批的忠实车迷,电视转播收视率逐年提高,广告赞助也吸引了很多国际品牌的参与。2015年4月10日至4月12日,借助举办F1中国大奖赛的契机,F1上海站有关方面首次主办上海汽车文化节F1水景广场嘉定主题园的宣传推广活动,进行了一系列围绕赛车赛事展开的丰富多彩且激情时尚、充满趣味的景区宣传活动。

通过主题为"游景区、观赛事、扫微信、赢大奖"的抽奖活动,许多中外游客通过扫描景区官方微信二维码参与了抽奖,参展3天景区官方微信粉丝增加了近2000人。另外,卡丁车世界提供的意大利进口专业卡丁车以及与车模互动展示秀,事顺马场提供的6匹玻璃钢彩色马、脸部镂空骑术背景合影板以及进口高端马具展示,高尔夫球场提供的现场推杆体验互动小游戏,ATV越野赛道及航模竞技中心提供的庞巴迪越野车与仿真高端航空模型展示,所有这些都吸引了大量游客、车迷驻足观看、体验感觉,并纷纷合影留念。

第三节　收视特征

体育电视节目可以分为体育赛事、体育新闻、体育专栏等几类,其电视观众的收视状况与其他节目也不完全相同。由于节目内容与体育运动密切相关,吸引了大量对体育感兴趣的观众,因此体育类电视节目的收视特征与其他类型电视节目在观众结构和收视状况等方面有着明显差异。

一、体育电视节目观众结构

一般来讲,电视观众的男女比例基本相等,但女性观众数量略多于男性。在体育领域里,则是男人的世界。体育节目的观众中68%为男性,女性只占32%。

电视观众的年龄特征尤为显著,在实际收看体育电视节目的观众中,45岁以上的观众占一半左右,这一比例甚至高于该年龄段观众在所有节目观众中的比例。除此之外,15~24岁观众对体育节目表示出了特殊的青睐,观众构成比例高于平均值。在体育电视观众中,受教育程度较高的观众更加关注体育节目,大学以上观众超过1/5,远远高于所有节目的平均值。

在体育电视观众的职业构成比例中,学生是体育电视节目观众的重要构成部分。学生在体育电视节目的观众中占1/5以上,是所有节目平均值的1.7倍,可见学生对于体育节目有更高的兴趣。随着智能手机的使用比例不断上升,移动互联网技术的不断升级,更多的新媒体转播参与到体育赛事直播中,学生群体的比例还会有所增加。

二、体育节目收视情况

每逢奥运会和世界杯等重大赛事年份,体育观众的日平均收看电视时间会有明显增加。碰到最重要的焦点赛事,不少铁杆体育迷会不顾赛事时差通宵达旦熬夜收看赛事直播。

不同性别、不同年龄、不同受教育程度等特征的观众使体育电视收视时长具有明显差异,这种差异已经在之前的观众结构中表现出来。

(1)男性观众平均每人每天收看体育电视节目的时间是女性观众的两倍以上。男性观众收看体育节目的时间明显较长,达到每天8.3分钟,是女性观众收视时间的两倍以上,这与男性对体育运动的兴趣较高有关。

(2)中老年观众收看体育电视节目的时间最长。中老年观众收看电视节目的时间整体上多于其他年龄段观众,在体育电视节目中也同样延续了这一趋势。观众年纪越大收视时间相对越长,55岁及以上年龄段的观众平均每天收看体育电视节目的时间达到9.7分钟,几乎是其他各个年龄段的一倍(45~54岁8.1分钟除外)。

(3)受教育程度越高的观众收看体育电视节目的时间越长。观众收看体育电视节目的时长与其受教育程度具有明显正相关性,受教育程度越高,对体育节目的关注程度就越高,收看体育电视节目的时间就越长。小学及以下教育程度的观众每天收看体育节目的时间仅为3.4分钟,而受教育程度最高的大学及以上的观众每天收视时间能达到8.7分钟,中间的差距超过5分钟。

(4)干部、管理人员及退休、无业观众收看体育电视节目的时间明显高于其他类型观众。在所有不同职业的体育电视观众中,退休、无业观众收看体育电视节目的时间最长,达到8.5分钟,其次为干部、管理人员,收视时间也达到8.3分钟。专业技术人员及一般职员和工人的收视时间类似,均为6分钟左右。学生收视时间相对较短,只有4.3分钟。其他职业者收看体育节目的时间最较短,仅有2.4分钟。

(5)家庭平均收入越高的观众,平均收看体育电视节目的时间越长。收入是影响体育态度的重要因素,并不是说经济条件不好就不能开展体育锻炼,但是通俗地讲,“有钱、有闲”是参与体育运动的客观先决条件。作为一种心理需求,体育爱好属于解决了温饱问题之后才能够考虑到的更高要求,这也就是本章开始指出的“人民生活水平提高”与“体育运动发展”的关系。

平均家庭收入较高的观众通常收看电视节目的时间较短,但是他们收看体育电视节目时间却较长。家庭收入在2600元以上的观众平均每天收看体育节目7分钟以上,收入为1401~2600元的观众收视时间为6.1分钟,收入在901~1400元以下的观众,收视时间为5.3分钟,而收入在900元以下的观众,收视时间也在5分钟以下。

第四节　媒介环境

曾几何时,报纸杂志与广播是体育传播的主宰。体育广播因为可以将体育赛场的现场变换通过电磁波第一时间传向全世界的各个角落,格外受到听众喜爱,收听体育广播特别是赛事直播是体育迷的超级享受。

随着电视机进入寻常百姓家庭,楼宇电视和户外广场电视逐次涌现,体育爱好者有了最具现场感的音画一体体育赛事享受,活灵活现的人物与赛场场景尽收眼底,如闻其声、如见其人、如临其境,体育传播真正开始了全景式传播时代。

全球互联互通的互联网给了体育迷更多的媒介选择,体育网络的互动(包括灌水吐槽以及新兴的弹幕式即时评点),让体育受众体会到赛场和各种终端屏幕的联系与沟通。智能手机让年轻一代体育迷可以不失时机随时随地收看到各种自己喜爱的体育节目,也可以随时与同样感兴趣的伙伴分享观赛感受和体会。

一、体育广播受众热情依旧

在电视接收设备进入寻常百姓家庭之前,广播节目是最能及时鲜活报道体育赛事的传播渠道,广播电台的体育新闻节目和体育赛事转播,是广大百姓第一时间了解比赛赛况、与赛事进程同悲共喜共狂欢的第一信息来源。体育赛事广播的解说,要求解说员反应迅速,口齿伶俐,尽可能将赛场发生的全部细节用最快语速传达给广大听众。

1920 年诞生的广播媒介,7 年后才首次应用于体育传播。1927 年 1 月 22 日,英格兰联赛中阿森纳对谢菲尔德联队通过电台进行了转播。1936 年德国柏林奥运会,当地广播电台共用 28 种语言进行了 2500 小时的宣传报道,开创了广播媒介首次长时间进行奥运报道的先河。

1944 年创立的美国 XX Sports Radio 是全球最早的以体育新闻为内容的交谈类电台之一,其目标听众是说英语的圣地亚哥人,在抵达南加州前它走过了漫长而蜿蜒的道路,从最初的墨西哥电台到现在的西海岸。作为当地的一家电台,XX Sports Radio 在播报 Padres 和 Chargers 体育新闻方面做得很成功,其内容涉及面广泛,包括 MBL、NFL、NBA、NCAA Football、Golf 等等,每天不间断地为听众播报实时体育新闻。

我国的中央人民广播电台于 1951 年第一次进行体育赛事实况转播,每天定时播放指挥做操(配乐曲)的广播体操节目。中央人民广播电台开设了体育专题节目"体育谈话",标志着新中国第一个体育广播节目诞生。体育谈话节目每周两次(1956 年改为每周 3 次)。1958 年,体育谈话节目改名为"体育运动"节目,每天都有固定的播出时间并时地报道中国体育的情况和成就。中央人民广播电台对于重大的国内比赛和国际比赛,都会适时安排实况转播节目,各省、市、自治区广播电台也经常报道全国及本地区的体育运动情况。

中国对外国的体育广播主要由中国国际广播电台承担,对外广播中经常有体育新闻报道。从 1956 年开始,开设了"体育爱好者"专题节目,报道外国体育团队的来访活动,还通过专线向来访国家(地区)做专题节目广播。

2002 年起,北京体育广播电台、上海五星体育广播电台、南京体育广播电台、大连体育广播、山东体育休闲广播、青岛音乐体育广播电台、楚天交通体育广播电台等中国体育广播专业频率陆续创建，在 2008 年全方位报道北京奥运会、2012 年伦敦奥运会等重大赛事并在及时转播中国职业联赛中发挥了积极作用。

二、体育电视观众中流砥柱

自从电视转播进入体育赛场，电视机在千家万户逐渐普及，体育受众基本上就是电视观众。传统电视的大屏幕大场景将体育赛事的纵深全景表现得淋漓尽致，传统电视的集群性、壮阔性、呼应性等特质与运动激情抒发、运动魅力碰撞吻合得天衣无缝。

体育赛事是体育电视节目的源头也是活水，是体育电视的生命线。在全部体育电视节目中，体育赛事至关重要。它不仅占据着体育电视节目最多的播出与收视份额，大部分赛事节目长期高居所有节目收视率的最高位置，而且体育赛事节目还影响着体育新闻节目、体育其他栏目节目的构成与观众取舍，导向着一年或一个赛季的体育节目播出与收视状况。五花八门的赛事类节目左右着观众的眼球，拉动着广告主的神经，直接影响着体育电视的收视率和市场份额。因此，无论是体育频道还是综合频道，都会将体育赛事放在非常重要的位置。

自 20 世纪 80 年代末期开始，中国体育电视台陆续引进了 NBA（全美篮球联赛）、职业拳击赛（拳王争霸赛）、意大利足球甲级联赛、英格兰足球超级联赛、西班牙足球甲级联赛和法国足球甲级联赛等世界顶级赛事转播权，丰富了国内体育电视的赛事资源。通过电视转播，中国球迷欣赏到 NBA 乔丹、约翰逊、科比、韦德和詹姆斯等巨星风采，领略到足球绿茵场上贝利、法尔考、马拉多纳、古力特、巴斯滕、齐达内、罗纳尔多和贝克汉姆等精灵诡异的传射功夫和摧城拔寨的无敌气概，痴迷于网球赛场上库尔尼科娃、莎拉波娃、伊万诺维奇等美少女的曼妙身姿与一代代球王桑普拉斯、阿加西、费德勒、纳达尔、德约科维奇舍我其谁的王者霸气。一次次拳王争霸赛令拳击迷荡气回肠，一杆杆挥击让高球迷拍案叫绝、牵魂荡魄，一场场汽车拉力赛险象环生，一帆帆海上竞雄山重水复。

当前的中国体育电视节目中，既有国际顶级大赛轮番登场：NBA 赛场上曾经有中国球员姚明、易建联和孙悦等中国球员让球迷恋恋不舍，斯诺克赛场上丁俊晖、傅家俊和梁文博等每每有精彩表现，郑洁、李娜、彭帅等“金花”

在世界网坛竞相绽放;也有国内世界级赛事纷至沓来,F1 赛车、上海网球大师赛、中国网球公开赛、中国高尔夫球系列赛、中国斯诺克公开赛等成为球迷的节日盛宴。最近几年,中国体育电视节目中,体育赛事节目的播出比重一直居高不下,排在所有节目类型中的第一位。2008 年,体育赛事节目播出量达到了 61019 小时,比 2004 年雅典奥运会翻了一番还多。

三、体育网络传播方兴未艾

全球互联网的高速发展以及我国信息化程度的提升,为网络体育节目的生存与发展打下了良好基础。在绝大多数的商业门户网站中,都开设了体育频道,与专门瞄准体育新媒体产业市场的体育网站如爱奇艺、乐视体育等一起抢夺赛事资源,各种赛事网站(足球赛事网站如意甲、英超和中超等,篮球赛事网站如 NBA、CBA 等,网球赛事网络如中国网球公开赛和四大满贯等,高尔夫赛事网站以及赛车赛事网站)、体育组织网站(包括国际政府组织如国际奥委会,国际行业组织如国际足联、国际篮联,国家政府组织如国家体育总局、各省市体育局,国家行业组织如中国足协、中国排协及其他体育组织)、体育媒体网站(包括体育电视网站、体育广播网站和体育报纸网站等)以及其他各种类型的网站相继建立起来,丰富了网络媒体的内容,更是为体育事业和体育产业健康有序地发展提供了新的阵地。

2008 年,奥运发展史上首开新媒体转播版权买卖先河,中央电视台央视国际网络有限公司成为中国大陆区域内国际奥委会首个商业合作伙伴,购买了互联网、手机、车载移动电视等奥运会的各种新媒体转播版权,央视网成为全球唯一对所有赛事提供全程直播、点播和轮播的新媒体,开创了奥运会转播新纪录。

2004 年 2 月,扎克伯格创办的 Facebook(脸书)上线,成为美国的一个社交网络服务网站,是全球最早的体育社交网络平台。2006 年,博客技术先驱创始人埃文·威廉姆斯创建的新兴公司 Obvious 推出了 Twitter(推特)服务。由此,体育社交网络平台开始占据着体育网络的新兴传播市场。

体育互联网等新媒体无疑是当下风头日劲、方兴未艾的主要传播渠道,以互联网(移动互联网)为代表的新媒体视频传播在及时性、便捷性等方面具有无可争议的优势,将曾经辉煌一时的体育广播、体育报纸杂志挤到了被人忽略的窘境,甚至与正在蓄势与传统体育电视一争高下。

第五章　解说评论

当今,体育对人们的吸引力已经超过了其他众多行业,正演变为一个以最快、最高、最强为核心的竞技体育、以大众参与健身健美为内核的群众体育和以商业利益最大化为中心的商业体育所构建出的新时代"三元体育"三足鼎立的全新体育体系。当代的体育运动,正由传统竞技体育和群众体育这一传统"二元体育"理念向与日渐盛行的商业体育发展融合并辔前行。在新的体育构架中,体育电视是商业体育的强劲助力,是体育产业化规模的巨型推手。体育主持与解说,是体育电视最为重要的组成部分之一,是体育新闻传播过程中的一个重要环节和一项重要内容。

在体育传播中,电视媒体的地位迄今至高无上。中国电视媒介一直密切关注新媒体对全球体育与国内体育的发展演进,高歌我国体育运动的蓬勃发展和体育事业的变迁跃进。体育主持与解说过程,是一种新闻传播过程,在传播体育赛事或者体育活动的同时,也呈现出一种充满艺术性的表现过程——即主持解说艺术。

尽管电视节目中有各种各样的解说,例如各类电视纪录片的解说、电视剧和电影录音剪辑的旁白,都属于解说的范畴。不同的节目,对解说的要求不同,解说的表现形式也不同。但是,无论哪一种解说其目的都是一致的,就是为了更好地表现解说的内容。其中,体育节目主持与解说最为引人关注。人们对体育比赛的关注程度已经远远不满足于消息、特写、评论这种前因后果、非此即彼的结论性的信息,而是更加关注它的发生和发展过程。电视传播所具有的直观性、即时性和现场感独特优势,突破时空的界限,把人们直接带入体育比赛的现场,使人们在了解体育赛事的发生发展过程中,获得一种愉悦的心理享受。这种愉悦的心理享受,一方面来自于体育比赛本身所迸发出来的无穷张力与想象力，另一方面则是来自于体育解说评论员的语言魅力。当然，备受关注的体育解说，也最容易招致各种不同层次的体育迷的非议乃至诟病，网络上频频出现的“语录”绝大多数指向体育解说，就是明证。

同一种体育比赛项目，或者是同一场体育晚会体育活动，由不同的主持人主持，由不同的解说员进行解说评论，所产生的传播效果往往天差地别。这与解说员的外部形象、专业业务水平、现场主持解说的技巧以及全面驾驭语言的能力等等，有着直截了断的关系。

中国电视建立以来，我国体育主持、解说和评论取得了长足的进步。改革开放之后，特别是20世纪90年代中后期以后，各级电视媒体纷纷把提高体育主持人与评论员水平，作为展示体育电视品牌、增强体育赛事转播和媒体实力的目标，从而不断提升赛事级别与大幅度增加的赛事转播的种类、数量和场次，这更为培养出一批有个性特点、深受观众欢迎的体育赛事评论员，提供了前所未有的机会。中央电视台体育频道在涌现出国内“丰碑式”体育解说宋世雄孙正平之后，韩乔生、蔡猛、刘建宏、张斌、洪刚、段暄、于嘉、刘健、邵圣懿、姜毅、杨影、张萌萌、宋剑桥、陈莹等老中青解说员活跃在各种体育赛事中，为体育迷所认同。在地方电视台中，北京电视台体育频道的刘向孚、宋健生、江文川、魏翊东，上海电视台体育频道的唐蒙、娄一晨，广东电视台体育频道的王泰兴、刘宁，浙江电视台的金宝成，四川电视台体育频道的李博以及大连电视台的焦岩峰等，都是中国体育解说中的佼佼者。

50多年来，我国体育主持与解说取得了有目共睹的巨大成就。建国初期，由于社会经济发展水平的限制，设备简陋，条件艰苦，老一代的解说员如张之、宋世雄等艰苦奋斗，兢兢业业，开创了体育解说这一体育新闻传播形式。在既没有经验，也没有借鉴模式的情况下，不断实践、不断提高，为我国的体育解说事业立下了汗马功劳。1981年，中国女排首次获得世界杯冠军，通过电视转播，通过宋世雄铿锵激昂的现场解说，激发出亿万中国人民蓬勃向上的精神，喊出了“学习女排，振兴中华”的时代强音。2008年，中央电视台联手全国各地最优秀的主持与解说员，出色地完成了北京奥运会28个大项和302个小项的主持与解说任务。

经过半个多世纪的培养与锤炼，我国初步形成了中央与地方相协调呼应、老中青三代主持与解说相映衬的合理梯队，主持与解说的数量有了很大幅度的增长。1990年第11届北京亚运会时，活跃在我国体育解说与评论第一线的专业人才一共才 16 人,到 2008 年组建奥运解说国家队时,全国电视媒体可供遴选的主持人和解说评论员达 400 多人。同时应该看到的是,我国当下的体育主持与解说水平参差不齐,离观众越来越高的要求(数字高清体育专业频道的观众要求更高)还有一定距离,观众对体育主持与解说的满意度一直难如人意,一些赛事项目的主持与解说人才济济甚至过剩,有些项目则难以找出合适的人选。在很多情况下,我国的体育主持与解说,依然是老将担纲。北京奥运会 68 岁的宋世雄再度出山,一方面反映了有关方面不拘一格降人才、力争"群贤毕至"的勇气与魄力,而且宋世雄宝刀未老,有着传帮带的积极作用,另一方面也能看得出体育主持与解说专业人才的匮乏。

当前,从中央到地方电视台的体育解说与评论员知识层次不同、文化背景各异、职业素养参差不齐。依据调研,我国现职体育评论员中,具有大专以上学历的占有 90%,其中具有本科学历的大约 50%,从事过专门的体育运动或经体育院系专业培训的不到 10%。中央电视台体育频道无疑集中了全国最优秀的体育主持与解说员,多达 44 位,但梯队结构不甚合理,28 岁以下而从业不足 5 年的占 50%,中年一代明显力量不足,更多的新鲜血液需要快速成长。可喜的是,这些 30 岁以下的新生代经过世界杯、全运会、亚运会、亚冬会的锻炼和考验,特别是北京奥运会的全面检阅,取得了长足进步,得到了很高的认同度。

我国的体育播音主持与解说的研究工作也取得了令人注目的成绩。1985 年,业界曾经召集了一次播音员主持人的研讨会,开启了我国在这领域研究探讨的序幕。1999 年,经过多方努力和精心筹备,第一届全国电视体育播音员主持人大会在北京召开了,中宣部、广电总局等领导在会上做了重要发言,会议期间还成立了全国电视体育播音员主持人研究会,并出版了会议专刊。2002 年,第二届全国电视体育播音员主持人大会在北京九华山庄召开,会上为宋世雄颁发了终身成就奖,并且邀请了美国的著名记者史密斯先生进行专题讲座,同时也与众多媒体同仁进行了广泛的交流和沟通,在会后也出版了会议专刊。2007 年 4 月 8 日,第三届全国电视体育播音员主持人大会在北京召开,来自全国近 30 个省、市、自治区的近百名从事体育播音主持工作的代表出席了会议。会议的中心议题是共商体育电视播音员主持人大计,组建一支精英团队,完成北京 2008 年奥运会的转播工作。

体育主持与解说有着不同的定义。一般认为,主持人是在一个相对固定的广播电视节目或者栏目中,具有采、编、播、控等多种业务能力,负责掌控场面风格气氛,沟通与串接现场与受众关系的专业人员。体育主持人就是出现在体育赛事、体育晚会或者其他体育活动节目中,适度调控调度现场氛围的专业人才。体育主持人包括单一型的主持人(一般由播音员改行而来,时不时会带有播音员的口吻来讲说叙述)、参与型的主持人(参与部分策划、采访、编辑、播音和控制等多个方面)、主导型的主持人(全面参与前期节目栏目的策划、采编剪辑、录音播出与控制,具有调配烘托节目栏目的综合素质与能力)。主导型的主持人一般具有丰厚的文化底蕴与体育专业知识,不仅思维敏捷、口齿伶俐,而且善于审时度势临机应变,串接好主持人与节目嘉宾、主持人与现场观众以及电视观众的合理距离与适配关系,将节目栏目带入最佳境界。体育节目主持人需要具备一定的体育专业知识,俊朗清秀的外表,"金色的嗓音",超强准确的记忆力,完美无缺的大局观。中央电视台各种体育大型活动主持人张斌则是这类主导型主持人的杰出代表,他的综合感和全局观,他的大气睿智和精深全面的专业知识,都适时的展现无余。

体育解说员是根据赛事的需要而专门设置和安排的专业人才,不同项目不同规格的体育比赛,往往会安排不同类型、不同水平和不同经验的体育解说员,为体育赛事节目见缝插针,或"解疑释惑",或"锦上添花",在赛事进入高潮难分伯仲或当比赛终场锣响尘埃落定时,体育解说员常常与体育迷熔为一炉,或高呼,或呐喊,或激扬高歌,或扼腕叹息。体育解说员既要能够洞悉体育运动的发展趋势、敏锐商业体育独特的魅力与诉求,有广博的体育专业知识,以便触类旁通,又要在某一项赛事有着精深的研探,对赛事现行的裁判规则以及发展变迁要有比较清醒的认识,对顶级运动员、教练员、裁判员的背景资料了然于胸,并要有敏锐的眼光发现与发掘"冉冉升起"的新星。

诚然,在当下体育电视的实际使用过程中,不少优秀的体育节目主持人往往也是出类拔萃的体育赛事解说员,他们能够洞悉赛场风云变幻的脉动,切肤体会观众的心理动态与实际渴求,无论是在为大型体育活动充当主持人(比如奥运会、亚运会和全运会的开幕式闭幕式,CCTV 体坛风云人物颁奖晚会等),还是各种体育赛事的现场解说评论(比如世界杯足球赛,NBA,F1 赛车等),他们都驾轻就熟,游刃有余。多次成功主持奥运会开闭幕式并且在篮球、排球等多个项目中的现场解说评论妙语连珠的中央电视台体育评论员孙正平、韩乔生等是此方面当之无愧的强者,沙桐、张斌和洪刚等则是中生代体育主持与解说的精英代表。因此，本文的体育主持与解说，重点从体育解说评论进行展开论述。

第一节 发展历程

我国的体育解说起始于新中国成立后的 1951 年，迄今为止，已经走过了半个多世纪的里程。中国的体育解说评论经历了广播播报与解说、广播式电视播报、电视播报与解说以及电视解说与评论等 4 个主要阶段。

自从有了体育赛事，就有了现场广播。世界上很多国家的体育解说，不仅要在广播电视台转播比赛实况与并进行现场评析，还要在同一时间用扩音器给现场观众播报比赛现状。即使到了现代通信工具异常发达的阶段，还有不少现场观众愿意一边看着精彩赛事，一边听着解说员的经典评注。

一、广播播报与解说

1951 年，一支苏联男子篮球队到上海访问，这是新中国成立以后第一支来访的外国球队。比赛地点确定在当时最大、能容纳四千名观众的上海卢湾体育馆。观众的热情空前，门票被一抢而空。很多人没有买到票，便纷纷打电话到电台，希望电台能像转播国庆游行和大型文艺演出那样转播这场体育比赛。为了满足群众的要求，上海人民广播电台决定由播音员张之担此重任，并邀请后来成为著名电影演员的陈述搭档解说并转播这场比赛。这次解说成为开我国体育解说先河之作，永载中国体育解说史册。张之也因此声名远播，并由此成为中国体育解说的“开山鼻祖”。1952 年，中央人民广播电台特邀张之到北京解说了多场全国篮球、排球比赛，使体育解说的影响力进一步扩大。1953 年，张之被调入中央人民广播电台，从事体育新闻报道和体育比赛实况转播的解说工作，历时几十载，是我国体育解说的重要标志。

在那一段时间，广播是最重要的体育传播载体之一。看不到现场比赛的球迷，纷纷将注意力投向家中的收音机或者寻找可以收听转播赛事的地方（比如广场的高音喇叭），与球迷们聚在一起共同欣赏高水平的体育赛事。众多球迷围着一个“黑匣子”或高音喇叭听着其中传来的现场赛事同期声，伴随着解说员激扬铿锵的描述评点，如醉如痴，高呼呐喊。几百上千的人围坐在一起收听精彩纷呈的体育赛事，吱吱称赞解说员连珠妙语的盛况，至今还留在很多老球迷的美好记忆中。

这一段时期的体育解说,需要详尽描述赛场的一招一式一举一动,将所有的现场元素用最快的语速、最精确的语词、最适配的情绪表达(语调语态)通过声音传播给亿万听众。主持与解说最需要的是眼观六路、耳听八方,尽可能捕捉赛事现场的近景、中景、远景,比如赛事背景介绍、赛场观众的数量、老中青及男女比例、穿着服饰等情况描述,领导与嘉宾的情况,教练员、运动员与裁判员等的白描,场上竞争对手状况,比赛时间进程,场上比分乃至犯规次数等等,都要尽可能通过现场解说转播给体育听众。

二、广播式电视播报

这一阶段可以从 1958 年持续到 20 世纪 70 年代末,是广播电视体育主持与解说交相辉映的时期。1958 年 5 月 1 日,北京电视台(中央电视台前身)开始试验播出。体育电视解说从此开始进入体育传播视野。与此同时,体育广播解说依然占据着主要而重要的位置。人们所能感受的体育解说,广播转播的痕迹明显,即使是体育电视解说,也是广播式的电视播报。

从新中国成立到 20 世纪 70 年代中前期,因为物质生活条件的限制,电视尚未普及性地进入百姓家庭,现场直播或转播体育比赛主要通过广播电台来完成。人们通过电视画面所能够看到的体育比赛,主要是中央新闻电影制片厂提供的《新闻简报》中的一些片段。直到 20 世纪 70 年代末 80 年代初,随着我国人民生活水平的提高,电视这种一度被视为“奢侈品”的家电逐渐走入千家万户,人们通过电视观看体育比赛现场直播才成为现实。

在这样一段时间内,体育解说的项目主要是乒乓球,其次是足球和篮球,其他体育比赛的解说几乎没有。电台和电视台现场直播的大型体育比赛主要有 1959 年在北京举行的第一届全国运动会,1961 年第 26 届世界乒乓球锦标赛, 1972 年在南京举行的全国五项球类比赛,1974 年在德黑兰举行的第七届亚运会,1977 年在北京举行的国际足球邀请赛等等。这一段时间,我国体育主持与解说的主要代表人物是中央人民广播电台的体育记者张之和他的同事黄继辰。在 1961 年的第 26 届世乒赛上,宋世雄加盟到体育解说员的行列。在张之的悉心指导下,宋世雄很快成名,一时被人们誉为“小张之”。

1958 年 6 月 19 日,北京电视台(中央电视台前身)直播了八一男女篮球队与北京男女篮球队的表演赛。这是我国电视首次转播体育赛事,是利用电视媒体直播体育比赛的开端。

作为人们生活中的意识形态内容，中国的体育解说有着很深的时代烙印。它的发展是以社会发展水平为基础，社会生产力发展水平是其发展的物质保证，同时体育广播电视与体育解说也成为人们精神需求的重要内容。与此同时，体育传播、体育解说的发展离不开体育事业发展的承载。而体育事业发展的快慢、人们对体育的热衷程度直接影响到体育解说的进步与发展。1961 年的第 26 届世乒赛在北京成功举办，与中国乒乓球水平提高密切相关，而在“文革”期间，中央人民广播电台的体育节目组曾一度被撤销，直到 1970 年体育节目才重新恢复，也是中国社会发展的一个缩影。

1977 年 10 月，北京举办了国足球邀请赛，邓小平同志选择了在这个场合重新站到了公众面前，这标志着一个新的时代重新开始。当时，中央人民广播电台和中央电视台联合直播了这次比赛，其轰动效应非同一般。这次体育转播与现场解说，标志着我国体育传播工作迈入到一个新的历史阶段。

三、电视播报与解说

1978 年以后，我国社会进入了一个新的历史时期，中国经济发展明显提速，人民生活水平日益提高，电视机成为一种日常用品开始进入平民百姓家庭，这为转播体育比赛提供了广泛的基础。在这一段时间内，中国体育逐渐走向世界，并且在很多项目上有所作为，激发出中国体育迷对体育的渴望与追求，对了解体育赛事的向往，频繁转播的体育大赛也为体育解说的发展提供了便利的条件和丰富的内容。我们将 20 世纪 70 年代末直到 90 年代中期的这段时间，视为中国体育电视播报与解说阶段。

1979 年，“拨乱反正”之后的大规模全国运动会——第 4 届全运会在北京举行，中央电视台进行了全面转播，拉开了中国体育赛事转播与体育解说全面升级换代的序幕。在 1981 年在日本举办的第 3 届世界女排大赛上，中国女排 3 战皆捷，首次获得“三大球”世界冠军，激发出华夏大地“学习女排振兴中华”的无限豪情，现场伴随着“中央电视台，中央电视台，各位观众，各位观众，台湾同胞，海外侨胞，我们现在是在日本东京的代代木体育馆向大家做现场直播”的清脆悦耳的声音，用女排夺冠最后时刻振聋发聩的呐喊折服了亿万球迷，这是中国体育电视主持与解说的另一重要历史时刻。1981 年的女排世界杯比赛通过电视转播，通过宋世雄的个性化解说使观众对女排赛事的关注程度空前绝后，每到比赛时刻，常常是万人空巷，对比赛的痴迷近乎狂热。当比赛结束后，中国女排如愿夺得冠军，庆贺比赛胜利的人群在深更半夜纷纷涌向天安门广场，高呼欢畅，其规模和兴奋程度远足以与北京奥运会申办成功的欢庆盛典盛况。街头巷尾，都在回味着宋世雄余音未了的解说，自此，模仿宋世雄解说成为一种时尚，以至于在一些大型的文艺晚会上曾经出现过著名相声演员学习模仿宋世雄解说女排世界杯这样的节目。

1982 年 6 月，第 12 届世界杯足球赛在西班牙举行，我国采用通过香港集体租用卫星的办法进行实况录像转播。中央电视台派出了 4 人小组赴香港制作节目然后再播放转播了 26 场比赛的实况录像并制作了 19 集专题节目，由宋世雄一个人承担全部解说工作。

1984 年，第 23 届奥运会在美国洛杉矶举行，中国兵团首次组建精兵强将参加了新中国建立以来的第一次奥运会赛事，中央电视台也是首次转播奥运会比赛。为了充实体育解说员队伍，孙正平、韩乔生等年轻的实力派解说员先后加盟中央电视台，壮大了我国体育解说员队伍。在宋世雄等老一辈体育解说员的精心调教下，经过 1986 年的汉城亚运会 120 多个小时、1988 年的汉城奥运会 200 个小时、1990 年直播世界杯足球赛全部比赛以及 1994 年广岛亚运会全部赛事解说的锤炼，加上两位年轻解说员虚心向上潜心钻研，逐渐在各项赛事解说中崭露头角，成为当时引人注目的后起之秀。

洛杉矶奥运会转播结束后，1985 年元旦，中央电视台体育部成立，体育节目的播出数量和质量从此有了突飞猛进的发展，这对中国体育电视传播事业发展，有着重要意义。

在这一阶段，体育节目逐渐成为电视节目的重要力量，中央电视台和一些省市电视台不仅加大了赛事转播力度，还相继创办了各类体育节目栏目，现场直播体育比赛也不再是中央电视台一统天下，而是呈现出以中央电视台为龙头、各省市台紧随其后、群雄并起、诸侯纷争的局面。

值得一提的是，1990 年 9 月 22 日—10 月 7 日，第 11 届亚运会在北京举行，成为我国体育电视展示实力、锻炼队伍的最佳机遇。为了达到最佳赛事解说效果，我国首次选拔组建了一支集中了中央电视台和地方电视台全部精粹的体育解说员队伍，为 2008 年解说北京奥运会中央电视台和地方电视台携手解说打下了良好基础。这是中华人民共和国在自己的土地上举办的第一次综合性的国际体育大赛，也是亚运会诞生以来的 40 年间第一次由中国承办的亚洲运动会，来自亚奥理事会成员的 37 个国家和地区的体育代表团的6578人参加了这届亚运会,代表团数和运动员数都超过了前10届。采访亚运会的中外记者多达5000人,在北京国际会议中心记者大厅的电视墙上,36个屏幕同时转播着主会场的情况。

在这一阶段,体育电视解说占据了体育转播与解说的主导地位,广播式播报慢慢消退甚至受到批评。由于主要的体育解说员队伍如代表人物宋世雄、孙正平和韩乔生等均来自广播电台,地方电视台的体育解说员队伍中来自广播电台的人数也占了很大比例,所以这一段时间的体育解说很带着浓重的广播式播报痕迹。由于专业人才稀缺,一个体育解说员往往承担着多种项目(有时候是整个赛事)的解说任务,充当着“万金油”似的角色,难以保证赛事解说的高度专业性,难免顾此失彼,不堪重负。当老一代球迷对传统的广播式播报津津乐道之时,新一代球迷开始毫不客气的对这种老套的解说方式提出了尖锐批评,认为其已经僵化过时,应该摈弃。

四、体育解说与评论

在这一阶段,我国的体育事业取得了举世瞩目的成就,体育竞赛制度改革如火如荼,推出了中国足球的甲A联赛(现在的中超)、中国篮球联赛(CBA)、足球甲B联赛、中国排球联赛、乒乓球超级联赛以及CCTV杯中国乒乓球擂台赛等赛事相继诞生。我国体育竞赛制度的改革和体育产业的发展,以及商业体育的逐渐渗透,促使了新闻传播业尤其是电视媒介对各类体育比赛的关注,加大了体育电视的传播比重,刺激了体育主持与解说向着更高层次和更适合现代体育传播的实际需求的目标跃进。

这一期间,体育电视传播业的发展,使一批年轻而有才华的体育记者、编辑、体育爱好者、著名运动员、体育名宿及其他人员等适时地加入到体育电视解说员的行列,壮大了我国体育解说队伍的阵营。中央电视台的几次体育解说员选拔活动,不拘一格将全国各地的各路体育解说员新锐招致麾下,成为我国体育解说事业中的又一批新生力量。短短的10多年时间,一张张陌生而充满生气的体育解说新面孔不断涌现,活跃在全国的体育电视荧屏上。有老一代体育解说员的榜样力量,中生代体育解说员的承前启后稳健发挥,新生代体育解说员辛勤努力,茁壮成长,体育解说的整体面貌发生了很大的变化。体育解说不再是一个人或几个人的单兵操作,而是一群人在协同作战。从过去的一个人或几个人大包大揽解说各种比赛项目到逐渐分工专业化,解说的质量也有很大提高,观众的满意度也在逐渐上升。

这一段时间,我国的体育解说有了很多新特点。首先,体育解说正在由广播式解说向电视解说迈进,体育电视评论初现端倪,年轻的新生代体育解说与评论大行其道,个性化主持与解说受到了更多欢迎;其次,传统的大包大揽式无所不能、无所不在的"全能型"体育解说被具有专业知识、专业技能专业技术背景的"专业型"解说所取代。退役的高水平专业运动员陆续走进体育解说舞台;最后,改变了原来一个人主持解说赛事的传统惯例,一场赛事往往会配置一个解说嘉宾(有时候是两个人,如中央电视台的拳击赛),与主持与解说取长补短,互补互衬。体育电视解说嘉宾的出现,增强了体育解说的评论氛围,提高了评论水平。

体育电视的主要目标受众群的特征和共同要求,在很大程度上决定了体育解说与评论员最好是体育运动的内行。因此,近年来在体育界有影响的人士作为体育解说嘉宾,陆续走进演播室,参与解说与评论体育赛事。从意大利足球甲级联赛开始,欧洲五大足球联赛、NBA 与 CBA、斯诺克系列大赛、网球系列赛与大满贯等等,先后聘请了解说嘉宾。在 2004 年的雅典奥运会期间,中央电视台聘请了 6 位前奥运冠军参与到赛况的转播中来,对赛况进行解释和评论。2008 年北京奥运会期间,邀请的解说嘉宾有 14 位之多。从 90 年代开始,张路、张卫平、王国钧、汪嘉伟、庞卫国、李娜、高红、钱红等体育精英,走上体育解说舞台,成为体育电视观众心中的"另类明星"。他们或与媒体专业主持人共同主持评论,或单独主持纵论,尤其是在大型体育赛事(如世界杯足球赛)和综合性体育赛事期间(如奥运会、亚运会、全运会等),更是大显身手。经过多年的锤炼,乒乓球世界冠军杨影和花样游泳名将张萌萌已经从一名运动员、解说嘉宾,分别成功转型为一名出色的乒乓球和水上项目专业解说评论员。

从我国体育解说的发展过程可以看出,经过 50 多年的艰苦历练,以张之、宋世雄为代表的老一代体育解说员创立了解说体育比赛的体育新闻传播形式,并且使这种形式一直延续、演进、升华到今天百花齐放万木争荣的大好局面。宋世雄是我国体育解说事业当之无愧的丰碑级人物,从 20 世纪 60 年代登上转播台声名雀起,到 20 世纪 90 年代末经久不衰,再到北京奥运会"东山再起",他 40 多年的体育解说生涯是我国体育解说历史的重要写照。宋世雄不仅是我国体育解说初创时期的代表人物,也是我国体育解说发展时期的领军人物。1995 年,美国广播电视体育节目主持人协会授予他"1995 年最佳国际广播电视体育主持人奖"。美国奥林匹克运动委员会主席勒罗伊·沃克尔曾这样评价宋世雄:“在中国这个世界上最大的国家,宋世雄先生为把体育节目带给那里的男人、女人和儿童做出了贡献。36 年中,他是中国人民的眼和耳,他是世界上最受人尊敬的体育节目主持人之一。”美国广播电视体育节目主持人协会主席路易斯·施瓦茨先生说,宋世雄口才横溢,对各项体育运动广见博闻,他的体育评论机智过人,充满热情。

有人将宋世雄的解说风格概括成“宋氏解说”,这是对宋世雄解说体育比赛的高度褒扬,也是对以张之、宋世雄为代表的老一代体育解说员解说风格的一种概括。“宋氏解说”的最大特点是口齿伶俐、吐字清楚、反应机敏、富有激情、出口成章、言简意赅。宋世雄在评价张之时说:“张之老师的解说之所以受到人们的喜爱,除了他学问广博、播讲的内容丰富、语言生动活泼、体育专业知识强等诸多因素外,他还有从事这项工作的良好条件,就是他的声音高亢洪亮、口齿清新快捷,在嘈杂的现场,显得明朗悦耳、节奏鲜明、感情色彩浓厚、颇有感染力……张之老师以他语言特有的一种穿透力,把握住了转播的全局。”宋世雄自己的老师的评价,诠释了“宋氏解说”的深刻内涵。

第二节　问题分析

随着信息时代的到来,尤其是互联网的兴起,使得人们对体育信息内容和质量的要求越来越高,体育观众趋于“离散化”“窄众化”,对体育赛事的选择日趋“碎片化”“专精化”。一些球迷对于一项自己喜欢的赛事,在整体发展脉络的理解程度与对规则的熟悉程度上已经达到了一定的水准,很多时候都是“准专业运动员教练员”。观众对比赛的认识程度不断加深,他们观赏体育电视的赛事时,不再满足于以前简单粗犷的视听要求。他们有自己支持的球队与球员,对赛事进程有着自己的观点与认识,他们很专注电视荧屏中一闪而过的每个片段、定格的每一特写以及各种稍纵即逝的精彩瞬间。在这样的新环境中,体育解说与评论如何权衡观众的感情需要与比赛进程的关系,如何把握播报、解说与评注的量与度,如何串接体育主持解说与嘉宾评点的关系,都是新的课题、新的要求与挑战。鉴此,有必要对中国体育主持与解说的演进过程中出现的问题加以梳理,认真总结,以适应“大媒体时代”信息大爆炸的要求。

一、广播式播报

体育解说诞生于广播传播时期，由于覆盖的范围极其有限，通过电视媒介转播体育比赛很长时间都是依附于广播转播进行的，尽管后来广播电视转播体育赛事分道扬镳，但电视解说的"广播化"现象始终存在。

现在的体育电视转播设备非常先进，技术手段十分高超，摄像机安装于比赛场地的各个角落之中，多维地拍摄比赛画面，能够及时捕捉到与赛事相关的每一个人物、每一个细节，观众可通过电视画面对赛事场景一目了然，不需要现场解说像原来的广播解说一样去"播报"。从某种意义上说，体育解说是对电视语言的补充，电视是有画面的，不同于广播，广播听众是啥也看不见，需要你不停地连贯的在那儿进行表述，也就是说我们在做解说的时候，你没有必要从头到尾把每一个细节都给大家描述出来。试想，一场篮球比赛播报数十次比分，播报数十次时间进程，从第一节比赛就开始说"这是关键球""这是关键比分""比赛已经打了3分钟25秒"等等，一场网球比赛说上几十遍"love game""顺势往前一顶""身高1.93米，加上臂长，发球就有很大的入射角"等等，足球比赛老在重复说球员号码、球员名字，观众当然觉得多此一举，不仅一般观众觉得多余，水平高一些的观众和"专业观众"更是"难以忍受"，恨不得"静音"观看比赛。

相反，电视观众通过镜头时常会看到观众席上的一些特写画面，出现某些的特定人物或特定场景，往往与比赛本身构成了特定的联系，却常常被解说视而不见。有些属于现场解说缺失这方面的背景资料，有些则是缺少为观众"释疑解惑"的意识，需要下足局外功夫，尽快补上这一课。这些看似"赛场外"的镜头，恰恰可能是观众很想知晓的内容。这中间可能是某位影视明星或其他项目的明星，可能是球员亲眷密友，可能是主办方官员，也可能是政治要员等等，如果多次闪过的画面没有被体育评论员说明，观众的好奇心肯定得不到满足。如果你一眼就认出了这位场外明星，发掘出他与正在进行的比赛或者比赛球队的背景关系，信"口"拈来，娓娓道来，观众的兴趣将在瞬间被提升到一个很高的位置，评论员也将会得到大家的认同与赞赏，因为你带给观众的信息是一份意料之外的惊喜。

球星与球队甚至他们脚下的球场对于体育迷们来说都是神圣而不可侵犯的，百年的积淀使得越来越多的俱乐部本身成为一种传奇。了解传奇，了解属于他们的命运兴衰对于当代的体育节目主持人来说是一门必修的课程,隔着厚实的电视机屏幕若想与观众达成一种共鸣,那么首先你就应该让大家有热血沸腾的冲动,当体育节目主持人以一种诉说传奇的方式讲述一支球队,一位球星,一座体育场的时候观众的情绪也就会随之高涨起来,而这一切也都源自于对这些知识的了解与热爱。积累相关知识对于当代的电视体育节目评论员来说是一种生存的基本需要而不再是锦上添花的手段了。在激烈的竞争中如果不想被淘汰就必须得到观众的首肯,上帝是不好满足的,所以必须全力以赴。

二、自恋式表现

在 2007 年第 3 届全国体育电视播音主持人大会上,中国播音主持人元老、曾参与 1961 年世乒赛现场解说的赵忠祥直言不讳地指出,"不要有自恋情节,就是说我多精彩,你看我这一嘴,你看他那一脚,不能这样,我们一定要忘我的、天人合一的、全身心地投入到现场解当中去。"宋世雄说,"我们要做一个小卒,尽到责任,做一个尽责的小卒。体育评论员是记者,不是作秀。话筒前不是自我吹嘘、哗众取宠的地方,不可有半点私心杂念。应该好自为之,善自珍重。"

但个别解说员似乎把三尺的解说台看成是自我表现的舞台,看成是可以为所欲为的自家一亩三分地,"张冠李戴""口若悬河""喋喋不休"甚至"居高临下""盛气凌人",严重影响了我国体育解说员的自身形象,败坏了体育解说之风。

"自恋式表现"只要有两个方面,一是单独一个人解说时,不顾观众的喜好需求,将三尺解说台当作作秀自我表现的地方,以自我意识为中心,"絮絮叨叨"表现自我,另一种则是与解说嘉宾联手主持时,"自以为是",时刻以"主持""主角"自居,忽略了嘉宾在体育解说与评论中的特定位置与作用。

为了满足"自恋式情结",有的解说员"纵横全场",一直不断在"讲"、在"说"、在"评"、在"论",将几个专业术语不断"炒卖",由于使用频率过高,这些原本可以为赛事"锦上添花"的专业术语变成了枯燥无味的陈词滥调。个别体育解说员则似乎无所不通,"熟谙"各种球类技战术,"精通"田径、体操、拳击、水上项目等人和事,可以毫不客气评点科比、韦德等的技巧战术发挥,指点菲尔·杰克逊的指挥才能,可以对高尔夫巨星老虎伍兹在高球赛场上的表现评头论脚,可以对网球顶尖高手纳达尔、费德勒、德约科维奇等的动作分解剖析,指出其"没有打准""站位不好""判断错误"等等,俨然至高无上的评判大师“指点江山”，让观众大倒胃口。另外，为了表现自己，无话找话，生搬硬套，以至于造就了很多盛行的“体育解说语录”。

在当下盛行的“媒体主持解说＋嘉宾（顾问）”的评论主持模式中，主持人还“想当然”处在主导地位，邀请来的嘉宾则自然处于从属位置，这既有体育主持与解说管理上的误区，更是“自恋式”的另类体现。有些主持人在邀请嘉宾时，首先考虑自己合拍的“哥们”，不然就随时换人，无形中滋长了“自我自恋”“霸权霸道”之风。解说嘉宾是该领域的行家里中的职业精英，有着“意见领袖”的作用。既然有解说顾问，体育解说就要尽可能地发挥顾问的作用，要让他们当“主角”多说、多评、多议、多论。由于有些主持人的“自恋”，体育解说嘉宾的作用远远没有发挥到最佳境界。体育主持解说员与嘉宾的配合问题，妨碍了解说嘉宾（顾问）全力发挥，他们“满腹经纶”，本可以“指点江山”，客观的、在行的多说一些观众感兴趣的话题，多谈一些球场上技巧战术等的发挥状态，却因为主持人的“自恋”以致“媒体主持解说＋嘉宾（顾问）”模式的不协调、不默契从而使得解说效果大打折扣。

三、个性化缺失

随着体育赛事的增多，观众对体育节目主持解说的个性化要求日渐提高。要想吸引住观众的眼球，过去那种单纯依靠比赛本身带来的刺激，已经满足不了体育电视观众的要求。在众多体育频道转播同一场赛事时，个性化主持与解说，往往直接决定了收视率的坐标。作为一名体育解说评论员，如果只是一味模仿老一代解说员的主持风格，很难在新时期找到自我位置，很快就会失去观众的肯定和认可。我国体育电视主持与解说评论的风格多种多样，有理性平和的，有清新自然的，有激情四溢的，也有沉稳老辣的等等。形成自身解说风格和个性，是一位体育主持解说员走向成熟的最好体现。在这方面，我国体育电视主持解说仍然缺乏。

体育电视解说个性化追求有很多问题，其中最为明显的就是在解说评论过程中表现出来的浓重的个人意气成分。有些人为了追求独特的风格，或降格成了一名“体育迷”，或为了迎合某些利益，充当“代言人”，在解说评论中显示出过多的个人好恶情绪、任性浮躁，在评论中往往褒贬失度，或者干脆偏袒一方，失之公允。2006 年世界杯，某位解说员过于追求“个性”，情绪失控，高声呐喊“万岁”，完全把自己当成了一位狂热的意大利球迷，而不是一位职业体育节目评论员，被业界认为“失位”“失声”“失态”。这一非常业余行为，让观众们大跌眼镜，在业界内外引起很大争议。虽然“解说门”事件使其知名度飙升，但是因为“个性化越位”，他已经逐渐淡出球迷视野，有时候被当作了一位娱乐名人。当初充满语言禀赋、饱蘸激情、知识渊博的解说名嘴，远离主流媒体的体育解说舞台，远离了更多体育迷的视线，甚是可惜。

四、公正性失衡

电视体育解说与评论的内容，是围绕竞技体育、群众体育和商业体育赛事综合展开的。体育比赛的魅力，在于它变幻莫测、胜负难料、跌宕起伏，有节节胜利，有绝处逢生，有一帆风顺，有峰回路转，有中国队对国外球队的对阵，有海外球员与国内球员“同室操戈”，有国内赛场主场和客场的区分，有“万人迷”般的大众明星，有另类个性的小众明星，稍微不加注意，有所倾斜尤其是明显的偏袒，往往就会失去公允，失去公正，进而失去观众。在电视媒介介入体育竞技比赛的转播后，视听同构的优势令观众真切地感受到了竞技运动带来的快乐与韵律，而一些体育解说评论员无视竞技比赛的特性，一味热衷于吹捧自己钟爱的运动队，在胜利后大肆渲染，在失败时找出一大堆主客观缘由，既伤害了体育迷的感情，也偏离了现代传播的公正性原则。

有的体育解说员只要是中国球队中国球员出现，就会抑制不住声情并茂，解说中不乏溢美之词。当裁判的哨音响起，解说员首先会想到是否对中国有利，否则就立即展开声讨。当中国球员姚明、易建联和孙悦等登陆美利坚 NBA 赛场，我国的体育解说员不仅将大量的“语词与篇幅”高调给了这些中国球员，而且还会不失时机贬谪教练员“不合时宜的调遣”“裁判员不合时宜的吹罚”以及“对手不合时宜的侵犯”等等，明显割裂了体育赛事的整体性，破坏了大众传播的公正公平精神。体育解说与评论对比赛胜负结果和比赛过程的不公正不平衡的渲染，直接影响到人们对体育运动真谛和体育事业的长远发展，导致处于这一氛围中的运动员势必只顾眼前，不计长远，只顾自我，不顾他人，只顾个体，忽略集体智慧和力量，甚至会用不正当的手段去谋取利益。

第三节　基本要求

体育电视评论是现代新闻事业的重要组成部分，是现代体育发展的重要特征和基本组成部分。随着社会的发展,大众媒体竞争格局的形成,信息化时代的到来,人们对体育新闻尤其是体育赛事转播的理解和需求,已经由过去需要体育主持、体育解说与评论员字字句句、无一疏漏的描述传送,转变为需要体育解说与评论员针对赛场情势的变换,提出个性化的论点和精辟独到的分析。因此,新时期中国体育解说员与评论员需要更高标准的敬业精神、更加规范严格的职业素养以及更加丰富多彩的解说风格。

在2007年的第3届全国体育电视播音员主持人大会上,中央电视台体育频道播音组组长孙正平提议,应该力邀前辈宋世雄参与北京奥运转播,带领大家一起工作。他的这一提议,得到了中央电视台副台长孙玉胜和体育频道总监江和平的赞同。当孙玉胜副台长在这届大会做总结发言、确认邀请宋世雄参加北京奥运会转播工作时,全场100多位代表起立热烈鼓掌,掌声持续了近两分钟。万众的期盼,隆重的掌声,反映出大家对这位中国体育解说"标杆人物"的高度认同。

与会代表认为,2005年世界乒乓球锦标赛上,宋世雄曾参与了部分比赛的现场评论。他的精力、反应、语速和即兴发挥都得到同行的认可。在退休后的几年中,宋世雄有了冷静思考和重新审视自己的时间,因此,他的解说评论更具深度和广度。据他们了解,在今天宋世雄依然受到中年、青年观众听众的欢迎,这是许多年轻的主持人难以超越的。

在宋世雄50多年的体育解说与评论生涯中,他信奉的是爱因斯坦的名言——"热爱就是最好的老师"。"要热爱我们神圣的工作,热爱奥林匹克事业。转播北京奥运会,就是弘扬奥林匹克精神。"他说,"体育评论员功夫要过硬,要知识专业化、信息多样化、语言科学化、风格多样化,在评论中要有采访到的独家东西。"宋世雄言简意赅的话语,道出了老一辈体育解说员的追求与崇高境界,也浓缩了体育主持与解说的基本要求。

中央电视台体育频道总监江和平在2007年第3届全国电视体育播音员主持人大会上指出,"当电视进入了一个新世纪,在受到新媒体挑战越来越大的情况下,我们的体育解说必须适应新的受众群的需要,绝不能让观众觉得关掉电视机反倒更好。"他在会上提出的中国体育解说"六要原则",从专业技能角度指明了体育电视解说评论的基本要求与发展方向。综合江和平的"六要原则",我们认为,体育电视解说评论的基本要求包括如下方面:

一、树立敬业精神

敬业精神是体育解说与评论的首要要求，体育解说与评论的敬业精神表现在政治意识、大局意识和责任意识。在这方面，宋世雄是当之无愧的一个标杆，是公认的楷模。要向这个标杆看齐，需要有大量的工作要做，不仅仅学他的语言风格语言魅力，更要学习他的内涵，要学习他认真对待每一场比赛那种精气神。宋世雄认为，要做好体育解说与评论工作，首先要热爱这个事业，即热爱广播电视事业和奥林匹克事业；其次时刻认识到自己的责任，这个责任体现在哪里？体育解说员要发出国家的声音，人民的声音，代表着电视台的声音，一时一刻也不能丢掉责任和使命。从新中国开始，党和国家领导人毛泽东、周恩来等都在密切关注体育解说与评论工作，周总理当时说"不切实际的吹嘘会把观众引入了迷魂阵，务必要实事求是，怎么打就怎么说。"这份责任包括要尽到社会的责任，要尽到职业的责任，要尽到道德的责任。

2006 年世界杯解说风波以后，中央电视台展开了各种形式的座谈会，大家意识到向宋世雄学习的重要性与必要性。在解说每一场比赛前，宋世雄都要做认真的准备，要查阅大量的资料，走访相关的人物（北京奥运会前，宋世雄不顾年近七旬的高龄，礼贤下士，多次与郎平、陈忠和交流，并随队参加了北京奥运会前多站赛事的解说工作）。宋世雄的成功在于他平时的积累，为了查阅和现场使用便利，他所有的资料都分门别类的归到一个地方。如果没有积累，两眼一抹黑，脑子空空无所准备就上去解说，不可能出彩，不可能受到观众欢迎。有的解说评论员因为准备不够，常常在解说中顾此失彼，漏洞百出。在 2006 ~ 2007 赛季意大利足球甲级联赛第 27 轮利沃诺对阵国际米兰比赛开始前，球员举行了默哀仪式，当场解说由于没有精心准备，茫然失措，信口"不知道这又是给谁默哀"，不仅伤害了球迷的感情，也是不大不小的"失职"。事实上，当天国内的专业报纸和各大网站都已经报道了意大利著名体育记者托萨蒂逝世的消息，解说员只要在解说前浏览有关的报道，断可不会出现这种纰漏。要知道，在比赛前，运动员给当地的死难者默哀致礼，是一种伟大的体育人文精神。但这伟大的感情表达，却因为解说员的准备不足而淡化并且彻底变味了。

宋世雄无论在哪儿解说，他都会自带一块抹布，把解说台子（就是巴掌大的那么一个地方）擦拭干净。这个看似平凡的细节，足以说明他爱岗敬业的精神。在他眼里，三尺解说台，就是他热爱的岗位，这个岗位所肩负的责任是面向广大的受众的，不是自我展示的舞台。

体育解说与评论应当强化受众意识，自觉地把自己的行动和思想融入受众中去。宋世雄的解说之所以为人们所称道，就是他的心中有观众，他有很强的观众意识，他知道他的受众是谁，是抱着对观众负责任的态度来做播音解说的。要把握体育新闻事件跳动的脉搏，善于创新和发扬个性，能够协调好理性诉求与情感的诉求，在有限的时间里观察分析，理智、清晰地把深刻的思想传达给受众，增强评论的含金量。

二、掌握体育发展大势

当下，体育发展日新月异，各项赛事的技巧战术演变、打法特点、规则、场地、器具、服装等等经常在发生变化，唯有不断研究世界体育的发展大势，掌握其基本规律与趋势，才能够在解说中驾轻就熟，游刃有余。因此，从转播项目的规则、战术、技术、成绩和演变历史，到教练员、运动员、裁判员、组织方及相关管理部门的负责人的背景资料，都属于研究范畴。要通过与方方面面建立良好的关系，利用各种采访机会获取信息，使得自己能够更全面的掌握各项运动的变化。另外，对于一些专项运动还应该利用业余时间收集整理个人背景资料、比赛信息、技术统计等内容，从而可以更为透彻地分析出该运动项目或运动员在比赛中表现的水平发挥能力。

宋世雄认为，现在的体育评论解说已经进入到一个新的时代，体育转播有了新的特点，对知识专业化有了更高的要求，对体育赛事的分析不再是过去传统的表述方式了，而是更多的体育评论前瞻的思维能力。因此，需要体育解说与评论知识专业化，信息现代化。过去，信息渠道单一，一个记者采访一个教练员、运动员，获得第一手材料，大家对采访内容就很新鲜。现在“信息爆炸”，广播电视、报纸杂志、互联网络以及多种新闻媒体，都会向受众提供各种各样的素材，如果在现场解说中没有独特性，没有第一手资料，往往很难吸引人。宋世雄深有体会地说，我在后来一段时间里面就坚持一条，必须要采访到我自己独家的东西，别人的东西我要用，但是更多是独家的东西，所以每次我总是要找一些专家，比如郎平，别人都没有得到，而是郎平单独跟我说的东西我会把它播出去。

外围背景的搜集掌握是最能体现解说评论员平时下了多少工夫的，我们如果善于材料信息的收集整理，善于在转播中运用，往往就能收到好的效果。在现场解说中，经常能够听到篮球比赛中“得分大概 20 分”“可能有 4 次犯规了”等语言，屡屡受到球迷抱怨。为什么不能是准确的分数、准确的犯规次数呢？网球比赛中，经常出现“发球时速达到 132 英里”等数据，为什么不即时给出一个大家熟悉的、以公里为度量衡的发球时速呢？

有专家指出，电视体育解说员在赛前要做好 5 项准备，即大环境的准备、体育活动现场的准备、体育活动参与者情况的准备、整合资料抓住看点、受众与自我定位。

掌握体育发展大势，洞察赛场风云变幻，可以在现场解说中避免轻易随口下结论，给自己带来难堪。《华盛顿邮报》著名体育记者托马斯·包斯维尔提出“看比赛的正确方法之一是以运动员的视角”，同样适用于电视解说。一是判断要慢，不要在少于一个月的时间内对一位运动员做出判断，你必须看到一位运动员竞技状态极好、低落和平庸的时候。二是严格判断精神错误，区别一个错误是有意造成的还是无意造成的。三是更多地关注平凡之事，而不是非凡之举。四是更多地关注博弈理论而不是比赛结果。五是记住，运动员总是最清楚他们如何进行比赛，切忌以“裁判监督”“著名教练”似的口吻指手画脚、口若悬河。

三、善用运用电视语言

运用电视语言，形象评说体育运动，可以使体育解说与评论具有立体感。宋世雄是中国体育电视解说的语言大师，是一个时代风格的代表，他把广播解说和电视解说有机的糅和了起来，加上其特有的人格魅力，获得了观众的认可。

运用电视语言，需要解说适度。这种适度，有两层含义，一是话语的多寡要适度，二是说话语气的轻重缓急要适度。体育解说是对电视语言的补充，电视传播声像画面饱满完整，现场效果清晰逼真冲击力强，在现场解说时，尽可能让“镜头语言”传递给观众更多的信息更多的赛场元素，没有必要从头到尾把每一个细节都给大家描述出来。电视镜头语言会说话，电视解说中要注意留白，有时需要解说员同观众一起去静静地体味。在射击比赛中，在运动员走上射击靶台的一刹那，无论是运动员、教练员、裁判员，还是现场观众和电视观众都屏住呼吸，期待结果，此时一切语言都是多余的。解说跳水比赛，防水的垂直跟踪摄像机从运动员跳下的瞬间就会以自由落体的方式跟随拍摄空中所有的动作，跟着运动员入水之后再出水，镜头运动速度极快，动作解析清楚，是一种特殊的视角，这时候解说员就不要说了。

运用电视语言，关键对规则的解释要到位。我们现在大众的项目，比如说篮球、乒乓球和羽毛球，一眼就能看得明白。篮球投进去就知道是两分还是三分，不需要做太多的解释，不需要对这些规则做过分的描述和补充。但是对大量的不为观众所熟知的项目（比如说棒垒球），就必须要进行解释。北京奥运会28个大项、302个小项中，有不少的冷门、偏门项目，为了让这些不为观众所熟知的项目要看得懂听得明白，毫无疑问需要现场解说去“解疑释惑”。金宝成在解说体操赛事中做得非常好。为了深入了解体操运动，金宝诚经过多年的苦心钻研“高龄”考下了体操国际裁判。在这个专业领域，他掌握了很多常识、很多幕后故事。对于体操规则以及规则的变化，他懂的比有些教练员运动员还多。他了解观众到底想看什么想听什么，在什么时候对它进行解释，怎么去解释。在这方面，金宝成值得我们去认真学习。有些球迷不懂什么叫“帽子戏法”，不懂网球中“Ace 球”与“发球直接得分”的区别，不懂排球中“红黄牌”与足球的不同，不少体育迷不懂射箭射击中“10.8 环”，不懂体操中的“托马斯全旋”“程菲跳”等来历，就需要用观众听得懂的语言来进行解说评论，不能只想着少数几个球迷，而要为大量的那些可能不太了解这些游戏规则的人着想。

运用电视语言，需要做到根据电视画面和同期声，对正在进行中的赛事赛程进行解释说明，帮助电视观众更好地去深入的理解。这就要求解说员必须详细清楚的解说有信息指向性的画面，比如足球射门、篮球扣篮、网球Ace 球、排球鱼跃救球、羽毛球重扣等精彩慢动作回放，裁判员与球员教练员的争执冲突，队员相撞受伤或自己动作失误受伤，以及换人、观众反应等等，都要求解说评论员精解每一个关键镜头，恰如其分地补充电视画面之外的资料。对看台上的政客、名流、明星太太团等“局外人士”的及时补白，也是对体育解说评论日积月累的经验。

四、适时适况激情投入

激情是一种个性，是一种工作状态，是一种非常饱满的工作热情，是投入到比赛的解说当中去的表现。激情有各种各样的表现方式，不等于高喊万岁，不等于振臂高呼，不应该歇斯底里。长期“串场”担任体育主持的白岩松认为，体育解说是记者，是新闻人的一部分，只有成为记者的时候才能把业务做得更好，才能够在客观中追求个性。在未来体育赛事转播的过程中，首先要考虑的是客观感，接下来强调个性。对于个性的追求，应该更加专业化和一个群体化，体育频道应该有意识打造不同类型不同风格的主持人、播音员、解说员。有时候，体育赛事转播的解说给观众感觉非常沉闷，没有情绪，更谈不上激情。但是有的项目就需要你使用"宁静"的解说方式，比如说斯诺克比赛。自从丁俊晖获得世界锦标赛冠军以来，我国的斯诺克赛事转播力度明显增大，收到了很好的收视效果，其中现场解说功不可没。斯诺克是一项比较安静祥宁的项目，特别适合晚上 10 点以后收看，在赛事主持与嘉宾珠联璧合的解说与评论下，深夜与凌晨的收视率比在它前面播出的《天下足球》收视率还要高。同样的道理，在解说花样滑冰比赛时，运动员伴随着音乐翩翩起舞，声画合一，情景交融，此情此景足以令观众陶醉，在这种境况下，尽可能少的话语，轻缓清新的语调语态，最合时宜。

那么，在哪些项目上要投入我们更多的热情，把激情展现出来，值得探讨可以研究。足球是需要激情的，同样是足球解说，在世界各地有着迥然不同的激情释放方式。例如，南美的解说风格跟欧洲的解说风格是不一样的，亚洲与南美、欧洲又不尽相同。南美的那些解说员恨不得每一分钟都在那儿喊，那是一种解说的方式，欧洲又是另外一种。以解说隔网对抗项目（羽毛球、排球、网球等）一举成名的年轻解说与评论员洪钢，对工作兢兢业业，无时无刻充满激情，而在现场点评时，展示给观众则是一种清新儒雅、专业精道与观众融为一体的风格。他通过在赛前、在日常生活的每时每刻投入更多的对事业追求的热情，尽情展现在现场介绍评论里，融入观众喜闻乐见的态度中。江和平认为，体育解说的激情，就是在客观的基础上融入个人的见解，用观众可以接受的表达方式加入个人的感情色彩。张斌对主持与解说的激情，有着别样体会。他表示，体育主持与解说，首先要有做记者的敏锐敬业，将激情用在细心观察各种与赛事相关的人与事物上，详细记载与积淀有用的材料。其二是要有平常的心态，用饱含深情的平视角与现场观众和电视观众交流。赵忠祥忠告说，语言是体育解说与评论的看家本领，唯有语言的正确、发音要领的得当、不念错别字，才能够表现激情。他建议体育解说与评论练好基本功，每天从《人民日报》第一版的第一个字开始朗读到最后一个字。

表现激情往往与倾向性有关，电视体育解说员真情流露取悦大众时，一定注意不要带着浓郁的本土意识和狭隘的地域观念。长期从事某项运动解说的资深解说评论员与所报道的运动队、运动员关系密切，在解说中会不由自主为“主队”倾注更多激情。这种激情有积极的一面，也有消极的一面。如果说激情运用合时，倾向性把握得度，自然会受到欢迎。比如中央电视台在为“中国主队”更多“摇旗呐喊”，地方电视台为当地队员队伍给予更多热情，都在情理之中。而地方电视台的解说在同时承担有中央电视台和地方电视台的双重解说任务时，就不可以带有典型的本土化和倾向性。

五、妥善处理主宾关系

现在，中央电视台和地方电视台的体育频道在体育赛事解说时，一般都会邀请一个解说嘉宾（顾问），有时候甚至会更多（像中央电视台体育频道每周日的拳击赛，就有王国钧和杜文杰两位嘉宾，和韩乔生一起解说）。这些嘉宾（顾问），要么是退役的国内顶级运动员或教练员（有些是世界冠军或世界冠军教练），要么是从事多年职业体育运动报道的资深记者或资深体育人士。他们丰富的经历和老道的经验，对项目发展走向的谙熟，对赛事进程中出现的各种人与事轻车熟路，对各种专业术语“手到擒来”，正好弥补了当下我国体育解说与评论在很多运动赛事项目中的不足，为观众了解更多的体育专业知识、更多的赛事背景内幕提供了良好条件。

既然有解说嘉宾（顾问），我们要尽可能地发挥解说顾问的作用，要让他们多说话。前面所说的斯诺克转播很成功，解说嘉宾庞卫国等就发挥了很好的作用，赛事节目主持人姜毅实时转换角色，较好的“主客反串”，让嘉宾畅所欲言，真正起到了主持人的作用。庞卫国自己是全国冠军，非常懂行，比解说员要懂得多的多。对于每位体育解说与评论员来说，对于体育电视观众而言，这些被邀请到演播室的嘉宾（顾问）才是真正的专家，是解说评论的主角。中央电视台造就了很多明星嘉宾，比如说篮球解说评论的张卫平和徐继成，足球赛事解说的张路和张慧德，田径赛场的冯树勇和邹振先，斯诺克的庞卫国，跳水的李娜，男排的汪嘉伟，乒乓球的王涛，女足的高红等等，都是我们请来的嘉宾，即使我们的解说员觉得在某些方面比这些解说顾问懂得多，也要让他们多说话。同样的语言，经过这些名家专家的传播，传播效果截然不同。因为，他们说的是客观的，他们的描述是在行的、是专业的。

善于使用嘉宾，还要注意对各种项目嘉宾的筛选，要充分考察和审核嘉宾的公众形象、资历阅历、权威性和影响力等多方面条件，对同一赛事的嘉宾，要考虑到不同嘉宾的“权重”是否基本相同，避免落差过高、反差太大，让高层次嘉宾心里不悦，让球迷觉得不快。当主持人本人就是高水平运动员出身（如杨影、张萌萌等）解说该比赛项目时，一般不再硬性需要配置嘉宾（顾问）。不仅浪费资源，还会让主持人放不开手脚。

六、潜心增加知识容量

宋世雄深有感触地说，体育解说是一门相当高级的艺术，是一个体育评论员思想状况、文化修养和专业知识的综合反映。思想状况就是政策水平，文化修养指的我们的文化素质，专业精神就指我们报道的各个体育项目。他认为，解说一次等于是一次考试，只有经过几十年考试，日积月累，才能够达到一个应有的高度。

我们的体育主持解说员不能仅仅局限于自己所熟知的一亩三分地，不能仅仅就知道足球、排球、篮球等体育赛事，还要关心国家大事，还要了解国家的政治方针和基本国策，因为我们体育记者、主持人、解说员，国际交往的机会非常多，每一场比赛，特别是重大比赛都是和国际记者在一起打交道的，在跟国际体育记者打交道的时候就一定要明白，我们所代表的单位，我们所代表的国家。如果仅仅就是说这样那样体育方面的那点小事，在国际交往当中会被人看不起，我们毕竟是中国记者，代表的是中华人民共和国，要了解国家大事。

体育不仅仅可以强身健体，益寿延年，它还具有它的社会功能，是实现和谐社会的重要途径。回想一下世界杯期间，我相信它对社会和谐度是非常高的，不管你走在哪儿，大家都在看 CCTV5。体育它给人们提供了一个共享的舞台，大家都把心思放在我要去收看某某重要的赛事之中，这个社会能不和谐吗?

外语是当今体育解说评论的基本功之一，熟练掌握与运用外语，可以查阅全球体育动态，即时即刻传透现场同期声中的各种语境，给体育解说“如虎添翼”。ESPN 的体育解说评论在国内有着不少拥趸，其中扎实的外语功力无疑助了一臂之力。金宝成之所以在体育解说评论中得心应手，受到广泛好评，与他的语言禀赋运用得当有着很深的渊源。金宝成通晓英语、俄语，对日语、法语也有一定程度的了解。每逢日本解说或解说有日本选手参赛的赛事时，金宝成的日语就大派用场，在第一时间核对好日本运动员的中文名字，不仅在解说中驾驭自如，而且给电视转播伙伴以及给国内的其它新闻媒体提供了极大便利。在一次俄罗斯主办的世界女篮锦标赛上，金宝成以流利的俄语征服了最难接近的俄罗斯队主教练，并且和他交上了朋友，获得了第一手鲜活的素材，还纠正了当时国内所有媒体众口一词所说的“俄罗斯有两名球员征战美国 WNBA”，在解说中恰如其时的明确告诉球迷，“俄罗斯的女子篮球水平很高，有一名叫卡恰诺娃的球员在美国 WNBA 打球”。反之，会在解说中闹出不应有的笑话。在一次网球超九赛事中，某著名选手因为滑倒受伤，半天没有爬起来，赛场同期声清晰传出“某某 injured”，现场解说“充耳不闻”说道“看样子这位选手真是太累了，半天也不起来”，如此“范例”，常可听闻。

七、加强人才的培养与使用，特别是要加强青年播音员主持人的培养与使用

中国体育主持与解说评论人才的短缺，尤其是优秀人才短缺，是一个不争的事实。当下，我国的体育主持与解说培养渠道单一，要么是中国传媒大学等艺术院校的播音主持学院（系）的以音质音准塑造和外形外貌雕琢为方向的培养模式，要么是体育院系从各种体育项目着手的技术型培养范式，两者没有很好的融合接轨，培养手段缺少科学性与实战性，因而在实际使用过程中屡屡顾此失彼。因此，在培养中国特色的体育主持与解说的征途中，有必要改变传统的培养选拔模式。如何将播音主持特色与体育专业技术特色有机结合，任重道远。而面向网络媒体、手机媒体、车载媒体等电视新媒体的体育主持与解说的选拔与培训，更是一门崭新的课题。

中央电视台体育频道在实行频道制改革以后成立了播音组，加强了对播音员、主持人和解说员的管理，而且设立了禁区，明确哪些事能做，哪些事不能做。为了培养年轻主持与解说员，在明确了主攻方向的前提下，强调一专多能。在 2006 年多哈亚运会期间，江和平就跟杨颖说，你不能只说乒乓球，如果你只说乒乓球，你将来很可能就被淘汰了，你应该说说别的，至少跟乒乓球靠近的这些项目，你都应该要会说。后来她就去试说了网球，慢慢有了起色。在诸如 2008 年北京奥运会、2009 年山东全运会等大型综合性赛事时，一个体育解说评论员不可能只解说一个项目，有时候需要“客串”，需要充当“万金油”。

为了最大程度、最高效率培养与使用体育主持与解说，中央电视台与地方电视台做出了很多卓有成效的尝试与探索。1990 年第 11 届亚运会时，就开始集萃全国各地的最优秀的体育播音主持与解说力量。为了培养年轻的

播音员、主持人与解说,中央电视台破格派出了 18 位新人出征 2005 年第 10 届全运会(按照正常安排,可能有 7、8 个人就完全可以完全胜任了),到南京参加了全运会的转播,对他们进行了一个全面的检阅与考察。在 2006 年多哈亚运会时,中央电视台第一次邀请了三位地方台同仁一起转播多哈亚运会,效果也得到了认可。

在培养与使用体育播音主持与解说员时,不要怕承担责任,要敢于使用新人,年轻人犯错误在所难免,出一点这样那样的问题并不可怕,可怕的是没有自己的舞台,可怕的是没有进取的心态。老一代的体育解说员要有意识地为新生一代提供更多的机会,让他们在更大规模、更高层次的赛事中经受考验,让他们解说评论关键赛事,评点敏感人物。2008 年北京奥运会,就给我国播音员、主持人、解说员提供了这样一个广阔的舞台。

第四节　奥运解说评论

北京奥运会给中国人民和全世界人民留下了“无与伦比”的印象和宝贵财富,而为观众奉献视觉大餐的中央电视台奥运解说得到了广泛赞誉。这支老中青搭配得当、各类专业项目配置整齐的“奥运解说国家队”,在奥运会期间为观众奉献的体育赛事解说专业性强,实时准确把握住赛场情势发展与个人激情释放的关系,注重与观众的联系互动。同时,尽量发挥了解说嘉宾的专业优势,满足了各个层次电视观众的需要。无疑,“奥运解说国家队”能够做到让“众口难调”的亿万观众“众口铄金”,皆大欢喜,实属难能可贵。

2008 年北京奥运会比赛,设 28 个大项、302 个小项,中央电视台投入了新闻频道、一套、二套、三套、五套、七套、十二套以及一个数字高清频道,全程转播各项奥运赛事,直击赛场内外台前幕后,节目形式以赛事直播和比赛录像为主,节目的吞吐量之大、节目面之广都超过了以往历届奥运会的工作。而且,各个参与转播的电视频道各有明确分工,例如央视一套,是全面又大众化的转播,五套是全方位又专业化的转播,高频高清数字频道则完全面向高端专业人士等等。每个频道对主持人、解说评论员的要求不尽相同,电视观众对现场解说评论的期望值无疑超过了以往任何一届奥运会。因此,看似可以不受名额限制,尽遣举国上下的解说评论精英,但与过去奥运会报道一般只投入一个体育频道相比,北京奥运会的解说量之大、涉及项目之多、任务和使命的艰巨,史无前例。在过去所报道的历届奥运会当中,解说员、主持人因为受到出国人员的限制，名额较少，因此几乎每个人都要承担7、8个项目，甚至是十几个项目的解说工作，个人精力和节目解说质量都无法得到保证，致使观众产生了一流的传输信号、二流的解说评论的印象，也给观众造成了奥运会解说不如世界杯、世界锦标赛等单项大赛解说的印象。2008年北京奥运会就在我们家门口举行，不会受到出国名额和经费的更多的限制，可以充分利用东道主的优势。由中央电视台牵头组建的一支最优秀的主持与解说评论员队伍，用全国亿万观众最满意的解说评论，完成这一光荣的历史使命，责无旁贷。

北京奥运会的主持解说评论工作任务繁重，28个大项、302个小项都需要兼顾，这中间还包括一些广大观众与体育解说评论员都很陌生的项目。按照当时的设想，每一个大项配备专业的解说员，在一些分项多，比赛周期长，转播量大，或者中国代表团有可能取得优异成绩、产生金牌数量多的项目上则配备两到三名解说员。这样，无论是解说员、主持人的精力还是对项目的熟悉与经验，都将得到最大的保障。估算下来，大体需要四五十位评论员。根据奥运会解说要求，中央电视台体育频道的大部分解说员、主持人在许多体育项目上的解说、主持工作在全国范围内得到了观众的广泛认可，是称职的，还需要从地方电视台选拔一批优秀主持人、解说评论员。

关于主持人的选拔办法，参加央视体育频道举办的“谁将主持2008北京奥运会”的节目，按照这个节目的流程和竞赛的办法，在节目当中获得优胜，并且获得中央电视台审核批准过的主持人可以参加2008奥运会的主持人队伍。评审团将本着“公开、公平、公正”的原则，选拔出能够真正代表国内该项目最高水平的解说员参加北京2008奥运会的解说工作。解说的选拔工作在2007年8月8日之前完成，8月9号开始进行更为具体的定稿、定编和定员工作。此前，中央电视台体育频道已经在1990年北京亚运会、1996年多哈亚运会等与地方台同仁们进行过广泛友好的合作，为2008年北京奥运会评论员、主持人的合作打下了坚实的基础。大家都希望在2008年北京奥运会期间再次进行紧密合作，举全国之力，高水平、高质量地完成北京奥运会的解说主持工作。

在2005年江苏南京全运会的时候，受全运会组委会和江苏电视台的委托，以中国体育电视播音主持研究会的名义组织了一支来自全国20多个省市的播音员主持解说评论员，为全运会的共用信号做解说和主持的队伍。在闭幕式聚餐时，很多同仁表示要为2008年奥运会做一点贡献。中央电视台体育频道根据地方电视台主持人解说评论员的愿望，以多年的工作实践和了解，有一个初步的设想。一个是拿出影像作品，通过专家评审团进行严格审议，如果确实具备了相当高水平的解说的能力，比如在足球场合当中，与刘建宏、段宣的能力不相上下，在乒乓球方面，主持解说水平不能够低于蔡猛、杨颖的水平，在大场面大场景主持上，可以与在新闻主持与新闻播报中都有了一定的影响力的沙桐媲美，那么将极有可能入围 2008 年北京奥运会的解说和主持阵营。

为了正确树立体育解说评论人员的大局意识与全局观念，中央电视台体育频道特别制定了体育频道主持人评论员行为规范守则，以提高综合素质，在政策上严格把关，在重大赛事的播出过程当中自觉维护中央电视台的国际大台形象和体育频道的专业品牌形象。守则要求每个人都要严格遵守中央电视台关于播音员、主持人的有关规定，并认真宣传和执行，使全体人员对播音员和主持人这个相对特殊的群体的职责有着更加清晰的认知，明确在话筒前代表谁这一重大原则问题，充分认识到电视屏幕上的每个画面、每个声音都代表国家的声音，代表体育频道的声音，时刻都要认真对待，谨言慎行，强化职业精神，恪守职业道德，坚持职业操守，自觉维护体育频道专业播音员的良好形象，强调团队合作精神，注重生活形象，工作之外严格自律，让每一个人对 2008 年北京奥运会主持解说评论提出自我要求和自我挑战。同时，坚决杜绝极端个人主义思想，坚决抵制极端情绪化的表达，坚决反对自由散漫，无组织、无纪律的工作作风。此外，中央电视台还加大了培训力度，连续举行了几次播音员主持人及出镜记者的培训研讨会，提高业务素质，针对播音员主持人的特点以及工作性质，定期开展了各种业务培养和交流学习活动，要求体育频道所有播音员、主持人和出镜记者都参与到此类活动中。为了保证主持人与解说评论员的外部形象，中央电视台体育频道还邀请了著名化妆师前来授课，在主持人着装、形象、化妆和出镜等方面给予了具体的指导。

经过长时间的酝酿和精心选拔，2008 年 4 月 24 日，中央电视台“奥运解说国家队”正式成立，拉开了奥运解说的序幕。在这支解说国家队中，集中了中央电视台体育频道的解说员、经过严格选拔的部分地方电视台优秀体育解说员和前奥运冠军及最具号召力的体坛名宿。早在 1990 年北京亚运会时，中央电视台也曾调集多名地方电视台体育主持人参与解说亚运赛事，可以算是 2008 年北京奥运会体育赛事解说的预演。2006 年多哈亚运会时，浙江电视台的金宝成、四川电视台的李博和大连电视台的焦岩峰临时征调，参与解说评论。时过境迁，2008 年的这支奥运解说国家队的正式亮相，规模盛大，影响空前，反响非比寻常，为 2012 年伦敦奥运会和 2016 年巴西里约奥运会的体育电视解说评论创建了一个最优化的播音主持评论与解说嘉宾阵容模式。

2016 年 4 月 27 日，正值 2016 年里约奥运会倒计时 100 天，中央电视台通过其体育频道的官方微博公布了里约奥运会的解说团队阵容，除了韩乔生、沙桐、洪刚等多位名嘴外，刘翔和陈一冰领衔众体育明星作为嘉宾名列其中，他们俩将分别担任田径和体操的解说嘉宾。

刘翔在 2015 年北京田径世锦赛就在荧幕上演解说处子秀，其专业的解说也受到观众的好评，他幽默风趣的风格更是逗翻观众，此次他将搭档杨健、阚福林为大家带来田径赛事的解说。

成功完成转型的陈一冰本届奥运会将与体操“再续前缘”，以解说嘉宾的身份与陈滢搭档进行体操赛事的解说。另外周雅菲将协同“大嘴”韩乔生为大家带来游泳赛事的解说，两人之前就在 2012 年伦敦奥运会等世界大赛上合作过，被网民列为最佳拍档。

一、打破了以往“万金油式”的解说安排

奥运会是大型综合运动会，有 20 多个大项，上百个小项，北京奥运会更是有 28 个大项，302 个小项，由于早年出国名额和经费的局限，加上当下真正具备体育电视解说能力的人手不够，不少体育解说员往往串兼多个项目的解说评论工作。浙江电视台体育评论员金宝成非常羡慕中央电视台体育频道解说评论员孙正平，称“我最多只解说过 20 多个项目的赛事，孙正平可以解说 30 多个，无所不包，没有他不能够解说的。”在赞叹资深体育解说员具有多面手“万金油”能力的同时，也透出些许无奈。赛事解说兼项太多，时不时力不从心，不仅受到各方面的质疑，还“涌现”了各种版本的流行“语录”。为了改变“万金油”式无所不能又很难有所“精”的局面，北京奥运会实行人尽其才制度，将每位解说员安排到最熟悉最擅长的赛事现场。由于分工明确，宋世雄的女排、金宝成的体操、王泰兴的击剑、孙正平的开幕式、于嘉的篮球、韩乔生的拳击、焦岩峰的举重、蔡猛的马术、杨颖的乒乓球、洪刚的排球和羽毛球、杨健的田径、张萌萌的游泳及其他水上项目和刘星宇的皮划艇等都贯彻了中央电视台领导“释疑解惑、锦上添花”的宗旨，在解说时能够较好把握赛场情势变化融入个人激情，时有“灵光闪现”和“点睛之笔”，

体现了较高的体育专业水平和传播技巧，亿万观众给予了他们较高评价。

在北京奥运会上，有着体操国际裁判背景的金宝成与高低杠世界冠军的解说评论可谓珠联璧合，给观众留下了深刻印象。金宝成运用深厚的专业功力，对场上运动员的表现点评客观公正，赞许或惋惜适时适度。而他恰到好处的预评分，总是那么和实际分数相吻合，让观众称奇叫好。

二、荟萃了最具影响力的评论嘉宾

如果说集结全国顶级体育主持人和解说员属于轻车熟路，将每个解说评论员安置到最合适的赛事项目需要匠心独运，那么，荟萃最具影响力的体育赛事评论嘉宾，则是组建奥运解说国家队的“生花妙笔”。

奥运解说国家队中，邀请了16名评论嘉宾，既有马燕红、陈招娣、钱红、杨霞、李娜、杨凌、王涛、赵剑华等我国传统优势项目的奥运冠军或世界冠军，也有奥运会冲击金牌未果、获得过银牌的个性运动员高红（1996年亚特兰大奥运会女足亚军）和叶冲（与王海滨、董兆志一起号称“中国三剑客”，与奥运男子花剑团体冠军擦肩而过，惜败悉尼），还有中央电视台体育频道老牌嘉宾张路、张卫平、宋晓波，分别担纲男子足球、男子篮球和女子篮球的解说嘉宾，部分知名体育记者等也客串了一些赛事的解说评论。

这份看似简单的嘉宾名单，却凝结着组织者的智慧和职业素养。要知道，我国传统优势项目冠军众多，选择哪位金牌获得者出镜都颇费思量。语言表述能力、影响力和知名度、对该项目的发展走势、外形外表以及其现在所处的角色位置都要综合考虑。王涛、钱红、杨凌和李娜等奥运冠军是中央电视台体育频道的常客，自然属于首选。第一个奥运会女子体操冠军马艳红、第一个女子举重奥运冠军杨霞影响力大、口才出众，入围奥运解说国家队众望所归。赵剑华球艺出众，外形俊朗，是当时国际羽坛“四大天王”之一，是羽毛球解说嘉宾的不二人选。

选择叶冲作为击剑解说嘉宾，能够唤醒“剑客”们很多难忘的回忆。在2000年悉尼奥运会上，王海滨、叶冲、董兆志挺剑出征，一路杀进男子花剑团体决赛，遭遇老对手法国队。当时，王海滨最后一个出场，等待他的是一剑定胜负的重任。王海滨和对手几乎是同时刺中对方，也几乎同时欢呼起来，裁判最后的判罚让中国花剑队只得到银牌。中国三剑客泪洒悉尼，也让无数“剑客”唏嘘不已。而今，王海滨成为中国击剑队教练，年轻锐气的叶冲与老成稳重的王泰兴成为奥运解说舞台的另一绝配。

汪嘉伟是中国男排的标志性人物。作为当年叱咤世界排坛的“网上飞人”,汪嘉伟和他的队友取得了中国男子排球迄今为止的最佳战绩。汪嘉伟执掌过中国男排,队中即有现任男排主教练周建安。因此,汪嘉伟在赞扬中国男排进步的同时,可以一针见血也毫不客气的对中国男排的技巧战术表现进行批评,激起球迷的共鸣。与汪嘉伟搭档的排球评论员洪刚深有体会地说,“汪嘉伟指导的评点力透纸背,让我学到了很多‘高精尖’排球理论。”

伦敦奥运会集萃了姚明、郎平、李小鹏、周雅菲、张国政、刘伟、李昕、赵婷婷、刘璇、张娟娟、胡佳、阙福林、张卫平和张山等解说嘉宾,他们利用自己的专业优势,用更真切、更专业的解说帮助观众们欣赏精彩的奥运赛事。老一代体育评论员韩乔生一洗“语录阴霾”,其与周雅菲的游泳解说堪称伦敦奥运赛事另一道精美画卷。韩乔生与周雅菲共同创作的“伦敦新版语录”,代表着目前赛事解说员评论的最高水平,也成为很多商业门户网站点击率最高的赛事集锦。在中央电视台伦敦奥运会观众最喜欢的奥运赛事解说员调查中,受访者对韩乔生的认同率高达41.1%,远远高出第二名20个百分点(见图4.1)。

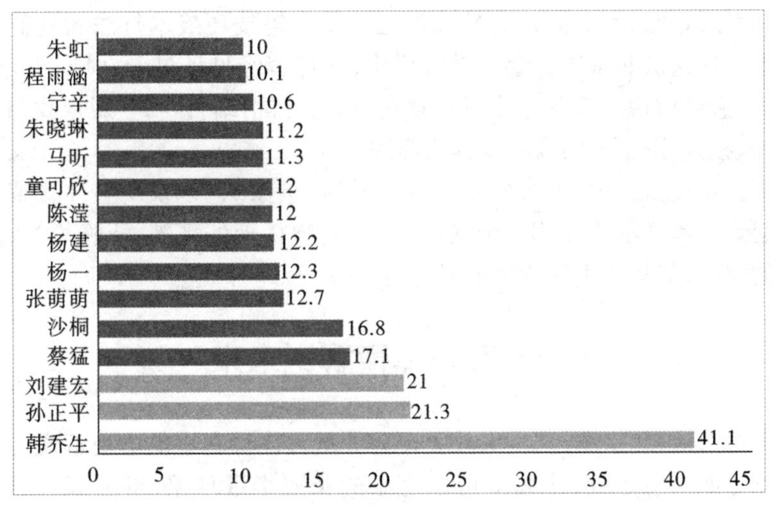

图4.1 伦敦奥运会观众最喜欢的奥运赛事解说图

三、宋世雄出山的价值

邀请退休多年、69岁的老一代体育评论员宋世雄重新出山,无疑需要胆识和魄力。这位从1960年开始体育评论生涯、先后担任从1982年以来历届奥运会和其他重大赛事的解说工作并在1995年被美国体育广播者协会评为1995年度最佳国际体育节目主持人的老前辈，不仅已退休多年，而且曾因“广播式”解说遭受诟病。中央电视台有关领导力排非议，让一个全新的宋世雄展示了全新的魅力。2008年6月23日，中国女排飞往香港参加在香港打响的世界女排大奖赛途中，有记者问中国队谁表现好时，陈忠和不假思索脱口而出：“我认为宋世雄的解说最棒。”听似答非所问，实际上反映出很多排球工作者的心声。陈忠和认为，宋世雄解说时的声音听着真是过瘾，似乎永不停顿，确实很棒，我希望中国女排也能达到那样充满激情的状态。”

在这次北京奥运会的女排解说中，在体育界享有很高威望的宋世雄老当益壮，身先士卒，参与解说了奥运会前的女排大奖赛等系列赛事，早早进入了状态。2008年6月22日，退休8年的宋世雄首次复出解说，出现在世界女排大奖赛宁波北仑站最后一场中国对巴西的比赛中，观众朋友们在现场和电视中听到了耳熟能详的声音。宋世雄在解说中仍旧像以往那样字正腔圆、铿锵有力，在解说中所体现出的思维缜密性仍旧让大家印象深刻。宋世雄还充分利用各种机会和各种途径搜索相关资料和信息，熟悉新的裁判规则和发展走向，不辞劳苦向教练员运动员了解技巧战术打法和她们的背景故事。在这次北京奥运会女排解说中，这位曾经见证过老女排“五连冠”辉煌的“金牌解说”，唤起了中老年观众的老女排情结，让一些观众找回了久违的一家老小围坐一团收看女排比赛的感觉。

宋世雄重新出山，还给全国参与解说的“国家队”以及所有体育解说评论员起到了榜样示范作用。他兢兢业业、老骥伏枥的精神，清脆悦耳、激情四溢的解说，都是后生晚辈永远的楷模。

第五节　体育解说未来

不可否认，北京奥运会、伦敦奥运会等重大体育赛事的电视解说还存在一些不尽如人意之处，比如本可以克服的张冠李戴现象，将国家、地区、队名、人名、号码等弄错弄反的情况时有发生。还有一点遗憾就是对“新人”关键场次的使用不够果敢，失去了其快速成长并脱颖而出的机会。

尤其应该指出的是，体育解说评论中的“喧宾夺主”现象。喧宾夺主的第一层含义指的是解说评论员话语太多太满，忽略了观众是第一主角，过分渲染自己的角色，每一个比分都要播报，每一个动作都要分析，甚至重复（语无伦次）从上一回合到下一回合，好像说少了不敬业不称职；喧宾夺主的第二层含义是生怕旁边熟悉比赛项目的嘉宾抢了自己的风头。

当下，大部分比赛项目都安排了解说嘉宾（顾问），作为解说评论员应该当好配角，让解说嘉宾（顾问）有更大的发挥空间。在这方面深有体会的金宝成说，把握好各自的定位至关重要。解说员与嘉宾（顾问）应该各有侧重，做到优势互补。金宝成认为，“一个人说不如两人说，比赛过程我说，比赛完了嘉宾说，不要打扰嘉宾的评点，甚至不要去纠正嘉宾的明显错误（包括口误），实在需要，就写个小条，让嘉宾（马艳红）自己纠正。”

正确审视我国体育电视解说评论的现状，直面大媒体时代的挑战，对我国体育电视解说评论贴近观众、实现跨越式发展有着战略意义。

一、体育解说评论正在经历“播—说—评”的阵痛与潜变

长期以来，我国播音主持培养和选拔模式单一（主要培养基地就是中国传媒大学一家，选拔标准重点是外表外形和音质音色），使得播音主持英才辈出，解说评论人才短缺（体育专业解说评论尤为捉襟见肘）。当前，我国体育赛事在很多时候和场合，还停留在现场播报的状态（电视画面或现场出现什么，就按图索骥的播什么，这也是让很多观众不甚满意的地方），要实现游刃有余的赛事解读，用专业的语言去“说”，还有漫长的路要走。而要迈上“评”的台阶，不仅需要改变大专院校播音主持的办学理念，使用非常培养路径，用人单位也需要打破常规苑囿，更新思路，除了从各类选拔大赛挖掘新人，还要尽早尽快制定出“体育解说评论人才发现奖励机制人才选送系统工程”，确保不拘一格广纳贤良的细水长流。

二、体育解说评论必须迎接新媒体的挑战

2008 年北京奥运会，新媒体首次列入“售卖计划”，与传统电视一样受到追捧，中央电视台央视国际网络有限公司近水楼台获得了新媒体历史上第一次转播权。北京奥运会期间，中央电视台的央视网、手机电视、公交移动电视等“三管齐下”，收益颇丰。其中，央视网自主直播（网络页面包装和网络解说）赛事 918 场，总计 1500 小时。CCTV 手机电视直播时长达 8974 小时，发布点播视频 8132 条，时长共计 28424 分钟。CCTV 移动传媒在全国 30 个城市近 5 万辆公交车上播放，制作播出 1800 余分钟奥运节目。通过新媒体奥运赛事播放，央视国际网络有限公司的品牌影响力得到了前所未有的扩张。

根据新媒体的特质，央视国际选拔了一批主持人和解说嘉宾，得到了社会各界的良好反响。很多从未接触过体育电视解说评论的"新人"在各种新媒体与传统电视正面PK之中，自信自如不落下风，分流了部分体育爱好者。可以预见，随着新媒体的品种不断丰富，技术不断成熟完善，新媒体与传统电视的体育解说评论竞争将愈演愈烈。

三、体育解说评论必须洞悉体育发展脉动

称职的体育解说评论员应该熟谙体育运动的总体发展趋势、体育运动的区域发展趋势、单项体育赛事的发展趋势以及大牌体育明星与未来之星的发展走势，同时，了解赛事动态与规则。

当下，世界体育正朝向高竞技、商业化和娱乐化方向发展，尤其是商业体育的浪潮不仅冲刷着体育赛场的各个角落，也正荡涤着百年奥运"远离商业"的纯净殿堂。商业体育已然与竞技体育、群众体育分庭抗礼，成为新时代体育的新生力量。中央电视台体育频道在贯彻"赛事优先，直播优先，大众优先"准则时，还有一"天条"——商业优先。在这样的大背景下，我国体育解说评论唯有了解现代体育的内蕴，顺应潮流，在精心点评体育赛事的同时，及时烘托与调动赛场的娱乐因素，充分考虑商业价值的提升，才能够既让观众赏心悦目，又让赛事组织者和赞助商皆大欢喜。

商业体育势不可挡，使得赛事规则瞬息多变，以满足组织者、赞助商和电视转播的需求。专家认为，体育赛事项目与规则的关系，相当于生产力与生产关系的关系，总是与时俱进。近年来，赛事规则变化大而且更新速率快，令体育迷目不暇接，每球得分制、鹰眼、鲨鱼皮、程菲跳等与赛事规则或商业元素相关的新名词，随时需要解说评论员为观众"释疑解惑"。

四、体育解说评论应该审慎看待"语录"

有人说，体育解说评论员是当下最易出名的职业。此话可能有些夸张，但标明了体育电视的热度和对体育解说评论的关注。正因为此，"体育"也是我国"语录"的滋生地，是产生"语录"最多涉及人员最广的地方，越是知名的解说评论员，"语录"越多，出现频率越高。"语录"体现了观众对体育解说评论的期待，是体育电视工作者连接观众的桥梁纽带，也是改进工作的很好参照。因此，要重视和正视"语录"，研究其中的精髓内质，分清楚哪些是工作中的问题和症结，哪些是无意的曲解，哪些是善意的期待，哪些是故意的

恶语中伤,不要将笼而统之视为洪水猛兽。

优秀的体育解说评论员有时候是一个精通规则的裁判员,更多的时候则应该和观众打成一片,在解说时,就像与球迷看球一样,时而平和冷静,时而激情澎湃。在必要时,还要适当有意留出空白,让观众有更多的心里揣摩空间。

五、体育解说评论应该妥善处理四种辩证关系

在中央电视台2012年伦敦奥运会电视传播总结会上,笔者就体育解说评论怎么样处理好4种辩证关系与参与奥运会全程报道的成员共享,即"批评与自我批评的关系""专与博的关系""解说与评论的关系"和"传统电视解说与新媒体解说评论的关系",受到各界一致认同。

作为一个体育解说员,首先要敢于自我批评,时刻反省自身不足,并且要对来自体育迷、领导、专家学者和同行同事等四面八方的各种批评理性对待正确处理。其二是多学几样本领,在精心钻研某一项体育项目的同时,掌握更多的其他项运动项目常识,以利于在奥运会、亚运会、全运会等大型综合运动会赛事解说时调度自如。其三是不要轻言自己是"体育评论员",先踏踏实实做好"体育解说员",而具有"体育评论员"背景和基础的评论员,倒是应该真正像评论员那样画龙点睛。其四是勇于面对新媒体的挑战,尝试用"主队式解说""客队式解说""中立式解说",也可以实时"原生态体育传播",使之形成"4C传播4C解说"新样态。

总之,体育解说评论工作是个人综合素质、体育专业技能和人生阅历等多方面的综合显现。体育解说评论需要良好的外语功力,适应体育这个国际性很强的特征,保证即时对赛场上出现的"异域风情"做出反应;体育解说评论需要广博的体育专业知识和运动技能,能够对场上局面的变化明察秋毫,以专业的眼光和自身体验与教练员、运动员、裁判员、球迷实现共鸣;体育解说评论员最好能够博览群书,涉猎广泛,这样就可以面对瞬息万变的电视直播胸有成竹,触类旁通,挥洒自如。体育解说评论员当有播音员的音质,新闻记者的敏感和快速反应能力,外语翻译的语言天才,专业体育工作者的职业素养,球迷的呐喊激情与浪漫情怀,力求"博专精深"。①

① 参见曾静平:北京奥运会的解说亮点与发展方向,《电视研究》,2009年第3期。

第六章　公用信号制作[1]

奥运会电视国际公用信号是指按照奥林匹克转播有限公司提出的要求和标准制作出来的电视信号，它要完全符合奥林匹克精神和理念，充分展现运动员风采，被世界电视媒体公认的高质量、高水平、男女老少观众都可以接受的电视信号。

需要强调的是，业界所说的“公用信号制作”和观众通常所说的“电视转播”是两个截然不同的概念。以 2008 年北京奥运会为例，各国观众看到的电视转播画面实际是已经经过各国电视工作者加工过的产品。他们是在公用信号的基础上，增加了演播室包装，添加了各种片头和片花甚至奥运会专门的广告，配上了各国自己语言的解说等等。

第一节　发展历程

体育电视公用信号制作最早出现在 1936 年的柏林奥运会，它既掀开了人类体育电视公用信号制作的第一页，也是电视转播技术一次伟大尝试。尽管当时的规模还很小，影响也不大，但是它毕竟具有体育电视的开创性价值。

在这之后的很长一段时间里，按照惯例，凡是获得奥运会主办权的国家，必须独自承担奥运会电视公用信号的制作和传输任务。从柏林奥运会之后的几届奥运会直到 1992 年巴塞罗那奥运会，有的奥运会承办国也偶尔跨国邀请其他国家的电视机构帮助制作国际公用信号，但毕竟是小规模、友

① 此章主要内容根据程志明提供的材料整理而成。

好合作的形式，而且，制作理念和标准也不能达到充分的统一。实践证明，只由一个国家或地区制作公用信号的做法是不科学的，存在着非常大的不确定性，不能保证质量以及质量的连续性，不能保证统一的标准，各项赛事的电视信号质量高低不一，很难满足全球观众的需求。而且，个别承办奥运会的国家在提供信号是明显偏向本国运动员，严重违背了奥林匹克精神，这也迫使国际奥委会必须考虑一条新的出路。

经过多年酝酿，一个绝好的创意在一个绝顶聪明人的大脑里生成了——组织一支"多国部队"，挑选世界各国的精英，在全球统筹租赁电视设备，确定奥运会电视国际公用信号制作的理念，制定统一的电视信号制作标准。这个人就是时任西班牙国家电视台总工程师的玛诺洛·罗梅罗。在1992年西班牙巴塞罗那举行的奥运会上，罗梅罗的理想变成了现实，并且获得了广泛的好评。实践证明，这种做法省钱、省力、省时间，安全可靠，风险小，最重要的是形成了一个完整的"套路"，一条精美的"工业化生产流水线"，它包括理念、标准、组织结构、岗位职责等等，包罗万象，甚至连餐券应该是什么样子都考虑到了，可以说，整套操作程序完全标准化了，它使运动会每一项赛事的电视信号的制作质量从方方面面得到保证，同时也保证了赛事信号采集的公正性。从那以后的亚特兰大奥运会、悉尼奥运会、雅典奥运会和盐湖城冬季奥运会等大型综合性国际赛事的电视公用信号制作都是按照这个模式运营的。

奥运会电视公用信号制作是西方人按照他们的思路和概念创造出来的由"多国部队"和"多国设备"组合成的一种先进的"工业化生产"模式，它有着共识的理念和标准，大家按照"游戏规则"有条不紊地完成各自的工序，保质保量地完成"信号产品"的生产要求。这种独特的运营方式目前已经演变成一种行当，一种文化现象，得到行业人士的大力推崇。1992年巴塞罗那奥运会是奥运会电视公用信号制作历史上启用这种先进模式的开篇之作，它彻底消灭了以往历史上获得奥运会主办权的东道国在制作电视公用信号时产生的杂乱无章、偏袒不公、水平不一，甚至粗制滥造的不良现象，保证了电视信号制作的公正性和信号质量的稳定性。目前这种理念清晰、标准统一、操作规范、流程精细、组织严密的"工业化生产模式"在许多世界性运动会和大型国际赛事的电视信号制作中得到广泛的采用。

公用信号制作的工作原理如下：它是由分布在各赛场的广播电视综合制作区（Broadcast Compound）的电视信号制作队伍，用摄像机和话筒把比赛的精彩场面采集和拾取下来，经过导演对镜头的流畅切换，配上慢动作和字幕，组装成电视信号成品，经过制作区的技术控制室（TOC）传送到奥运会国际广播中心（IBC）的信号收集、分配与传输中心（CDT），再由它按照预先的约定把信号传输给各国电视机构，各国电视机构按照各自的需求对信号进行再加工后再呈现给观众。简而言之，信号到达国际广播中心之前是“制作概念”，各国电视机构加工后向观众播出就是“转播概念”。

电视国际公用信号制作是一门特殊的行当，从某种意义上来讲它是各国电视机构实力的象征。多年来，欧美国家占据着奥运会电视国际公用信号制作的主导地位，其他国家很难插足。以雅典奥运会为例，参与公用信号制作的队伍除了亚洲的日本、韩国和中国，其他的均来自欧美国家。参与雅典奥运会电视公用信号制作的国家电视机构或联合体共有 20 个，其中欧洲国家有 13 个，美洲 2 个，大洋洲 2 个，亚洲 3 个（见表 6.1）。

表 6.1　雅典奥运会电视公用信号制作队伍一览表

<table>
<tr><th colspan="2">项目</th><th>制作团队</th></tr>
<tr><td colspan="2">开、闭幕式</td><td>芬兰/瑞典</td></tr>
<tr><td rowspan="4">田径</td><td>径赛</td><td>芬兰</td></tr>
<tr><td>田赛</td><td>瑞典</td></tr>
<tr><td>马拉松</td><td>西班牙</td></tr>
<tr><td>竞走</td><td>西班牙</td></tr>
<tr><td rowspan="3">体操</td><td>竞技体操</td><td rowspan="3">日本</td></tr>
<tr><td>艺术体操</td></tr>
<tr><td>蹦床</td></tr>
<tr><td rowspan="4">游泳</td><td>游泳</td><td rowspan="4">澳大利亚 7 台</td></tr>
<tr><td>花样游泳</td></tr>
<tr><td>跳水</td></tr>
<tr><td>水球</td></tr>
</table>

续表

项目	制作团队
赛艇	瑞士
皮划艇静水	瑞士
皮划艇激流	法国3台
帆船	新西兰
足球	希腊、斯洛文尼亚、意大利、捷克
篮球	希腊
排球	AOB
沙滩排球	希腊
乒乓球	中国
羽毛球	中国
网球	英国
棒球	古巴
垒球	加拿大
曲棍球	斯洛文尼亚
手球	丹麦
射击	AOB
射箭	韩国
击剑	匈牙利
柔道	波兰
跆拳道	韩国
摔跤	波兰
拳击	加拿大
举重	希腊

续表

项目		制作团队
自行车	场地	西班牙
	山地	法国 3 台
	公路	西班牙
铁人三项		西班牙
现代五项		中国
马术		AOB

北京奥运会的电视公用信号制作也不例外,完全沿袭了这种国际流行的运作方式,参照的依然是“尊重传统优势”“使用成熟的队伍和人员”“发挥专业性和专长”等科学概念。参与信号制作团队的格局没有太大的变化,欧洲仍然占据主导地位,一些占有传统优势的信号制作团队仍然统治着各自擅长的项目,例如澳大利亚七网络依然占领着游泳、跳水、水球项目的信号制作领地。日本 NHK 电视台还是控制着体操项目。芬兰和瑞典两家电视台不仅包揽了开闭幕式的电视信号制作,而且在他们拿手的田径项目方面继续保持独领风骚的势头。韩国、古巴、波兰、加拿大等国家电视机构一如既往重复着在雅典奥运会上的射箭、棒球、摔跤和拳击等项目信号制作的拿手好戏。北京奥运会参与信号制作的国家电视机构或联合体共有 20 个,其中欧洲 11 个,美洲 5 个,亚洲 3 个,大洋洲 1 个(见表 6.2)。

表 6.2　北京奥运会电视公用信号制作团队一览表

项目		制作团队
开、闭幕式		芬兰/瑞典 YLE/SVT
田径	径赛	芬兰
	田赛	瑞典
	马拉松	比利时 VRT Belgium
	竞走	比利时 VRT Belgium

续表

<table>
<tr><th colspan="2">项目</th><th>制作团队</th></tr>
<tr><td rowspan="3">体操</td><td>竞技体操</td><td rowspan="3">日本 NHK</td></tr>
<tr><td>艺术体操</td></tr>
<tr><td>蹦床</td></tr>
<tr><td rowspan="5">游泳</td><td>游泳</td><td rowspan="5">澳大利亚 Channel 7</td></tr>
<tr><td>花样游泳</td></tr>
<tr><td>跳水</td></tr>
<tr><td>水球</td></tr>
<tr><td>现代五项(游泳)</td></tr>
<tr><td colspan="2">马拉松游泳</td><td>英国 BBC</td></tr>
<tr><td colspan="2">赛艇</td><td>英国 BBC</td></tr>
<tr><td colspan="2">皮划艇静水</td><td>英国 BBC</td></tr>
<tr><td colspan="2">皮划艇激流</td><td>斯洛文尼亚 TV SLOV</td></tr>
<tr><td colspan="2">帆船</td><td>美国 Flance</td></tr>
<tr><td colspan="2">足球</td><td>北京台、上海台、天津台、广东台、辽宁台</td></tr>
<tr><td colspan="2">篮球</td><td>中央电视台</td></tr>
<tr><td colspan="2">排球</td><td>中央电视台、北京电视台</td></tr>
<tr><td colspan="2">沙滩排球</td><td>巴西 TV Globo</td></tr>
<tr><td colspan="2">乒乓球</td><td>中央电视台、武汉台、江苏台</td></tr>
<tr><td colspan="2">羽毛球</td><td>中央电视台、厦门台、浙江台</td></tr>
<tr><td colspan="2">网球</td><td>中央电视台、上海台</td></tr>
<tr><td colspan="2">棒球</td><td>古巴 ICRT</td></tr>
<tr><td colspan="2">垒球</td><td>韩国 KBS</td></tr>
<tr><td colspan="2">曲棍球</td><td>斯洛伐克/捷克 Slovak TV/Czech TV</td></tr>
</table>

续表

<table>
<tr><td colspan="2">项目</td><td>制作团队</td></tr>
<tr><td colspan="2">手球</td><td>丹麦 DEN Flance</td></tr>
<tr><td colspan="2">射击</td><td>美国 US Flance</td></tr>
<tr><td colspan="2">射箭</td><td>韩国 KBS</td></tr>
<tr><td colspan="2">击剑</td><td>匈牙利 MTV,HUN</td></tr>
<tr><td colspan="2">柔道</td><td>日本 Fuji TV</td></tr>
<tr><td colspan="2">跆拳道</td><td>日本 Fuji TV</td></tr>
<tr><td colspan="2">摔跤</td><td>波兰 TVP,POL</td></tr>
<tr><td colspan="2">拳击</td><td>加拿大 CBC</td></tr>
<tr><td colspan="2">举重</td><td>希腊 ERT,GRE</td></tr>
<tr><td rowspan="4">自行车</td><td>场地</td><td>哥伦比亚 Columbian FL</td></tr>
<tr><td>山地</td><td>哥伦比亚 Columbian FL</td></tr>
<tr><td>公路</td><td>比利时 VRT Belgium</td></tr>
<tr><td>小轮车</td><td>斯洛文尼亚 TV SLOV</td></tr>
<tr><td colspan="2">铁人三项</td><td>比利时 VRT Belgium</td></tr>
<tr><td colspan="2">现代五项</td><td>中央电视台</td></tr>
<tr><td colspan="2">马术</td><td>加拿大 CBC</td></tr>
</table>

尽管在北京奥运会上,欧洲参与信号制作的国家减少了两个,但是丝毫没有动摇它们的统治地位。这不仅仅从参与的国家数量上得出结论,更重要的是欧洲国家电视机构参与的比赛项目的信号制作难度也相对大一些,而且对电视设备,尤其是特种设备的要求更高,更苛刻,在这方面,欧洲国家的电视机构有着完善的市场机制,规范的运作程序,大量的先进设备,丰沛的专业人力资源,这些恰恰是其他国家所欠缺的。

第二节　核心理念

电视公用信号制作的核心理念是“公正和平等”、“运动和激情”，它们像两条无形的线始终贯穿在电视信号制作的过程中。体育比赛本身是残酷的，既然是比赛就会有输赢，就必定要分出名次来，那么如何公正地、不带任何倾向性地把赛场上运动员精彩拼争的场面用电视手段采集下来，传播出去，这是电视信号制作过程中极其重要的一个环节。对于电视工作者来说必须坚持公正性。奥运会电视委员会为此专门解释说，“要用不懈的努力力争对每一位奥运会选手进行公正、平等的报道，无论是实时，还是重放，要多角度地对每一位运动员的动作做紧凑、富有表现力的拍摄。”从委员会的解释中不断出现的“每一位”的字眼，可以体会到他们对“公正和平等”有着何等的良苦用心。奥运会转播有限公司的专家们还提出了如何做到“公正和平等”的具体要求。例如，当你成为奥运会转播有限公司的雇员时，你首先必须非常清醒地认识到此时此刻你的身份已经发生变化了，你不是哪个国家的电视工作者，你是奥运会转播有限公司的一名员工，是在为全世界电视观众服务。再例如，当两位运动员在场上角逐时，你的镜头在采集场上精彩画面的同时，一定要记住运动员镜头的分配比例，通常是50%对50%。不同国家观众的镜头比例也是如此，给A国家观众5秒，那么给B国家观众的也得5秒，特别是双方运动员比赛进行得非常激烈紧张时，更加要注意镜头的分配比例，千万不能因为场上的选手或者观众是你的同胞而把镜头更多地给他们，这是绝对不允许的，观众也会很不满意；再例如，一些比赛参赛运动员比较多，比赛开始前，在时间允许的情况下，尽量要把每一个运动员的镜头都给到。不论这个运动员名气大还是名气小，不论是来自大国还是来自小的国家，要一视同仁，要公正和平等，比赛开始后，可以按照“胜者优先”的原则，镜头可以比较多地给成绩好的运动员，特别是比赛决出胜负后，镜头要较多地对准获胜运动员。

奥运会转播有限公司对颁奖仪式非常重视，专门制作了“颁奖仪式电视镜头图表”，而且要求信号制作队伍对颁奖仪式“进行周到的报道”。该图表详尽地描述了颁奖仪式的电视画面采集全过程，对获得不同名次的运动员的镜头景别做了专门的规定，尤其是近景，第三名选手和第一名选手必须一致，而且，上台领奖选手的集体镜头出现的频率很高，“公正和平等”的心理暗示目的性非常明确。

在体育比赛中，运动员是赛场上的“国王”，他们在场上厮杀拼争的激烈场面是观众最关注的焦点，是永恒的话题，构成了公用电视信号采集的主体内容。运动员所宣泄的各种喜怒哀乐的情绪对千变万化的比赛气氛起到了画龙点睛的烘托作用，它与力量智慧意志品质等的角逐形成了鲜明的对照。为此，奥运会电视委员会提出了“运动和激情”理念，要求信号制作者“利用精确的镜头选择和慢动作重放对赛事提供详尽的信息和深刻的内容，提升观众对运动员所做出的努力的理解和赞赏，体现奥运会比赛内在的戏剧性”。奥运会转播有限公司对这段话做解释是，“奥运会不是一个单项的赛事，它是全世界各国运动员的大聚会，也是全世界人民的体育节日，男女老少都会很关注，如果我的奶奶已经八十多岁了，或者说我的小孩才七八岁，如何让这么大年龄差距的观众都能看懂比赛，能吸引他们，就需要我们的编导人员细心地研究赛事，精心地设计镜头，充分地使用现代化的设备，像马克·吐温写小说一样，用‘讲故事’的手法，生动地把运动员在赛场上龙争虎斗的精彩场面，把运动员在赛场上喜怒哀乐的神情传达给观众，让他们去品味。我们的目的就是让所有的观众都能够看懂、看明白，而且喜欢看奥运会比赛。”正是出于这种理念的考虑，在机位的设置、镜头的处理等方面，专家们提出了许多非常具体的要求，甚至对乒乓球比赛中中国体育电视人常用的纵向主机位的摆放位置，他们都要反复斟酌，仔细测量，恐怕角度不对，使观众看不到精彩的细节。

为了实现这些“核心理念”，奥运会转播有限公司对信号制作的工作程序的标准化要求反映在各个层面上，无论是队伍组建和人员管理、岗位设置、工作流程安排、镜头和字幕的使用，还是电视信号制作区的搭建，无不渗透着“标准”的作用。

一、岗位分工科学化

这个环节可以从“一大”和“一小”两个方面来分析。大的方面是指奥运会转播有限公司对公用信号整个制作队伍的岗位安排，小的方面是指作为电视信号制作链最前端的，即每一个赛场的广播电视综合制作区的内部岗位分工情况，从中就可以看出奥运会转播有限公司对标准理解得多么透彻，也反映出他们的经验和成熟。

首先从“大”的方面来说。雅典届奥运会共有 28 个比赛项目，30 多个场地，全部要提供直播公用信号。雅典奥运会沿用以往的做法，由国际奥委会所属的奥林匹克转播服务公司（OBS）与雅典奥运会组委会组成了雅典奥运会电视委员会，即“AOB”，按照以往的制作情况，雇用了世界20个国家的电视台制作队伍参与信号制作，除了亚洲的中国、韩国、日本，澳洲的澳大利亚、新西兰，拉丁美洲的加拿大和古巴，其余的都是欧洲国家，占了13个席位。这种分工既尊重了传统也发挥了各自国家的特长，对保证信号质量的延续性非常有益。例如，澳大利亚和上一届奥运会一样，包揽了游泳、跳水、花样游泳、水球等水上项目，古巴继续制作他们擅长的棒球项目，难度很大的田径还是交给了在这方面具有很大优势的芬兰、瑞典和西班牙，而且分工非常细。芬兰承担跑步和投掷项目，瑞典负责跳高和跳远，西班牙则侧重于马拉松和竞走。亚洲的日本仍然从事他们擅长的体操、艺术体操和柔道的信号制作，韩国的射箭和跆拳道竞技水平本身就很高，信号制作也不含糊，所以他们当之无愧再次负责这两个项目。

雅典奥运会中国中央电视台参与了乒乓球和羽毛球的公用信号制作，应该说是中央电视台和雅典奥运会电视委员会一拍即合的好主意，不仅考虑到中国运动员在这两个项目方面竞技水平高，而且也考虑到中央电视台编导人员不但熟悉项目而且熟悉运动员，容易上手，便于操作，事实证明这种科学的做法收效很明显。另外还有一层重要的意义是，对中央电视台备战并不遥远的北京奥运会电视国际公用信号制作打下坚实的基础。事实证明这种突出特长，人尽其才的策略是非常明智的。

从“小”的方面来说，雅典奥运会电视委员会对公用信号制作队伍的人员数量和岗位安排应该说是精打细算而且是很科学的，因为他们要考虑到成本和合理性。以中央电视台参与的乒乓球、羽毛球和现代五项为例，总共58人，其中27人制作乒乓球信号，31人制作羽毛球和现代五项信号（两个项目共用一个场地）。其中导演这个工种，分工非常有条理性。在国内，制作一场赛事的电视信号，通常就一个导演，调机、切换、慢动作、字幕等，什么都管，大事小事一肩挑。看上去节省了人力，但是，细细琢磨，这里面存在着极大的风险。而奥运会则把导演的岗位分为五种：总导演、助理导演、慢动作导演、字幕导演和场地导演，再加上一个切换员，共6个人。我们把它形象地称为“1变6”。我们的导演们通过实践深深感觉到这种科学的有条理性的岗位分工对信号的制作质量能起到极大的保证作用，大家分兵把口，各司其职，责任清楚，强化了专业意识，把过去一个人一肩挑的风险“转嫁”给了一个集体,可靠性大大增强,风险却大大降低了。总导演可以腾出更多的时间投入宏观考虑,更好地把握全局。特别是在比赛场次安排的很多、很密的情况下,中间少有喘息机会时,集体的力量就凸现出它的优越性了,不但可以打硬仗,而且可以打持久战。例如,2008 年北京奥运会羽毛球信号制作,8 月 18 日这一天,制作时间达 15 个小时之多,由于比赛多次超时,把我们制作人员吃午饭的时间压缩到只有 2 分钟,在时间紧、身体极度疲劳的情况下,总导演有序调动,各岗位人员像打仗一样,以最快的速度轮流就餐,然后迅速到岗,保证了信号制作始终处于良好状态。

二、工作流程严谨化

奥运会电视信号制作队伍的工作流程标准化可以从一个“点”和一个“面”来加以分析。首先,工作人员每天到岗后必须要在签到簿上签上名字和到达时间,同时领取当日的饭票,工作结束后,每个人还要在签到簿上签上名字和离开时间,电视制作区主管每天要对每一个工作人员的出勤情况和表现写出评语,信号制作任务全部结束后要上缴给上级主管部门备查考评,如果哪个制作队伍纪律涣散,并且直接影响到信号制作,或者出现了重大的事故,这个国家的电视台就有可能失去参与下一届奥运会电视信号制作的资格。刚开始,把大家搞得很“恐慌”,不知道会发生什么事情,过了几天后没发现什么“动静”,也就习惯了,不过如果哪一天不让签字大家反倒不习惯了。正是这小小的一“点”纪律要求,看似不起眼,却从最基础的方面强化了队伍的战斗力,保障了信号制作标准化程序平稳的实施。至于“面”,也就是电视委员会规定的信号制作的工作流程,它像一本教科书,还像最简单的“1 + 1”数学公式,但是它却直接关系到整个信号制作的质量好坏,关系到整个电视信号制作的大局,否则,就会出现可怕的混乱。尽管工作流程千篇一律,十分枯燥,十分机械,类似于体操比赛中的“规定动作”,但是每一个制作队伍必须严格执行,不允许有一分一秒的差错。在信号制作的工作流程上,清清楚楚标明了各个工种进入状态的时间,何时调试设备,何时进行单边传送,何时适时地切出彩条把数次的单边传送分割开来,何时开始传送国际声,何时开始传送画面,切出什么样的画面,何时切出片头进入现场等等。比赛结束后,切出全景画面,保持规定时间;再播放限定时间的本场赛事的精彩集锦和慢动作;再切出场地大全景,保持规定时间;然后接黑场,再回到全景画面,等待事先约定的单边传送;结束画面通常是大全景叠加下次传送时间字幕。如果比赛复杂,头绪多,或者场次多,变化多,这种“规定动作”的数量会随着增加,而且也会更复杂,但是,只要严格地按照流程操作,及时应对各种可能发生的情况,避免随意的“即兴创作”就会保证不出差错,无论在任何场地传输出的信号都是同等标准的。

三、镜头运用人性化

奥运会电视委员会对电视镜头的人性化处理有自己的一套心得,很细微,很得体,考虑很周到。例如,他们反复地强调运动员是赛场上的“国王”,是主体,导演应该把更多的镜头对准运动员,充分表现了他们对运动员的尊重,对运动员劳动的尊重。例如,当摄像师把镜头对准运动员时,他得到的“指令”是不能使用仰拍的手法,只能平视拍摄,要尊重运动员,要让观众看清楚,要尊重观众的收视权利。再例如,导演在切换镜头时,节奏不要太快,要考虑视觉效果,要考虑观众能不能看清楚,更不能出现甩镜头现象,这是对电视观众的极大不尊重。再例如,导演在调镜头时,碰到现场穿着过于暴露,举止很不文雅的观众,一定要避开,因为收看奥运会电视节目的还有许多是伊斯兰国家的观众,一定要尊重他们的生活习俗和心理需求。还例如,当镜头对准运动员时,一定要尽可能地给正面,不要给背面,否则这也是十分不礼貌的。对现场观众的镜头电视委员会也提出了非常人性化的要求。例如,给观众的镜头长度不得少于5秒钟,尽可能避免瞬间切走的现象,如果需要移动镜头时,一定要做到平稳,电视委员会的专家们认为,观众是奥运会重要的组成部分,对他们同样也要给予尊重。

四、慢镜重放细节化

慢动作重放是奥运会电视公用信号制作中一个重要环节,它对比赛画面能起到强大的渲染作用,既能画龙点睛,又能释疑解惑,它所展现的特殊的精彩的视觉效果能够对观众产生巨大的震撼。随着电视技术的发展,电视人观念的更新,慢动作重放已经不是原来我们想象中的刻板的模样,而是更富有创作使命,更需要创新和提高。就奥运会的电视公用信号制作的慢动作而言,它的创作和发展是在标准所要求的限定下进行的。例如标准要求,每一组慢动作出现时必须首先使用规定的“动画划向”,俗称LOGO,结束时必须要用“动画划向”收尾。再例如,每一组慢动作的第一个镜头必须使用超级慢动作摄像机,而不准使用其他慢动作镜头,目的是要在视觉上给观众以强力的冲击。还例如,在慢动作开始播放和两个慢动作衔接处,不允许出现静帧情况,要保持画面的流畅和舒展。那么在组合各种慢动作镜头的创作过程中,细节化处理是非常关键的环节,它包括对人物表情细节的刻画,这些表情既有比赛过程的激昂和凶猛,也有比赛结束后的抒情和潇洒。本届奥运会羽毛球和乒乓球的慢动作重放在细节方面下了很大功夫。为让观众看清楚底线球,导演孙伟专门申请增加了两个微型摄像机,安放在底线附近,细致地反映了比赛的微妙情景,让观众得到了很大的满足。在运动员热身时,为了让观众在同一时间看到比赛双方的精神和技术状态,特地使用了双视窗的手法,把画面切割成两块,效果很不错。乒乓球比赛,导演薛昭晖大胆地大量地使用特写镜头,对运动员的表情做了细致的刻画,用他的话说就是"见人不见球",特别是最后一场男子单打,王皓对韩国选手柳承敏的比赛,使用了大量的近景和特写镜头,传神地表现了比赛双方的情感细节,从面部表情到肢体语言,人性化的理念在这里得到了升华。尽管行内对这种创作理念有不同的看法,但是,无论是电视,还是其他媒体,要想让自己的报道吸引人,抓细节似乎是大家的共识,只是操作手法不同而已。

五、字幕使用规范化

在奥运会电视委员会颁发的信号制作实施手册中,对字幕的使用有着极其严格的要求,种类特别多,非常复杂,用我们字幕员的话来形容,就是"细得不能再细了"。奥运会字幕的最大特点就是信息量大,字幕显现时机合理,搭配适当,最大可能地替观众着想,让观众看清楚。在使用字幕时,专家们提出了一些规范化的要求。例如,当镜头还处在运动状态时,最好不叠加字幕,这样做视觉效果不好,对观众是一种不尊重的做法。再例如,当镜头给运动员、教练员或者官员近景时,构图要合理,要给字幕预留空间,叠加字幕时一定要倍加小心,千万不能把字幕贴在人脸上,哪怕是一秒钟都不能容忍,这是极其不尊重人的做法。另外,字幕的切出时间长度,也有它的一定内在规律,通常也是从人的视觉习惯和效果来衡量的。例如,一幅单条的字幕,只是简单地介绍姓名、年龄、国别等,一般维持在 4 秒钟。如果是 8 位运动员都列在同一幅字幕上时,时长起码要达到 15 至 20 秒,编导人员一定要了解观众的心理需求,要让他们看清楚。总之,作为电视信号一个重要的组成部分,字幕的处理方式是一门很值得研究的学问,需要科学的态度和规范的操作方法。

六、区域设置正规化

奥运会电视公用信号制作区(TV COMPOUND)一般都修建在紧靠比赛场馆附近,它负责向奥运会国际广播中心提供成品信号源。雅典奥运会的各个电视信号制作区的设置非常正规化,它通常由7个部门组成:管理组、技术协调组、信号制作组、后勤保障组、信号传输组、评论席组和信息组。在这7个组中,制作组是核心部分,形象点说,如果把电视制作区比做厨房,那么制作组扮演的角色就是大厨,其他工种都是围绕着制作组提供服务的。为了保证信号的制作质量,电视委员会在挑选人员时非常注重标准。如果参与过奥运会信号制作,英语流畅,熟悉体育,懂得电视,便是最佳人选。由于电视委员会广招天下人才,所以每个电视制作区通常由10多个国家的人员组成,像一个小联合国。

为了保证电视信号制作人员工作的顺利进行,每个电视制作区在生活保障方面做了细致的规划,例如,每个制作区根据人员的多少,按比例修建会议室和办公室,餐厅,厨房,冰库,还有洗手间。这些建筑都是临时的,运动会一结束就统统拆除。既然有厨房,就会有厨师,雅典奥运会所有的电视制作区里的厨房都配备了持有专业证书的高级厨师,还有厨师助手数人不等。为保证饮食的安全和质量,雅典奥运会组委会有关部门向全世界招标,结果,美国一家餐饮公司中标,承担了奥运会所有电视制作区的餐饮供应和人员服务。他们的操作方式都是标准化的,所有的餐厅的食谱都是一样的,只是个别地方略有区别。打比方说,如果今天中午吃快餐,那么全雅典奥运会电视制作区的餐厅里都会摆放着一模一样的快餐盒。从就餐者来说,也许很不合胃口,但是要想到雅典电视制作区的人员到达4000人的这个“可怕的”数字时,你就会理解为什么要标准化了。连就餐都如此讲标准,更不要说比它复杂得多的多地信号制作了。如果没有一个切实可行的科学标准,像奥运会这样庞大的系统工程要想顺利运营谈何容易?

第三节　公用信号的“导演组”

有一篇文章是这样美好地描述电视台的导演在制作电视体育赛事公用信号(转播)时紧张忙碌的情形:“只见导演眼睛紧盯着众多的让人眼花缭乱的电视显示屏,不时地下达着各种口令,十指翻飞按动着键盘,像弹钢琴一般地优美，电视画面不停地变换着，或激昂，或舒缓，或豪放，或柔美，挥洒自如，气势磅礴，仿佛不是在转播一场体育比赛，而是在指挥着千军万马，进行着一场酣畅淋漓的厮杀，让人紧张地透不过气来。”体育赛事公用信号制作（转播）时导演的酸甜苦辣可见一斑。

体育赛事公用信号制作（转播）时导演工作的本质特点是压力大、责任重、精神高度紧张、注意力高度集中。在现场，经常可以看到导演一个人掌控着面前的一大堆键盘，不时下达各种口令，调机位，上字幕，慢动作回放，和场地联络等等，眼睛不敢离开屏幕，手不能按错键盘，容不得半点犹豫，必须果断下达口令，否则精彩情形稍纵即逝，特别是关键的场景没有抓住就会悔恨终身。由此我们可以对导演艰辛的工作和出色的能力报以深深的敬意，但是从这个“挥洒自如，气势磅礴”的过程中，稍加留神，我们就会注意到这么一个现象：几乎所有的事情导演一个人都包干了，这还不包括前前后后的各种杂事，忙的晕头转向，焦头烂额，可谓“千斤重担一肩挑”。但是，一个人的精力是有限的，能量是有度的，特别是目前公用信号制作量和难度的大幅度增加，这种高度紧张的工作，稍有疏忽就会酿成大错，这样的教训可谓多矣，一个“肩”挑此重任谈何容易？！

坦率地讲这是一种非常不安全的落后的操作模式，极其封闭、不透明、“责任”的流向成“糨糊”状，不仅对掌控者没有好处，对整个团队的责任意识在某种程度上来说是削弱，所有的风险都系在一个人身上。复杂的事情变得更加复杂，危险的事情变得更加危险。整个操作过程潜藏着非常多的陷阱和暗沟，很多时候出了差错查都查不清原因，甚至导演自己都觉得后悔和窝囊。如果说公用信号制作（转播）的场次少，比赛时间短，过程比较简单，加之转播的机位数量不多，应该说在这种情况下，“一肩挑”的方式还能对付，但是在体育赛事尤其是大型综合赛事公用信号制作（转播）机位越来越多，慢动作路数和字幕数量急速增多，质量要求越来越高，强度越来越大，场次越来越多，程序越来越复杂的情况下，这种操作模式恐怕就难以适应了，而且明显变得越来越落伍了，对导演“一肩挑”的工作模式的挑战变得更加现实、严峻和残酷。制作公用信号制作（转播）“导演组”应运而生。

“导演组”的概念，是把一个人的“单打独斗”变成“集体行动”，把一个人承担的风险分摊到几个人身上，原本复杂的事情变得简单起来。坦诚地讲，这不是个简单的概念问题，也不仅仅是简单地增加人数，而是一种观念的改变，习惯的改变，是和国际接轨的需求，是一种抛弃传统迈向现代的举措,需要头脑、智慧、胆量、勇气、信心和决心。中国体育电视人在精心研究国外同行“导演组”的运行基础上,大胆尝试“一变六”,获得成功。

所谓“一变六”就是把原来一个导演干的工作细化分成六个工种,形成一个“导演组”,即总导演,助理导演,慢动作导演,字幕导演,场地导演和切像师。根据这几年中央电视台参与了雅典奥运会(乒乓球、羽毛球共两个项目)、多哈亚运会(篮球、排球、乒乓球、羽毛球、击剑、武术共6个项目)、东亚运动会(田径、游泳、跳水、花样游泳、足球、篮球、网球、曲棍球、举重、体育舞蹈共10个项目)、澳门葡语系运动会(足球、室内五人制足球、排球、沙滩排球、篮球共5个项目)英联邦运动会(乒乓球、羽毛球和举重共3个项目)、西亚运动会(足球和排球共两个项目)的国际公用信号制作的收获和体会,大致地把这“导演组”六个岗位的职能作用做如下界定(也适用于体育赛事的电视转播):

一、总导演(Director)

总导演是这项工作的总指挥和核心,负责全局工作。公用信号制作或者转播的各个环节都是围绕着总导演的指令而进行工作,总导演要对比赛的电视信号制作质量负全面责任。总导演的职责范围包括:根据个人对赛事转播的理解,赛事的特点、规模及赛事的级别,提出信号制作或转播计划。计划包括:转播系统、摄像机数量和种类、摄像机镜头的倍数及数量、慢动作重放的通道和岗位、画面的扫化形式、字幕的种类和数量、后期素材的插播;根据场地及设备情况确定摄像机机位、流动机的活动范围,并协调技术部门共同绘制准确的摄像机机位图。在视/音频系统构建完毕之后,总导演有责任对所有摄像机机位、字幕内容及数量、慢动作重放通道的设定、监视墙的布设、话筒的位置、拾音效果等进行确认。如果比赛主办方已经确定了摄像机机位的数量以及位置,总导演有责任进行核实,如果确实有不合理的地方,可以根据具体情况提出调整建议。

在信号制作(转播)过程中,总导演的职责是按照主办方的制作理念和标准,熟练有序且提前于播出之前调度所有视/音频系统的可利用“资源”。并通过各个工种的准确操作,有效地实现转播意图。包括:摄像机各个机位的画面处理、摄像机各个讯道镜头的组接、慢动作重放及精彩重放的切入时机、字幕的播放次序及时机、视/音频的合理组接等等。总导演的思路应清晰、语言应简练、速度应迅捷,向各工位,包括切像师、助理导演、场地导演、慢动作导演、字幕导演发出准确及权威性的口令，以便实现自己的创作意图。此外，总导演还要对赛事信号制作的计划和进程了如指掌，并且做好应对各种突发性事件的准备，做到沉着应战、临危不乱。

二、助理导演(Director's Assistant)

助理导演协助总导演做好各项工作，要具备全方位的统筹协调能力，熟悉各个工种的岗位职责，必要时相当于总导演的替补甚至其他专项导演岗位的替补。助理导演要随时听从总导演调遣，随时为总导演提供所需信息，甚至提出解决的办法。通常情况下，助理导演要掌控赛事信号制作计划，熟悉整个制作流程，做到烂熟于心；要负责提示各个工种信号制作流程，包括景别、内容、时长等，通常采用倒计时的方式；要及时提醒总导演信号制作过程中出现的突发情况，并采取相应的应急措施；要为总导演准备比赛资料，协助总导演进行机位调配和切换，及时提醒把最新的信息及时通知总导演和各个岗位的工作人员，控制制作流程每一个环节的时间，确保准确无误；要负责单边信号的传输，协调播音员提供公用信号的解说，负责比赛之后集锦的传送等工作。

三、慢动作导演(Assistant Producer)

慢动作导演这是一项锦上添花的工作岗位。其任务是要赛事直播过程中，在合适的时机内以最短的时间播放最精彩、最流畅、最生动的重放画面组接。信号制作前期，慢动作导演要对摄像机机位的设置、镜头的配制有所了解，根据赛事的特点以及主办方的制作标准与操作人员一起设计慢动作的记录和重放通道；要与总导演沟通制作理念，与切像员确定通道、扫化方式及指挥口令，与摄像师沟通记录完成有效的可用画面，与音频调音师确定音效等。

信号制作过程中，慢动作导演要指挥慢动作操机员在正确的时机“打点”；要根据制作规范或场景特点在总导演准许的有限时间内，给各工种发出准确口令，有序地完成各个通道有效素材的重放；另外，配合总导演完成各场次和全天的精彩重放的编辑，根据赛事的要求完成一天的赛事集锦回传任务。慢动作导演要注重和总导演的沟通和默契，所有的慢动作播出一定要符合总导演的思路，符合整个信号的节奏。

四、字幕导演(Font Coordinator)

字幕导演负责整体赛事信号制作的字幕协调工作。前期,根据赛事特点或主办方的制作手册,决定字幕格式、字体、内容及规范。当赛事与场内计时计分系统有关时,字幕导演要及时与场内机时系统沟通,确定通道、解决通信手段。播出前与操作员一起对字幕要仔细审核和校对。制作中,字幕导演有权决定字幕播放的时间和时机,但是一定要符合组委会的标准和要求,符合总导演的思路。与总导演配合要默契,要符合信号制作的规律和节奏;把握时机要恰到好处,同时要熟悉赛程和参赛的教练员和运动员;要与场地导演和计时计分系统的工作人员保持畅通无阻的联系。“不能出错”对于字幕导演来说是一个无法做出保证但是又必须得保证质量的挑战。

五、场地导演(Spotter)

场地导演这个岗位是除了摄像师之外,总导演在比赛现场上的第二只眼睛,这个岗位至关重要。场地导演的主要职责是向信号制作队伍提供一切所需信息,并协调赛场上所有与电视信号制作有关的事宜,其中包括熟悉场地各种情况、各个部门的负责人、与裁判长的沟通并熟悉赛程、及时了解比赛的信息、协助总导演做好单边服务的场地准备以及字幕播放时需要确认的事宜。场地导演要对可能产生的变化做到心中有数,如果有变化能够迅速通知总导演和各个工种,保证信号制作的顺畅和安全。

六、切像师(Vision Mixer)

用一句通俗的话来说,这个岗位就是总导演的手。所有的画面都是通过切像师组接出去的,这个工作是信号制作流程的最后一道工序,作用异常重要。切像师负责视频切换台的技术调整,根据摄像机、慢动作重放、字幕及特技要求进行切换台设置。设置切像师的目的是以最简便安全的方式实现复杂操作。切像师不但要熟悉视频切换台每一个按键,同时要熟悉不同厂家及不同型号的视频切换台,以完成异地制作的要求。在制作过程中,要根据导演的制作要求,切换要严格按照总导演的口令,不能主动掺入自己的思想。切像师的工作内容包括:镜头切换、插入字幕、特效、播放录像机等。切像师同样要熟悉项目、熟悉赛程、熟悉各个工种,要充分理解导演的指挥意图,把握切换时机,把最好的画面呈现给观众。

从以上对“导演组”各个岗位分工及其功能的界定中,我们可以对“一变六”的科学性得出几个初步的结论:第一,强调团队配合,注重集体力量。大家分兵把口,各司其职,责任清楚,强化了专业意识和集体意识,调动了大家的积极性。同时,信号制作质量得到了强有力的保障,大大减少了出错的概率。第二,在最大程度上解放了总导演,使总导演有时间去更加深刻更加细致地谋划大局、把握大局、运作大局,把过去“千斤重担一人挑”的状况,变为“千斤重担众人挑”。把过去一个人承担风险改为风险大家共同承担,大大保证了信号制作的安全性和可靠性。第三,改变了过去导演一个人的封闭操作模式,使之变为一个开放透明的操作模式,给每一个岗位的人员带来了向纵深发展的空间和机会。岗位工作内容定向,工作人员的注意力容易集中,效率高,更加专业化、规范化,人性化。第四,适合打“持久战”。大型国际性赛事一般赛程都很长,有的比赛项目的公用信号制作时间长达十几天,每天长达十几个小时,没有一个集体力量的支撑是绝对完不成任务的。

由于岗位的专一化,对人员的要求也更加专一,在选择人员时有了更加清晰的特定的方向。例如在选择“场地导演”时,如果要与外国同行合作,首先外语水平要高,表达清晰,交流顺畅;同时与人打交道的能力要非常强,在紧急的情况下,能够果断迅速解决问题。例如选择“慢动作导演”,它的人选一定要具有很强的审美能力,想象力要超常的丰富,要具有一定的浪漫气质,创作欲望要强烈:例如选择“字幕导演”,应该注重考察人选是否办事严谨稳重、条理清晰、认真细致,还要求英语阅读和表达能力较强;再例如“切像师”,这个岗位的人选最好从技术人员队伍里寻找,节目人员最好不要介入这项技术性工作,因为技术人员更了解切换台的性能和特征,操作起来更得心应手。特别是遇到紧急情况时,技术人员处理起来更加从容,保险系数更高。选择“切像师”的条件最重要的是具有很强的服从性,理解总导演的意图,快而清晰,喜欢和热爱这个岗位,同样要喜爱体育,年纪轻最好。

用辩证法看问题,世界上任何事物都有它的两面性。就“一变六”而言,这种“导演组”的构架确实有它独到的地方,但是也有人提出异议,认为这种模式制约了导演的创造力和想象力,限制了个性发展。但是也有人认为,为了保证运动会电视公用信号制作的整体质量,就必须限制个体的个性,张扬集体的个性,否则各个导演自行其是,自由发挥,信号制作的游戏规则势必打乱,最后受影响的是信号质量和观众。为此,奥运会、世界杯足球的大型赛事的信号制作都制定了统一的理念、统一的制作法则,以确保信号质量达到专业化、标准化、国际化。因此从这个意义上讲个人的个性必须服从集体的个性。

总而言之，欧美电视专家在制定公用信号制作游戏规则时，把“工业化生产”的先进概念引进了电视公用信号制作的全过程。因为公用信号制作是个大的概念，它所涉及的范围相当广，从整个电视公用信号制作机构的组建、团队的大范围选择、设备的大数量租赁，到制作区的搭建、技术保障、后勤支援等等，这是一个巨大的工程。整个操作过程充满了“大工业化生产”的痕迹，例如合理化的生产组织、科学化的管理方法，特别强调集体的作用，具体来说就是岗位明确、工种细化、流程清楚、分工明确、责任到人、成本降低、科学实用。总而言之，把本来很复杂的工程进行了充分的解剖，把块状的“物体”变成条状的，一项一项细分，把重要岗位的工作内容剥离成多份，分摊到更多的人身上，每人只完成一项工作，把它做精做细，做到规范和专业，每一个人都做到家了，整合在一起就是一个精品，一件完美的“艺术品”。2008 年北京奥运会在举世关注和高度赞扬声中落下帷幕，它不仅让全世界看到了欣欣向荣的社会主义中国的巨大发展和进步，也让全世界看到了勤劳勇敢的中国人民的热情和能力。作为奥运会的组成部分，电视公用信号制作同样获得极大的成功。借用北京奥林匹克转播有限公司首席执行官罗梅罗先生的话来形容，就是“全世界没一家持权转播商投诉”！没有“投诉”就意味着成功，一个伟大的成功！北京奥运会电视信号制作集中了全世界 20 个国家的优秀制作团队，对 28 个项目的比赛进行直播公用信号的制作，制作量达到 3800 个小时，全部采用高清制作格式和 5. 1 环绕声，无论是规模、难度和创新程度都堪称奥运会历史之最。

第四节　中国体育电视的公用信号之旅

2004 年雅典奥运会，是中国体育电视从事体育电视公用信号的发端。当时，对于首次参与奥运会公用信号制作的中国电视人来讲，它是一个全新的事物，无论是它的理念和标准，还是它的制作方法和程序，大家非常陌生。然而，2004 年 8 月 14 日到 27 日，由中央电视台体育节目中心、播出传送中心、技术制作中心和北京科学教育电影制片厂的 58 名编导、技术人员组成的电视国际公用信号制作队，代表中国电视人，在雅典奥运会上凭借自己的实力和拼搏精神，出色地完成了乒乓球、羽毛球和现代五项等三个项目的奥运会公用信号制作任务,为祖国和人民、为中央电视台赢得了荣誉,同时也赢得了外国同行的发自内心的称赞和尊敬。其中乒乓球信号得到了雅典奥运会转播有限公司总裁罗梅罗先生高度赞誉:“信号制作得如此精美和传神,不可思议,它是奥运会历史上最好的乒乓球信号。”

雅典奥运会中央电视台制作队承担的乒乓球和羽毛球项目我们还比较熟悉,但是对现代五项(由射击、击剑、游泳、马术障碍跳和追逐跑组成,比赛分散在三个场地)就非常陌生了,而且很多人根本没见过。更令人头疼的是,奥运会转播有限公司要求对现代五项的五个小项目全部提供直播信号,这在奥运会现代五项赛事电视公用信号制作历史上还是头一次,难度非常大。为了确保在雅典奥运会上首次亮相的成功,在长达一年多的时间里,这58名编导和技术人员,转战祖国南北,进行了数百小时的连续高强度的练兵,大家严格地遵循雅典奥运会转播有限公司提出的公用信号制作理念和标准,一丝不苟地进行程序化的操作和演练,不断发现问题解决问题,特别是到达雅典奥运会前线后,大家以难以想象的工作热情和团结精神投入到实战中,心往一处想,劲往一处使,一丝不苟,兢兢业业,一步一个脚印地登上了胜利的顶峰。回首走过来的路程,大家深刻感受到中国电视人要想在世界体育大赛的电视信号制作舞台上争得一席之地,必须了解奥运会电视国际公用信号制作的发展历史,接受并且深刻领会、理解世界先进的信号制作理念和标准、熟悉国际通用的制作方法和程序,学会并掌握它,熟练地运用在实战中。

自从1992巴塞罗那奥运会首次实行“公用信号世界做”的模式之后,凡是获得奥运会主办权的东道国通常只能派出为数很少的电视制作团队参与电视公用信号制作。以2004年的雅典奥运会为例,东道国希腊只参与了篮球、举重、沙滩排球和足球(两块场地)三个半项目的信号制作。但是,北京奥运会则完全不同,我国电视机构大范围地参与信号制作,全国共10家电视台,派出16个团队,共579人(中央电视台244人,北京台67人,上海台82人,天津台38人,广东台38人,辽宁台38人,江苏台27人,浙江台15人,武汉台15人,厦门台15人),承担的项目多达7个,分别是足球、篮球、排球、乒乓球、羽毛球、网球和现代五项,首次改写了东道国少量参与信号制作的历史。大家用实力赢得国际同行的高度赞扬和充分尊重,取得了历史性的突破。在“世界制造”的大范畴中的“中国制造”成为一大亮点,给国际奥委会和世界体育电视界留下了深刻的印象,在某种程度上已经成为一个品牌。

中国体育电视人在北京奥运会能得到这样的机会,关键是在雅典奥运会的首次亮相时,作为中国体育电视界代表的中央电视台制作团队58位人员在赴雅典前的一年多的时间里,完成了650多个小时的演练,严格按照奥运会的理念、标准和流程进行规范化操作,苦练基本功,从而在雅典奥运会的乒乓球、羽毛球和现代五项共三个项目的实战中赢得良好的"第一印象",赢得了让人信服的"口碑",极大增强了中国体育电视人的竞争力,增加了在北京奥运会上争得更多制作项目的机会。从58个人到579人,这不仅仅是个数字的变化,更重要的是说明中国体育电视信号制作的整体实力有了长足的进步。为备战北京奥运会,中央电视台和各兄弟省市纷纷进行了高强度的严格演练,仅中央电视台一家,从2007年到2008年,利用各种单项赛事和"好运北京测试赛"等机会,全面展开实战演练,多达3700小时的演练,积累了丰富的实战经验,特别对那些首次参加奥运会信号制作的人员来说,具有启蒙、入门、建立信心、敢于上阵、勇夺胜利的现实意义。参加过雅典奥运会信号制作的人员积极传授经验,58个人像种子一样洒落在各个项目里,起到了正确的引领作用。北京奥运会,中国体育电视信号制作军团"吃掉"了所有足球主场和分赛场的信号制作任务,投入了北京、上海、天津、广东、辽宁五个台的精兵强将。此外,北京台还参与了男子排球赛事的信号制作;上海台承担了网球1号和2号场地的信号制作任务;武汉台负责第2号球台、江苏台负责第3和第4号球台的信号制作工作;厦门台和浙江台分别承担了羽毛球第2和第3号场地的信号制作任务。作为中国信号制作团队"旗舰"的中央电视台派出了5支队伍,总共244人,平均年龄30岁,负责制作篮球、排球、乒乓球、羽毛球、网球和现代五项总共6个项目的信号任务,完成的节目量为738小时,占北京奥林匹克有限公司(BOB)3800小时总量的近五分之一,信号制作质量、执行标准的精确性以及团队的合作沟通能力均得到外国同行以及国际奥委会和BOB高层的一致高度好评。BOB首席执行官罗梅罗先生称赞中央电视台信号制作团队经验丰富、业务能力强,表现了国际大台制作团队的良好职业素质。

北京残疾人奥运会是紧接着北京奥运会之后的一项重大国际赛事。和后者相比,虽然项目和参与运动员少一些,但是它的意义和复杂程度丝毫不亚于后者,尤其是残疾人比赛的电视公用信号制作有着特殊的难度。本届残疾人奥运会共设置了20个比赛项目,就项目数量而言和雅典奥运会基本相同,但是就电视信号制作量来说,北京残疾人奥运会是创造历史记录的。

雅典残疾人奥运会的电视公用信号制作项目是7个,而北京残疾人奥运会则增加到12个。按照惯例,残疾人奥运会通常是由主办国的电视机构完成所有的信号制作,上届雅典残奥会是希腊数家电视台组成联合体完成的。而北京残疾人奥运会则由中央电视台挑大梁,承担了12个公用信号中9个半项目的制作任务,投入6个团队,281人,北京电视台负责2个半项目的公用信号制作,投入2个团队,122人。此外,中央电视台还承担了13个项目的"ENG赛事集锦拍摄"任务,共投入了24个小组,72人。如果再加上中央电视台负责制作残疾人奥运会开闭幕式公用信号的130人,以及为上述团队做辅助工作的人员(约41人)则达到524人,这样两家电视台参与北京残疾人奥运会电视信号制作的人员相加总共达是646人。谈到公用信号制作量,根据最后的统计,中央电视台制作的信号总量为542小时,北京电视台制作的公用信号总量为203个小时。两者相加总是745个小时。另外,中央电视台负责的"ENG赛事集锦拍摄"的素材总量达654小时。这样庞大的规模是相当可观的。

残疾人奥运会对中国体育电视人来说非常陌生,而且是中国体育电视人第一次面对这样大规模的残疾人参与的国际体育大赛,没有任何经验可以借鉴。许多项目大家从来没有见过,甚至没有听说过。要在短时间里熟悉赛事和规则,了解比赛的规律和特点,制作出高质量的信号,向全世界提供最佳的服务,谈何容易。为此,中央电视台和北京电视台分别进行了高强度的演练。大家利用各种测试赛了解比赛的规则,熟悉项目,熟悉竞赛程序。有的比赛安排在外地,中央电视台制作团队就专程把转播车开到那里进行现场制作,即使不播出,也当作直播演练;有的项目根本没有安排比赛,中央电视台制作团队就安排编播人员到运动员训练现场进行观摩和学习,请教练员或者相关的专家讲解比赛,加深直观印象,加深对规则和整个赛事流程的了解,或者观看以往的国际比赛录像带,从中寻找规律和特点,尽可能把自己调整到最佳的临战状态。

制作团队在制作残疾人奥运会比赛电视信号时完全遵循奥运会的制作理念,首先本着"公正和平等"的法则,对各国和地区的运动员一视同仁,真实客观地记录精彩的现场比赛场面,让观众亲眼看到残疾人运动员奋勇拼搏的感人情景,亲身感受到残疾人运动员自强不息的奋斗精神和高尚风貌。其次,制作团队成员怀着爱心和真情,认真对待每一个场景,尽心尽力去捕捉残疾人运动员最感人的每一个动作和神情,去展现运动员在比赛中最美好的瞬间，坚持用最正面、最恰当的镜头去描绘残疾人运动员激战沙场的壮观场面。再次，制作团队为了适应残疾人比赛的特殊情况，在摄像机机位的架设、画面的构图等方面都给予了细心的考虑。例如，坐式排球比赛，由于运动员是坐在场地上，和通常的排球比赛全然不同，因此，必须要把相关的机位降低高度，拍摄的方法也要做相应的调整，让观众很舒服地欣赏残疾人运动员的精彩比赛。

中央电视台在北京残疾人奥运会电视公用信号制作中承担的另外一项重要任务是“ENG 赛事集锦拍摄”。它是使用单个或几个摄像机完成一场赛事的完整记录或者把一场赛事的主要精彩段落和重要节点记录下来形成拍摄素材，后期制作的编辑按照场记单从多项赛事的拍摄素材中精心挑选精彩画面，再插入其他直播公用信号的内容组合成“赛事集锦”，长度通常为 30 分钟，或者 60 分钟。这种“赛事集锦”式的电视公用信号制作方式在大型国际比赛中经常使用。几十分钟的“赛事集锦”把全天精彩比赛悉数囊括在内，电视客户使用起来非常方便。别小看这短短的几十分钟的“赛事集锦”，对中央电视台制作团队而言，这是前所未有的巨大挑战。

北京残疾人奥运会共设置了 20 个大项赛事，其中有 9 项赛事全程提供直播公用信号，3 项比赛只是在决赛时提供。这样其余的项目（共 13 项，其中 10 个项目全程拍摄，3 个项目拍摄小组赛等）就必须使用“ENG 赛事集锦拍摄”的方式弥补直播信号的不足。本届残疾人奥运会“赛事集锦”每天向全世界的客户普发两次，分别是北京时间下午的 16:00 和晚间的 24:00，每次一个小时长度。拍摄队伍共 24 支，72 人，每 3 个人分为一组，岗位分别是摄像师、助理摄像师和场记员。“赛事集锦”拍摄对摄像师要求很高，不仅要能够独立拍摄，而且要有“迅道”的感觉，也就是有参与过直播公用信号执机的经验和体会，要有“整体感”，对拍摄的机会要把握到位，特别是关键节点的拍摄决不能丢失，为后期制作创造最好的画面条件。因为摄像机少，又不能丢失重要画面，摄像师经常要挪动摄像机，放置在最佳角度，工作强度很大。由于要和各种岗位的外国人打交道，作为场记员不仅要熟悉赛事规则，更重要的是要懂英语，而且口语要很流利，书写英语也要整洁流畅易辨认，书写用词也要求准确专业，因为后期制作的编辑在挑选画面时的主要依据就是出自场记员笔下的“场记单”。另外，从某种角度来讲，场记员还扮演着导演的角色，他要清楚地了解所需要拍摄的内容，随时提醒摄像师。

为了保证出色完成任务，中央电视台体育节目中心在内部进行挑选，寻找合适的摄像师和场记员，通过报名和考核的方式，确定了 72 位人选。在此基础上，请 BOB 外国专家进行“突击培训”，从基础概念讲起，讲理念、讲要领、讲流程、讲标准、讲细节、格式化“规定动作”，使 24 组队伍的人员从思想和操作上能够做到“整齐划一”。这样就可以保证各组的拍摄质量处在同一个水平线上。通过三次针对性非常强的培训，强化了大家对“赛事集锦拍摄”的了解和执行标准的意识，加深了大家对残疾人奥运会特殊性的认识。此外，大家在研讨中清晰了许多模糊概念，发现了其中逻辑性很强的规律，细化出一系列可行的操作模式和方法，为出色完成任务打下了良好的基础。由于工种的特殊性，前往青岛拍摄帆船比赛的摄像师和场记员，是经过专门挑选的，有在船上拍摄的经验而且水性好。实践证明，这种有针对性的人员挑选对保证任务的完成起到良好的作用。在乘船拍摄帆船比赛时，由于风大浪高，缺少特种稳定设备——陀螺仪，也不能用支架，摄像师杨青就想了个“土办法”——用自己的身体做支撑，肩扛摄像机，随着海浪的起伏而蹲下站起，保证了画面高质量完成。赢得外国专家的高度好评。有时连续工作长达 8 个小时，非常辛劳。像这样感人的事例还有很多，它充分表现了中国体育电视人的聪明才智和坚韧精神。

如果把北京奥运会和残疾人奥运会比作两场“大戏”，那么来自世界五大洲的电视公用信号制作团队就是这两场“大戏”的忠实传播者。作为其中一支重要力量的中国制作团队不仅向全世界观众交上了一份满意的答卷，也赢得了国际同行的充分信任和尊重。这种百年一遇的经历使每一个投身于此的中国体育电视人倍感荣耀和自豪，而更重要的是这份珍贵的文化遗产将激励一代乃至下一代中国体育电视人锲而不舍地去追求和攀登更高的目标。

在 2010 年广州亚运会期间，中央电视台公用信号制作团队共 266 人，制作公用信号 334 场 748 小时，完成 ENG 公用信号集锦拍摄 1350 小时，制作量为历次大赛之最。

2012 年伦敦奥运会，中央电视台继续在全球公用信号制作中扮演着最重要的角色。承担了体操、乒乓球、羽毛球、射箭、现代五项共 5 个项目的公用信号制作，成为伦敦奥运会制作公用信号最多的电视机构之一。

第七章　中央电视台体育频道

中央电视台体育频道于 1995 年 1 月 1 日试播，同年上星覆盖全国，是国内最早成立的体育专业频道。1998 年，中央电视台以原新闻中心体育部为基础，成立体育节目中心。20 多年间，中央电视台体育频道广泛吸纳英才，壮大实力，专业化、品牌化、国际化程度日渐提高。在与全球顶级体育专业频道长期交流、学习和协作的同时，中央电视台体育频道不断进行资源整合，并历经数次改版，不仅在国内体育专业频道中独占鳌头，而且已经成为国际体育传媒舞台上不可或缺的重要力量。如果说《武林大会》节目的对外输出，只是其小试牛刀，那么，中央电视台能够在 2004 年雅典奥运会和 2008 年北京奥运会脱颖而出，成为国际奥委会多个运动项目的视频采编制作团队，足以说明其国际专业水平和强大的国际影响力。

1999 年，中央电视台体育频道确立了“频道专业化、栏目个性化、节目精品化”的目标，着力打造个性化栏目和培育专精节目，为频道专业化打下了坚实基础。2003 年，中央电视台体育频道实施专业频道品牌化战略；2005 年频道改制，实现扁平化管理。在不断地调整和改进中，中央电视台体育节目定位和编排风格日渐清晰，体育报道整体实力逐步加强。《足球之夜》《全明星猜想》《北京 2008》《体育人间》《城市之间》《赛车时代》《我的奥林匹克》等一批品牌栏目和节目逐渐成熟，得到观众的认可和喜爱。

1984 年洛杉矶奥运会上中国体育电视在国际舞台上“小荷露出尖尖角”；1990 年北京亚运会以及世界锦标赛、世界杯等各项大型赛会检阅着中央电视台的综合转播能力。10 多年间，中央电视台体育频道逐步建立了科学的直播队伍架构，坚持规范化、标准化、国际化的制作流程，挖掘赛事资源，创新赛事制作，以精彩的画面和高质量的信号，向世界展示了以中央电视台为排头兵的中国体育报道信号制作的整体实力。

从全面、生动、快捷地报道2000年、2004年奥运会比赛，到2001年7月北京获得第29届奥运会举办权、2008年8月成功举办北京奥运会，中央电视台成为奥运会主播台；从运筹帷幄，积极备战，到2008年3月奥运圣火传递拉开北京奥运会新闻报道的序幕和2008年8月全面转播北京奥运会奥运赛事，中央电视台见证了中国体育闪光的奖牌和含笑的泪水，记录了中国人民胜利的荣耀和真情的感动。在一次又一次的奥运报道和赛事转播中，中央电视台体育频道正向着科学化、现代化、国际化的目标前进着。

经过20多年的发展，中央电视台体育频道逐步拥有了稳定、成熟的收视群体和丰富的赛事资源，国内、国际影响日益扩大，在改革与发展中迈向国际舞台。

第一节　创新节目形态　深化频道改革

1995年1月，中央电视台体育频道开播。在不断探索和调整中，中央电视台体育频道着手打造自己的品牌栏目，《体育新闻》《足球之夜》《世界体育报道》等一批有影响的优秀栏目次第出现在观众的视野里。

1998年5月，中央电视台在原新闻中心体育部的基础上组建体育节目中心，负责规划、选题、采编、制作和播出国内外体育节目，并管理、编排体育频道及其他频道有关体育的节目播出工作，下设综合部、新闻部、竞赛部和交互电视筹备部。开播《体育新闻》《中国电视体育奖》《现场直播》《健身房》等10多个节目。通过世界女篮锦标赛、四大洲花样滑冰锦标赛、汤姆斯杯、尤伯杯羽毛球锦标赛等国际大型赛事的转播锻炼了队伍，提高了自制节目的质量，大大增强了节目的可视性和信息量。

从1999年开始，根据“频道专业化，栏目个性化，节目精品化”的整体工作部署，中央电视台开始在有计划地改版中探索体育节目的发展之路。

2001年1月1日，体育频道改版，将原来的34个栏目整合为17个栏目。《体育新闻》每天播出两档节目，共45分钟。频道全年各类活动和赛事直播达1200场，包括奥运会、全国乒乓球擂台赛、全国大学生运动会、全国女足联赛、男篮联赛（CBA）、甲A足球赛、中国大学生篮球联赛（CUBA）、中国乒乓球俱乐部超级联赛、世界女排大奖赛，亚洲杯足球赛、意大利足球联赛、德国足球联赛、欧洲联盟杯赛、国际田联黄金联赛、欧洲足球锦标赛、世界拳王争霸赛、世界围棋锦标赛、国际象棋世界杯赛等,平均每天播出超过3场比赛。

在积极完成各项体育赛事与体育活动宣传报道的同时,中央电视台体育频道坚持塑造良好的频道形象,使体育节目成为全民参与体育活动、关注体育事业的平台。

2001年,经过精心筹备,中央电视台推出“中国电视体育奖”评选活动。活动每年举行一次,奖杯由纯银制成,重2千克,获奖者永久保留。2002年3月22日,首届“中国电视体育奖”颁奖典礼在中央电视台举行。此次评选共设12个奖项,由体育记者和体育专家进行评审。在电视颁奖典礼、设置奖项和选定颁奖日期等方面,注重与国际化接轨,彰显大台风范。这是中央电视台创新节目形式、开拓体育发展空间和体育市场的成功尝试。2003年2月28日,中央电视台举办第二届“中国电视体育奖”评选活动。在发扬首届评奖的基础上,这次活动进一步弘扬了自强、自信、自尊的民族精神,提升了体育频道在观众心目中的地位。

2003年3月31日,以“让体育频道更好看”为目标,本着“赛事第一”的原则,体育频道再次改版。此次改版着重改进了频道的外在形式、制作方法和节目编排等方面,增设《轻松体育》《巅峰时刻》《全明星猜想》《电子竞技世界》《顶级赛事》《直播周末》6个栏目和板块,介绍前卫运动,浓缩最新、最高水平的国际赛事。其中,综合板块《直播周末》按照大型综合性运动会模式,对节目时段内的直播比赛、实况录像、专题、新闻节目进行整合,节目衔接自然、灵活、紧凑。同时采用演播室主持人随时播报最新消息的形式,以增大节目的信息量,增强节目的时效性。

2005年9月5日,围绕“突出赛事、加强新闻、改进编排、提升份额”的目标,体育频道实施改版,实现24小时播出。实行动态节目编排,赛事优先、新闻优先、直播优先。《北京2008》《赛车时代》《人间体育》等具有特色和亮点节目的推出,使体育频道收视份额明显增长,收视成绩突出。

大型节目《人间体育》是以现实和虚拟的方式制作的一档新型体育节目,给观众提供了更大的欣赏和娱乐空间。《全明星猜想》是《城市之间》栏目的特别节目。节目通过运作模式的创新,创造了收视高点,平均收视率创当年频道栏目收视率之最。节目季的概念开始在体育频道日臻成熟。《2005世界大力士冠军赛》在当年十一长假期间借鉴“洋品牌”,成功实现本土化,收视成绩突出,确立了有别于其他类型的体育娱乐节目样式。

2006 年 2 月,中央电视台与中国乒乓球队联手,在体育频道推出《直通不来梅》节目,首次现场直播了一向不对外公开的“中国乒乓球队出征第 48 届世乒赛团体赛队内选拔赛”,与及时跟进的新闻报道一起,在体育赛事淡季打造了一个收视热点。凭借《直通不来梅》获得的关注度和社会影响力,中央电视台又将热点延续至 4 月 24 日至 5 月 1 日世乒赛的转播中。坚持创新求变,采取措施,加强整体包装的原则,每天提前 20 分钟打开直播窗口,回顾赛况,深入分析当天参赛队实力,加强与观众的互动。该节目在体育频道当周收视排行中位居第一,收视率和收视额分别达到了 2. 82%、7. 12%。

2006 年 7 月,体育频道以“实现资源最大化,减少中间环节,强化执行力”为目的,以“面向奥运、整合资源、加强管理、锻造品牌”为指导思想,推行频道制管理模式。实行频道制度后,体育频道对外仍保留“体育中心”的呼号, 撤销综合部、体育新闻部、体育竞赛部、体育编辑部,初步建立起扁平化管理模式,新闻、竞赛、栏目三个系统成为频道支柱。成立频道编辑部,管理层设置频道总监、副总监、总监助理、频道编辑部主任等岗位。频道下设策划组、编播组等 6 个公共职能组。2007 年,经过短期的磨合,体育频道新的管理体制很快显现出新的活力,开始发挥作用,赛事、新闻、栏目的节目质量有明显提升。节目策划、节目编排、经费管理等进入有序、规范的管理阶段。

2007 年 3 月,旨在推广中华传统武术文化的大型系列节目《武林大会》播出。节目开播后收视率不断攀升,迅速得到观众的认可。节目吸引了一些奥运供应商加盟,积极与中央电视台洽谈将《武林大会》推介到海外电视台。《武林大会》搭建了传播中国文化的平台,符合我国政府关于中国文化“走出去”的发展方针。

2008 年 1 月,为更加及时跟进和报道北京奥运会,体育频道正式改版为奥运频道,为着力创新节目形态,陆续推出《奥运城市行》《我的奥林匹克》《奥运进行时》《奥运经典》《奥运岁月》等优秀的节目和栏目,形成奥运节目的集群效应。

第二节　开发赛事资源　提高竞争能力

随着我国体育事业的蓬勃发展,国内各类体育赛事、活动接连不断,奥运会、世界杯、亚运会等国际大赛也不断考验着体育转播的综合实力。为此,中央电视台确立了以赛事为重点的频道节目编排思路,使体育赛事转播精彩纷呈。近年来，中央电视台体育频道的“赛事优先、直播优先、大众优先”的原则得以贯彻执行，激活了赛事资源，满足了广大观众的要求。

1998 年 6 月 10 日至 7 月 16 日，第 16 届世界杯足球赛在法国 10 个城市举行。中央电视台派出 9 人前方报道组深入到各个比赛现场采制新闻，并在位于法国巴黎的国际媒体中心（IMC）搭建简易演播室，租用国际卫星线路，设立中央电视台前方报道中心。同时在北京设立演播室，约有 130 人参加了报道工作。在中央电视台第一套、第二套和第五套节目中现场直播了全部 64 场比赛，共 130 小时；播出 31 期《法兰西之夜》专题节目，每期节目 90 分钟；自采自编新闻 160 条。中央电视台第一次派摄制组到世界杯各比赛现场采访，在节目中采用多媒体足球软件和数字虚拟技术，使整体节目、前后方主持人的交流和沟通更生动、更逼真。

1999 年 6 月 19 日至 7 月 10 日，第三届女子足球世界杯赛在美国 7 个城市举行。中央电视台派出 6 人报道组，现场直播了 29 场比赛，录播了 3 场比赛；前方记者提供新闻 20 条，制作播出了 10 集专题节目《铿锵玫瑰》，每集 30 分钟。全方位、多层次、多角度地报道了这一届女子足球世界杯的盛况。

2000 年 9 月 15 日至 10 月 1 日，第 27 届奥运会在澳大利亚悉尼举行。中央电视台在奥运会比赛期间播出了 584 小时 17 分钟的节目，直播了 160 场比赛，录播了 30 场比赛，制作新闻 826 条，专题节目 210 期。这是中央电视台自 1984 年开始转播奥运会以后报道规模最大的一次，在节目的整体包装和频道的整体意识上有了很大的进步，充分展示出我国体育健儿在奥运赛场奋勇拼搏、为国争光的风采。

2002 年 2 月 8 日至 2 月 24 日，第 18 届冬季奥运会在美国盐湖城举行。中央电视台派出 20 人报道团，转播比赛 32 场，累计 100 小时。转播内容包括短道速滑、花样滑冰、冰球、雪橇、冰壶、高山滑雪等项目，重点转播了中国代表团有可能获得奖牌的优势项目。因为我国电视观众对于冬奥会比赛项目接触较少。对此，报道团阅读了大量的资料介绍，通过深入采访，得到许多有关赛事规则、世界优秀选手背景介绍、中国队员战绩等第一手资料，为电视观众呈现出一个生动鲜活的冬奥会赛场。另外，报道团设有 3 组 ENG，共计传送新闻 13.2 小时。其中，对中国代表团冬奥会金牌实现零的突破的报道以及每天一个的专题节目受到广大观众的好评。

2002 年 3 月，中央电视台获得 2002 年和 2006 年两届世界杯足球赛的中国大陆地区独家电视报道权。在韩国、日本世界杯足球赛期间，中央电视台确定了以“你好！世界杯”为主线的报道方式，报道风格轻松愉悦。首次用长达 4 个月的时间(4 月 1 日至 7 月 31 日)，分前期、赛中、后期 3 个阶段，在中央电视台第一套节目、第五套节目中同时推出世界杯足球赛报道。

2002 年 9 月 29 日至 10 月 14 日，第 14 届亚洲运动会在韩国釜山举行。在 38 个大项，419 个小项的比赛中，中国代表团取得了 150 枚金牌的战绩。中央电视台派出 238 人的报道团，租用了近 800 平方米的工作间，搭建了能完整转播两套节目的电视播出系统，节目总播出量达到 320 小时，居亚洲各国和地区电视台之首。这次赛事报道运用了新闻、专题、访谈、转播、包装和交互电视等多种电视手段，将中国运动员夺金得银的辉煌和中国人民的民族自豪感表现得淋漓尽致。报道中精心选择单边注入点，请王军霞、王涛、蒋承稷等世界冠军和著名运动员作为中央电视台特邀记者，在釜山亚运会现场对赛事进行点评和解说。这些形式上的创新，加上每天制作播出一小时的《早安中国》节目，以及交互电视每天同时播出 5 套亚运会节目，使得中央电视台的亚运会报道更加专业、权威，体育节目更加精彩悦目。

2004 年是中央电视台的奥运年，也是大赛年。除了举世瞩目的雅典奥运会、欧洲杯足球锦标赛等重要比赛之外，中央电视台还拥有亚洲杯、世乒赛、F1 赛车和世界网球大师赛等一系列世界级赛事的报道权，体育频道全年顶级赛事的比赛日总和超过 300 天。2004 年体育频道迎来开播以来赛事资源最为丰富的一年。

世界一级方程式锦标赛(简称 F1 锦标赛)被称为世界第三大赛事。随着经济的飞速发展，中国社会快速进入汽车时代，这项赛事对中国观众的吸引力也迅速攀升。2003 年 2 月 24 日，中央电视台和上海国际赛车场有限公司在北京梅地亚中心，举行了 2003 至 2010 年 F1 锦标赛电视转播合作及赛车运动推广战略合作伙伴签约仪式。

2004 年 9 月，F1 锦标赛首次在中国上海举办。为把握好这个机会，中央电视台组建并完善了 F1 节目组，设立《赛车时代》栏目，在《体育新闻》中设立《精彩 F1》板块。栏目开播后，收视效果良好。

2004 年 6 月，第 12 届欧洲足球锦标赛在葡萄牙举行。中央电视台体育频道派出 30 人的报道团，分成 5 个报道小组活跃在 8 个城市的 10 个比赛场上。为了前后方呼应，中央电视台体育频道在葡萄牙里斯本欧洲杯 IBC 建立报道中心(包括主控信号调配、演播室、配音间、后期制作、办公区)，在比赛场地租用现场评论席，显示出中央电视台在重大国际体育赛事报道中的实力和水平。比赛期间,推出《欧战快报》《豪门盛宴》两档专题节目;全程直播了31场充满戏剧性的精彩比赛。其中,早间节目《欧战快报》19场,1235分钟;晚间专题《豪门盛宴》前后方对接13次,740分钟;完成新闻传送50多次,超过845分钟,制作精彩集锦6集,计180分钟。

2004年8月13日至29日,雅典奥运会报道期间,中央电视台体育频道连续17天不间断播出,相继推出120集奥运冠军专题片、150集《巅峰时刻》、150集《中国军团》、200个宣传短片和4次倒计时特别节目和火炬接力报道等,加上两个付费频道和其他频道的播出,这次奥运会体育报道播出总量达1474多小时,是中央电视台历届奥运会报道总量最高的一次。

2006年,中央电视台体育频道在重点赛事报道(如冬奥会、世界杯、亚运会等)、日常报道和转播中,继续贯穿创新理念,不断探索、尝试、推广新的报道模式。创新台网联动机制,使赛事资源最大化,增强节目内涵,拓展节目外延。

2006年2月,第20届冬奥会在意大利都灵举行。与往届冬奥会相比,这一届冬奥会新增了4项比赛,修改了3个级别的比赛。考虑到这些情况以及春节之后为国内体育赛事淡季等因素,为使都灵冬奥会和北京奥运会产生有机联系,中央电视台体育频道前方报道组在节目中除了关注中国运动员有望夺牌的比赛项目以外,还专门提供了一些能提高观众收视兴趣的比赛。直播比赛以中国运动员参加的、对抗性强的、观众趣味浓的项目优先,对知名运动员(如杨扬、申雪、赵宏博等)和夺牌运动员进行全方位跟踪式报道。在冬季体育比赛相对淡季的时间里,有效地把观众吸引到体育节目中。

2006年4月,德国足球世界杯比赛前,中央电视台体育频道先后开播了《世界杯殿堂》《进军德国》等节目为比赛预热。4月17日,推出了20集系列专题片《世界足球之旅》,深入德国12个举办城市,从各参赛国的风土人情、人文地理入手,解读世界杯的发展历史。比赛期间,中央电视台体育频道在前期做了充分的准备和节目铺垫,又从报道方式、赛事直播、包装体系、广告营销模式、技术保障、台网互动等方面进行了一系列的创新和尝试。在《豪门盛宴》栏目中,推出了“主持人+嘉宾评述+演艺环节+现场观众参与+直播比赛”的演播室综合节目报道方式。在《欢乐世界杯》和《球迷世界杯》中,对“体育娱乐化”进行了有益的探索。通过《晨光战报》《午间战报》和《体育新闻》等节目,尝试了见闻式报道和赛事新闻解说化报道方式。在节目设计包装过程中,首次引入VIZRT包装系统,不仅解决了屏幕美化问题,也创造了很大的广告空间。这些创新和尝试,为中央电视台体育频道日后大型赛事的报道积累了经验。

2006 年 8 月至 9 月间,继世界杯足球赛之后,中央电视台体育频道对中美男篮对抗赛、斯坦科维奇洲际篮球冠军赛、世界男篮锦标赛、世界女篮锦标赛等进行整体策划,把篮球活动与媒体报道相结合,打造篮球主题季活动,把篮球各类竞技技巧表演与游戏有机组合,建构出富有竞技性、艺术性、趣味性的新型娱乐体育项目。该节目吸引了众多篮球爱好者的参加,成为一个收视热点,有力促进了全民健身运动。"篮球季"概念的提出和成功实践,突破了以往单项赛事各自为战的传统报道方式,对资源整合和开发利用、提升收视、扩大效益,意义深远。

2006 年 12 月,第 15 届亚洲运动会在卡塔尔首都多哈举行。这是继 1974 年伊朗德黑兰之后,亚运会首次在海湾国家举行,也是北京奥运会前最后一次国际大型综合性运动会。中央电视台体育频道利用这次运动会报道的机会练兵,从节目制作、技术保障等方面,为 2008 年北京奥运会报道进行了充分的演练和操作。

在这届亚运会报道中,体育频道推出《荣耀亚洲》节目,采用"主持人 + 嘉宾评述 + 现场观众参与 + 直播比赛"的大型综合类资讯直播节目报道方式,成功营造出多哈亚运会比赛的"第二现场",由此初步建立起中央电视台综合报道运动会的"网状思维"结构,以区别于单项赛事的"线性思维"模式。以结构导演、节目源导演、字幕导演、信息导演等新的工种配置,搭建运作流程和岗位设置;以现代化的视角和专业手法制作节目,在赛事直播中采用交叉直播和平行的多视窗直播;尝试制作欣赏性的亚运会赛事集锦;在《亚运午间专题》节目中贯彻以人物为核心处理赛事和资讯的新理念,加入尝试互动、字幕信息和评书、网络等新元素;在《体育新闻》节目中用宣传片的方式提供赛事、金牌数量、天气变化等信息。

2007 年,在积极有序地筹备北京奥运会报道的同时,中央电视台的体育报道根据赛事多、直播多、节目首播率高、内容含金量高的特点,采取"小赛大办"的策略,通过赛事转播、专题新闻、固定栏目制作特辑等方式,形成报道规模,抓好各项赛事的直播报道,挖掘赛事资源,营造收视热点,拉动收视。先后转播了第 6 届城市运动会、第 7 届全国残疾人运动会、第 2 届亚洲室内运动会、第 6 届亚洲冬季运动会、上海特奥会和女足世界杯赛等诸多赛事,在思想上重视各场比赛的报道,在实践中利用各种赛会时机,演练奥运会报道模式。逐步扩大频道占有领域，最大限度地满足了观众收看体育节目的需求。

第三节　加强制作水平 提升国际影响

体育赛事电视公用信号制作是衡量国家电视台实力的重要标杆之一。它展示着一个电视台走向国际舞台的精神面貌和专业水准。中央电视台体育转播队伍面临着越来越繁重的任务，转播制作水平也面临着前所未有的挑战。

1998 年 12 月 6 日至 12 月 20 日，第 13 届亚洲运动会在泰国曼谷举行。中央电视台派出 130 人报道团，在曼谷建立了具有主控、播控、配音、直播演播室等功能的前方报道中心。首次设立了各个比赛现场的单边信号注入点，直播报道生动、及时，令人耳目一新。在第一套节目、第二套节目和体育频道中播出新闻、专题、现场直播共计 330 小时。中央电视台第一次为大会组委会提供的垒球转播国际信号，受到亚广联的好评。

2001 年 8 月 22 日至 9 月 1 日，第 21 届世界大学生运动会在北京举行。大学生运动会素有“小奥运会”之称，影响大，社会地位突出，国内外观众关注广泛。这次运动会是北京申奥成功之后，首次在北京举行的世界性大型综合运动会，也是中央电视台 1990 年亚运会后首次以东道主身份承担体育赛事转播工作。电视转播成功与否关系到世界对 2008 年北京举办奥运会能力的评价。中央电视台联合北京电视台与天津电视台 800 余人对比赛进行全面转播，使本届大运会成为历届大学生运动会提供国际公用视信号最多的一届。全球共有 104 家电视台转播了开幕式，35 家电视台全程转播了这次运动会。在这次比赛中，中央电视台在电视制作与提供对外电视服务等方面力求与国际化接轨，为日后承办大型世界性体育盛会锻炼了队伍，积累了经验。

2001 年 11 月，中央电视台顺利推出交互电视节目，风云足球频道和高尔夫·网球频道相继播出。这两个频道以专业化的独立频道出现，标志着中央电视台互动电视节目进入试验阶段，从电视传媒未来的发展趋势看，此举具有深远的意义。2003 年 6 月，中央电视台接到创办付费电视风云足球频道的任务。风云足球频道成为国家广电总局首批批准开播的数字付费电视频道之一。经过 3 个月的紧张筹备，2003 年 9 月 1 日，付费电视风云足球频道的节目在中央数字节目平台试播。

2001 年 11 月 11 日，第 9 届全运会在广东举行，历时 15 天。这次赛事的成功报道，推出了中央电视台制播技术的新理念，揭开了中国电视以体育节目为契机、全面实施数字电视、交互电视蓝图的新时代。在这次赛事中，中央电视台派出 350 人的报道团，在第一、二、四、九套节目和体育频道中对全运会进行了周密的报道，总播出量达到 270 小时，出色完成了为大会提供乒乓球、羽毛球、游泳（含花样游泳）和跳水 4 项赛事公用信号的任务；在体育频道中转播了全部 28 个比赛大项的 98 场比赛，制作新闻约 28 小时，访谈节目约 11 小时，专题节目约 34 小时；在第二套节目转播比赛 160 场，在第一、四、九套节目直播了开闭幕式及部分赛况，制作了相关专题和新闻节目。这次赛事报道还实现了中国电视的两个第一次：第一次成功使用虚拟演播室直播体育节目；第一次在大型综合运动会上用“单边多点”（游泳、田径赛场设立分演播室）的报道形式展示运动会盛况，使互动电视节目播出进入试验阶段，对中国电视事业发展产生积极的意义。

2002 年第 14 届釜山亚运会报道中，为了确保导向正确和安全播出，中央电视台在提高人员素质的基础上，采取了一系列的技术防范措施。在第二套节目、体育频道和交互电视全部采用 20 秒延迟播出设备。赛事直播由专人监看画面，硬盘随时准备备用画面……这些措施为中央电视台进行大型运动会报道的安全播出积累了宝贵经验。

自 2002 年起，中央电视台的信号制作量逐年增加。截至 2007 年，中央电视台节目信号制作量已从 2002 年的 197 小时增加到 2615 小时。与此同时，从人员配备上加大对公用信号制作方面的投入，组建专职摄像队伍。在一专多能理念的指导下，利用原有的人力资源，逐渐培养出一批中青年导播人员。随着播出节目中自制节目的大幅增加，中央电视台的体育比赛信号制作质量不断提高。

2004 年 8 月，第 28 届奥运会在雅典举行。中央电视台第一套节目和体育频道充分利用演播室、专题片、注入点现场采访、宣传片、嘉宾访谈等多种手段对开幕式进行报道，前后方演播室顺利对接，前方演播室与 IBC 注入点和大理石体育场注入点完成对接，后方启用 30 秒延时播出系统。在开幕式直播过程中，电视信号清晰稳定，节目衔接自然、切换流畅。体育频道标志下方叠加了象征奥运会的五环标志，这是中央电视台继 2000 年悉尼奥运会后，再次以奥运频道的整体形象播出。中央电视台派出两支信号制作队伍共58人,参与了这次比赛的乒乓球、羽毛球、现代五项共3个项目的信号制作。这样的规模在中国电视史上,乃至奥运会电视公用信号制作历史上都是第一次。中央电视台制作的公用直播信号得到国内外同行的赞扬和认可,为日后广泛参与国际公用直播信号制作打下良好基础。

在这之后,中央电视台的体育报道信号制作队伍又多次踏出国门,参与了2005年第3届西亚运动会、2005年第4届东亚运动会、2006年第15届多哈亚运会、2006年第18届英联邦运动会、2007年第2届亚洲室内运动会、2007年第14届亚洲杯足球赛等大型体育赛事的国际公用直播信号的制作。

2005年10月29日,第4届东亚运动会在我国澳门特别行政区举行,这是澳门举行的首个大型综合性体育赛事,也是澳门特区政府成立以来首次承办的大型综合运动会。中央电视台首次担任东亚运动会的主播机构。在派出报道和制作队伍进行全程转播和新闻报道的同时,负责提供开幕式、闭幕式以及各项赛事的国际公用信号,公用信号制作量达到100小时。

2006年,中央电视台进行了第3届中国网球公开赛、第15届亚运动会、第18届英联邦运动会、首届葡语运动会、世界斯诺克台球中国公开赛、第8届世界短池游泳锦标赛、第11届世界女子垒球锦标赛、第15届世界杯跳水赛、上海国际田径大奖赛等数十项赛事信号制作任务,制作信号近2000小时,制作水准受到国际联合会、国外媒体的高度评价。中国信号制作团队直面各项赛事,挑战和成功运用国际领先技术,严格按照奥运会制作标准操作。在世界杯跳水赛转播中,通过运用虚拟图文和虚拟跟踪技术,模拟现场大屏幕,再现比赛阵容和战术,丰富了电视的表现力,尤其是虚拟标尺"TGD"的成功运用以及创建并利用"数据库"方法所实现的多种转播效果,得到了国际泳联、北京奥林匹克转播有限公司以及国际同行的广泛赞誉。在中国网球公开赛转播中,还引进了国际高端科技产品即时回放系统。中央电视台自主研发的渔竿式水陆两用摄像机也首次应用于比赛。

2006年,风云足球频道全程直播了德国世界杯足球赛。同时,除已有赛事外,阿根廷足球甲级联赛、巴西足球甲级联赛的直播也在风云足球频道闪亮登场。新鲜赛事的引进使得风云足球频道独家直播的赛事量不断上升,达到平均每周8至10场比赛。赛事密集时,甚至达到10场以上。截至2007年,中央电视台数字节目平台的有线数字接入用户达到700万,风云足球频道节目的专业性和品质保证为自己赢得越来越多的用户。

2008年,中央电视台承担了北京奥运会7个赛事项目(足球、篮球、排球、乒乓球、羽毛球、网球和现代五项）和武术表演项目的电视国际公用信号制作任务，负责每日向全球播发官方电视信号。自 1992 年巴塞罗那奥运会赛事报道首次采用“多国部队”模式，按照共识的理念和统一的标准制作电视公用信号之后，这是东道国电视台第一次承担如此多的制作项目。这既是对东道国电视台的尊重，更是对中央电视台节目制作实力的充分认可。此外，中央电视台还承担了在北京奥运会期间举行的特设国际武术赛事的电视国际公用信号制作任务。中央电视台的北京奥运会报道节目制作形式主要有两个：一是对公共信号的有效使用；二是单边信号的设立和充分使用。

为确保圆满完成此次公用信号制作任务，中央电视台组建了一支 230 多人的队伍，人员分别来自中央电视台体育节目中心、播出传送中心、技术制作中心和中国传媒大学。公用信号制作队伍以 2008 年北京奥运会为目标，进一步完善各个制作技术环节。为加大奥运新闻报道的力度，中央电视台以《北京 2008》为主要平台，对多个有关北京奥运会的重大事项进行报道，内容包括北京奥运会开幕式及闭幕式创意团队确定、国家体育场 24 根主体立柱安装、国家游泳中心钢结构安装等奥运建设项目、北京奥运市场开发（供应商选拔签约）、国际奥委会北京奥运会相关会议等。

随着电视信号制作量的增加，中央电视台公用信号制作技术日益先进，信号质量不断提高，队伍越发成熟，中央电视台体育节目的制作能力实现跨越式提升，向国际化制作水准迈进。

第四节　面向世界　抢占高地

2001 年 7 月 13 日，众望所归，北京成为 2008 年奥运会的主办地。中国体育历史从此翻开新的篇章。从运筹帷幄到成功转播，中央电视台的体育报道经历一次次奥运会赛事转播的磨炼，逐步实现着科学化、现代化、国际化的发展目标。

为做好 2001 年 7 月北京奥运会申办报道工作，根据北京奥申委和国家广电总局、中央电视台的统一部署，体育频道遵守“展现新闻事件的全过程，平和引导观众心理，注重技术细节和背景的介绍”的报道原则。直播中，主持人总体口径把握平稳，充满信心，平静祥和，对事件进程和情绪把握适当。整个报道过程在申办、出结果前不造势、不煽情、不拔高、不评论、不对竞争对手说三道四,较好地完成了14个小时的直播和新闻报道工作。7月13日《新奥运》直播节目的收视率:第一套节目为15.81%,第四套节目为1.36%,第五套节目为4.50%,三个频道的收视人数达到2.3亿人。很多观众来电、来信表示非常感谢中央电视台在第一时间内,让亿万观众共同分享了北京申奥成功的巨大喜悦,认为直播节目激发了海内外同胞的爱国热情,有力配合了北京申奥活动。

2003年,为配合奥运宣传,体育频道《体育人间》节目播出120集大型人物系列纪录片《中国奥运冠军特辑》。讲述了中国运动员自1984年洛杉矶奥运会起,在历届奥运会上勇夺金牌的故事。节目2004年2月在中央电视台播出后,引起媒体和电视观众的极大关注。同年4月,香港无线电视台向中国国际电视总公司购买了该节目在香港地区的播映权。同年6月初,该节目在香港TVB-8(覆盖美洲)播出,6月底,香港无线台播出,形成播映热潮。

2005年7月,中央电视台体育节目中心奥运策划组正式成立。2006年策划工作进入实质性阶段,节目中心把控奥运会各项报道方案的走向,推动方案按时间表出台、修改、完善,保证奥运报道筹备工作按计划、分步骤推进。

2006年,在全台一盘棋思想的指引下,中央电视台拓展赛事前后期广告空间,采用新技术,开发创收途径。利用冬奥会资源提出并实践"篮球季"概念,在广告策划中增加奥运元素,把奥运节目的设置、筹备与广告创收密切结合。中央电视台2006年黄金资源广告招标中,有关奥运节目的招标额达到9.3亿元。2008年,中央电视台体育频道的直接收入17.2亿元。

2006年8月8日中午12:00开始播出的大型特别节目《好运北京》,标志着中央电视台奥运报道计划正式启动。这是为纪念北京奥运会开幕倒计时两周年推出的直播节目,连续播出12小时。节目邀请1992年、2000年、2004年三届奥运会开幕式总导演做嘉宾,邀请汉城奥运会主题歌演唱者到演播室带领观众重温当年的激情时刻。同时还在青岛奥帆赛场、北京奥组委、北京奥体公园、天安门广场四地同时设立单边注入点,安排现场记者报道。此次报道首次动用飞艇对国家体育场进行高空拍摄。

2007年1月,《我的奥林匹克》在中央电视台CCTV-1(综合频道)推出。这档时长10分钟的专题栏目,以讲述奥运人物的奥运故事为核心,注重赛事资源和人文精神相结合、专业体育和社会意义相结合。8月,体育频道推出《奥运ABC》栏目,以全新的视角,通过三维动画生动形象地展现奥运赛事的魅力，具有很强的知识性和观赏性。开播后栏目收视率稳步提升。

2007 年 8 月 8 日晚，中央电视台 CCTV－1（综合频道）、CCTV－3（综艺频道）、CCTV－4（中文国际频道）、CCTV－9（英文国际频道）、体育频道和新闻频道、西法语频道，并机直播了在天安门广场举行的北京奥运会倒计时一周年庆祝活动和文艺晚会。据统计，全球 91 个国家和地区的 328 家电视机构转播或部分使用了中央电视台的直播信号。当天，体育频道从早晨 6:30 开始，推出 17 小时特别节目《奥运年代——北京时间》，全面、生动、多角度地展现北京奥运会筹备工作的进展，展望 2008 年北京奥运会开幕式及各项赛事的举办情况。新闻频道 8 月 2 日至 8 日，连续 6 天，每天制作播出 1.5 小时的演播室直播特别节目，主题分别为“神圣、挑战、激情、温馨、遗憾、欢乐”，带领观众回顾百年奥运，品味精彩瞬间。8 月 8 日，体育频道实行全天滚动直播报道，从 8:40～21:00，分 4 段推出时长 6 小时的直播特别节目，围绕在天安门广场等地举办的活动，从百姓关注的热点问题出发，关注北京奥运会筹备情况。

2007 年 10 月 23 日，国际奥委会正式授权中央电视台体育频道以奥运频道命名，使用奥运五环标志。根据中央电视台关于奥运报道的整体部署，2008 年 1 月 1 日零时体育频道更名为奥运频道，在中央电视台的台标上增加奥运五环标志，相继推出《五环夜话》《奥运故事会》《对手》和《奥运经典回顾》等栏目和节目，大型特别节目《你就是火炬手》《谁将解说北京奥运》等播出后影响广泛，奥运预热进入高潮阶段。

按照“有特色、高水平”的报道要求，中央电视台借鉴历届奥运会报道经验，精心谋划，通过中央电视台 CCTV－1（综合频道）、CCTV－2（经济频道）、CCTV－5（奥运频道）、CCTV－7（军事·农业频道），以及一个高清频道和两个付费频道，全面转播报道 2008 年北京奥运会。同时，中央电视台提出“频道功能差异化，方便观众收看；节目设计多样化，重点突出赛事”的频道设计原则，充分发挥奥运品牌资源和东道国优势，采取多种节目制作方式，全方位、多渠道地实现赛事转播立体化、奥运转播效益最大化。

CCTV－7（农业·军事频道）是中国农村覆盖率和收视率较高的频道。为满足农村居民收看北京奥运会的需求，奥运会期间，CCTV－7（农业·军事频道）作为顶级赛事重播频道，用于转播奥运会比赛；开播地面高清频道作为全赛事频道，充分利用高清国际信号，精选每天精彩赛事播出；付费足球频道及付费网球频道，以转播奥运会足球赛事和网球赛事为主，制作、播出自成体系。

2008年2月,第49届世界乒乓球锦标赛在广州举行。中央电视台全程提供国际公用信号,组织各项报道,把这次报道作为演练。确定的奥运会乒乓球项目单边综合制作模式,成为奥运频道2008年第一季度的收视亮点和创收亮点。

2008年3月24日,北京奥运会火炬在希腊点燃之后,开始了长达130天的境外和境内传递。奥运火炬传递活动与电视报道同步展开,这是北京奥运会开幕前的重要节目,也是更名后奥运频道迎来的第一个重大报道任务。与此同时,中央电视台在CCTV－1(综合频道)、CCTV－5(奥运频道)、CCTV－4(中文国际频道)、CCTV－9(英文国际频道)、新闻频道、西班牙语频道、法语频道开辟专门时段,及时、充分、生动、深入地报道了奥运火炬传递活动。

2008年3月30日,希腊雅典大理石体育场举行圣火交接仪式,北京奥组委主席刘淇接圣火回国。中央电视台直播圣火交接仪式全过程。3月31日,北京举行隆重仪式,欢迎奥运圣火进入中国。时任国家主席胡锦涛点燃在境外、境内传递的火炬,正式启动火炬接力活动。中央电视台全程直播了奥运圣火到达北京首都国际机场和国家领导人在天安门广场点燃奥运火炬的仪式。

这届火炬传递活动是参与人员最多(22000名火炬手)、历时最长(130天)、经过城市最多(境内外共134个)、难度最大(珠穆朗玛峰登顶)大的一次圣火传递。奥运火炬上珠峰是前无古人的创举,是2001年北京申奥成功时中国对世界的承诺,是2008年奥运会火炬传递活动的高潮。为此,中央电视台多次召开火炬接力报道策划会议,确定总体报道方案,与技术系统积极配合,细化珠峰火炬传递的电视报道方案,确保完成报道任务。

北京奥运会自2001年7月13日申办成功到2008年8月8日开幕、8月24日闭幕,历时7年,为奥林匹克运动写下浓墨重彩的篇章,展现了中国体育健儿为国争光的精神和中华儿女的高度热情,展现了中国经济发展的实力,展现了中央电视台发展的现代化水平。以中央电视台为代表的中国体育电视节目正向着科学化、现代化、世界化的发展目标迈进,而奥运报道正是实现这一目标的最佳舞台。

第五节　着眼后奥 未雨绸缪

如果说奥运会是体育频道的“盛宴”，那么，其他赛事资源就是“家常便饭”。而支撑体育频道生存与发展的恰恰是“家常便饭”。“盛宴”之后，中国体育电视正面临了新的挑战和机遇。

在中国这样一个自身体育资源并不丰富的国度，同时生存着数十个体育频道，固然有其特殊性和合理性。但由于体育资源的局限性，中国所有的体育频道都将面临一系列挑战：

挑战之一：资源之争导致版权费上扬。由于国内赛事资源的不足，所有体育频道只能放眼国外，购买各种国外赛事资源。导致体育频道无论是足球、篮球、排球等三大球，还是体操、游泳、网球、拳击等资源无不来自国外。最为极端的是足球赛事资源，欧洲和美洲的足球联赛已经成为全国各级体育频道的必争资源，其结果是欧洲主要国家的足球联赛版权成倍上涨，英超还被广东电视台所属的付费频道欧洲足球频道以5000万美元的高价买断了三年的播出权，这一数额令境内任何一家体育频道都望而却步。在其他赛事方面，NBA在全国24个体育或体育频道休闲频道播出，那么多电视频道转播NBA，这在全球实属罕见（一般国家和地区2～3个体育频道直播）。资源提供方NBAE不仅要收取逐年上涨的版权费，还要在赛事中带广告播出，播出方反倒处于被动地位。

挑战之二：版权纠纷不可避免。资源提供方对版权保护越来越严厉，国际奥委会、国际足联和欧洲足联对版权的保护都在转播合同中附加了更多的版权保护条款，如果执行不力，会招致国际官司。由于赛事资源相对稳定，中央电视台体育频道拥有超过80%以上的国际、国内赛事资源，而其他体育频道虽数量众多，但资源有限，每每遇到大赛，如奥运会、世界杯，地方台无一例外地盗播央视的赛事信号。尽管广电总局多次发文要求地方台停止盗播行为，但往往收效甚微。依靠行政手段不能解决问题，必然需要通过法律层面进行解决。所以央视与有关地方台在体育资源上的版权纠纷在所难免。

挑战之三：新媒体的交互性考验传统电视的单向传输和被动收视。随着新媒体对体育资源的渗透，特别是新媒体交互传播的特点在一定程度上削弱了电视的影响力。央视以高价购买2008年北京奥运会新媒体版权固然有成为全媒体机构的迫切需要，但更为重要的是有效地化解了新媒体的“炒作”风潮，从而保护了传统电视的利益。从长远考量，新媒体必然是未来的选择，虽不能取代电视，但一定会对电视的单向传播方式产生较大的影响。电视节目的制作和播出也会借鉴新媒体的交互特点从而使得节目越来越具有交互性，否则，年轻的电视观众群会逐渐流失，成为体育“网民”。

北京奥运会也同样孕育着新的机遇。现在中国体育频道虽然数量过多，但全国性体育频道只有 CCTV－5 一个，当然无法满足越来越多的体育观众的需求。既往的经验表明，重大赛事不仅可以“磁吸”众多的体育观众，也使得更多的非体育迷成为体育电视观众。如何将这些非体育迷留住，需要更大的传播平台，至少还应该有一个全国性的开路频道。就赛事资源和平台资源而言，央视无疑具备开播第二个体育频道的所有天然优势。在现有体育综合频道（CCTV－5）的基础上，央视再开播一个体育赛事频道是历史的必然，这个新频道姑且命名为 CCTV－5＋，这既维护了 CCTV－5 品牌的关联性，也是 CCTV－5 品牌的延伸，更符合国际惯例。

开播 CCTV－5＋是为北京奥运留下宝贵遗产的需要。北京奥运会为主办城市留下了大量运动场馆和设施，为奥运转播而诞生的 CCTV－5＋也为中国电视留下永久的遗产，使得北京奥运会与 CCTV－5＋永远留在人们的记忆中。

开播 CCTV－5＋是央视赛事资源充分利用的需要。如前所述，央视目前拥有 80% 以上的国内外赛事资源，节目首播率也超过 80%。这就意味着大量赛事连重播的机会都没有，不能不说是资源浪费。特别是周末经常会出现两场或多场直播赛事同时进行的情况，CCTV－5 只能选择播出一种赛事。如果能有两个频道，就可以充分利用这些赛事资源，满足更多不同受众的需要。

开播 CCTV－5＋是实现赛事资源更加集约化的需要。有了更大的传播平台，十分有利于中国体育电视在与国外赛事版权商的谈判中赢得主动地位。以央视为龙头与外方进行谈判，再以合理价位进行分销，从而有效避免“鹬蚌相争，渔翁得利”的局面，实现以较少的投入，获取更多的资源，最终惠及广大电视观众。

开播 CCTV－5＋是扶持本土职业体育的需要。以俱乐部联赛为特征的中国职业体育刚刚起步，虽然我们的足球、篮球、排球、乒乓球等联赛机制建立的时间并不长，比赛水平还不高，市场运作也不够规范，但是，这些毕竟是中国人自己的联赛，如果我们自己的体育频道都不提供播出平台，其发展前景将相当黯淡。目前的情形是，几乎所有的体育频道都是以外国赛事资源为主要内容，外国职业联赛如 NBA、英超、西甲、意甲、德甲等炙手可热，而国内赛事却很少能有播出空间。以职业体育发展较好的浙江省为例，该省拥有所有的职业联赛俱乐部，但由于没有专业的体育频道，所有本土比赛都没有提供电视信号，也无法得到电视转播。央视开播体育赛事频道将有助于缓解这一局面，而且提供了全国播出平台，对步履维艰的中国职业体育将有百利而无一害。

开播 CCTV－5＋是适应全民健身的需要。随着“全民健身与奥运同行”活动的广泛开展，以非竞技体育为特点的我国全民健身运动迎来了前所未有的发展机遇。全国各地开展了多种多样的全民健身活动，但各地媒体并没有提供足够的展示平台。任何体育活动只要组织得当、规则明晰，都可以成为竞技体育赛事，任何竞技体育赛事只要有足够的播出空间都能够吸引更多的观众。CCTV－5＋的开播无疑将提供这样的可能性，全民健身活动也将因此得到进一步普及。

在更多播出平台的前提下，专业化、国际化、市场化制作比赛电视信号是大势所趋。随着北京奥运会在北京的成功举办，越来越多的单项体育组织愿意在中国主办重大体育赛事，寻求本地制作高标准的国际信号既出于成本的考虑，也是国际惯例。就目前而言，能够胜任信号制作的电视台为数不多，央视和上海台、广东台和北京台为代表的地方台有一定优势，但离国际最高水平还有一定差距。因此，我们的体育电视人在赛事信号制作方面必须向最高水平看齐，走专业化、国际化和市场化道路。专业化就是规范化，任何比赛都有一定之规，信号制作人员必须掌握赛事规律，讲述比赛故事；专业化还要求信号制作人员岗位明晰，职责清晰，决不能越俎代庖。国际化是对我们制作人员的起码要求，要有国际视野，最起码要能够与国际赛事的主办方用国际通行的英语进行交流。市场化则是未来发展方向，无论是赛事组织方，还是制作方，通过明确责、权、利的商业契约方式进行合作都是最保险的方式。市场化在国内赛事转播方面也可以有效解决职业联赛无人转播的困境。

后奥运时代的中国体育电视如何发展是摆在体育电视人面前的一个课题。13 亿中国人是任何外国资本都不容忽视的巨大市场，体育也不例外。正因为如此，以 NBA 中国为代表的体育资本已经正式进入中国市场，其巨大的资本金已经成为中国市场上最大的体育资本实体。面对外国资本的进入,体育电视产业化是必然选择,我们的体育电视体制和机制的创新也显得十分紧迫。

按照现行的国际体育赛事资源的周期性,以奥运会和足球世界杯为代表的核心赛事资源四年一个轮回,偶数年为体育大年,奇数年为体育小年。体育频道对国际赛事资源有着很强的依赖性。凡是职业体育发展得好的国家,体育大小年的区别并不明显,如美国有四大职业赛事:NFL(全美橄榄球大联盟)、NLB(全美职业棒球大联盟)、NHL(全美职业冰球大联盟)和NBA(全美职业篮球大联盟),这些赛事贯穿全年各个阶段,国内赛事资源十分丰富,无须依赖奥运会、世界杯这样的资源。

他山之石,可以攻玉。对中国来说,发展自身的职业体育应该是答案所在。那么,如何利用电视媒体发展中国的职业体育呢?

首先,在现行举国体制不变的情况下,职业联赛一定是以市场为导向寻求自身的生存与发展,这就要求我国的体育管理体制有相应的调整,变政府主导为市场主导。参加奥运会、世界杯固然是职业体育人的最高追求,但要保证国内职业联赛的完整性,尽可能避免职业联赛为奥运会缩短赛期的情况再度发生,要让职业联赛成为中国体育的核心内容。只有职业体育发展了,各级体育频道的资源才有保证,主场因素是体育频道攫取收视率的最有效手段。另一方面,播出平台对赛事的广泛传播又可以吸引赞助商,从而进一步促进职业联赛的发展。赛事资源提供方和电视播出平台是一个硬币的两面,合则两利,分则俱损。

其次,经营体育频道,组建体育传媒集团是最好的选择:

一要以赛事资源为核心,以播出平台为依托,形成赛事主办方和播出方的利益共同体,实现双赢。

二要实行制播分离,实现节目内容生产的完全社会化。体育频道只作为播出平台,其播出的节目通过招标方式获取,既可以降低节目成本,又可以培育更多的体育节目制作公司,从而带动体育电视产业的发展。

三要以广告和经营收益按比例返还体育频道购买赛事资源,彻底改变现行的收益与分配脱钩的预算体制,实现良性循环。

四要学习体育产业发达国家的频道品牌多渠道经营策略,扩展品牌的延伸性,不把目光局限在电视频道自身的运行上,而是整合频道资源。利用品牌优势,在当前中国广播电视体制允许的范围内逐步对体育资源进行全方位垄断,建立体育网站、出版体育杂志、销售体育服饰、创办体育饭店、生产休闲食品,令后来者无法在体育领域里与其竞争。要注重最新传播技术的引进和使用,更加密切与网络、手机等新媒体的合作,建立一个跨媒体多区域的品牌传播平台。

五要开发独家本土赛事,让中国的赛事走向世界。我们现在播出的赛事大多源于西方国家,奥运会也不例外。虽然有少量项目源于东方(如跆拳道、柔道、射箭等),但并无中国项目。经过再三努力,武术也只能作为北京奥运会的特设项目。这对于拥有5000年文明史的中国来说无疑为一种精神打击。中国武术博大精深,是中华文化的瑰宝,仅拳种就有129个,习武之人多藏于民间。虽然武术是人们强身健体和自我防卫的体育运动,但武术一直未能得到电视眷顾,直到2007年3月央视《武林大会》栏目的推出。节目播出以后,最先被关注的是我们的邻居韩国人,后来,欧洲体育频道也表示出强烈的兴趣。2008年4月,这个开播刚一年、崇尚真打实斗、原汁原味的中国体育节目在韩国YTN电视台成功播出,反响良好。实践证明,越是民族的,就越是世界的。承办此项赛事的中视体育推广公司信心满满地筹划着《武林大会》的未来,他们要开发并打造最具中国文化特质、最有国际、国内市场潜力的武术赛事。

经济全球化的趋势已经不允许中国体育电视脱离国际市场,我们必须主动走出去参与国际竞争。作为2008年北京奥运会的持权转播机构,中央电视台有着独特的地域优势,转播报道好北京奥运会将对中央电视台体育频道未来的发展起到至关重要的作用。以此为新的起点,中国体育电视信心百倍地去迎接中国体育电视产业化的明天!①

---

① 参见江和平:中国体育电视的"热运行"与"冷思考",《电视研究》,2008年第10期。

后　记

林林总总断断续续花了近 10 年时间,总算把这本书稿完成了。掩卷之余,兴致犹浓,谈不上太多大功告成的喜悦,总觉得还有很多东西没有写到位,还有很多问题值得深入探讨,留下了不少缺憾与遗憾。

中国体育电视正在日益国际化,商业化程度也越来越高,怎么样平衡有度的处理好舆论导向、电视观众、节目商、赞助商、广告商等多方面利益充满着玄机与艺术。2008 年上半年的一天,时值 NBA 东西部半决赛湖人队主场,球迷翘首以盼。可是,由于"中国之队"与中央电视台体育频道的合约,NBA 球迷只有求助于网络和转播机构了。

节目编排的科学性在体育电视中尤显重要,特别是每逢周末,各种赛事最为集中,就会形成"赛事拥堵期"。网球迷们是抱怨较多的群体,他们的美梦常常被遍地商机的"意甲""西甲""英超"等冲得支离破碎,各种网球超九成的赛事刚刚看到四分之一赛,就没有了下文。本书没能专门开辟出一个章节展开对体育电视节目编排的研讨,留下一个不小的空白。

体育电视的"预案机制"值得我们时刻注意,这不仅包括常规状态下采编播的各个环节,更重要的是重大赛事关键比赛转播的"预案"。黄健翔是很多球迷喜爱的足球解说员,可因为现场直播时头脑发热"失态失位失声",而离开了自己钟爱、球迷拥戴的岗位,甚是可惜。以至于有位领导至今还在反思"怎么会想到一个那么老练的解说评论员会出现如此低级的问题呢"。无独有偶,2007 年 CBA 半决赛时,江苏队北上辽宁盘锦,可一场大雪粉碎了球迷的美好夜晚。辽宁电视台的转播车,眼睁睁地看着茫茫雪海,寸步难行。早早做好了现场直播的中央电视台体育频道的晚间赛事节目只好临时取消。如此看来，处理好“延播”与“直播”的关系，做好赛事直播的预警预案，是每个体育电视工作者必须上紧的发条。

有人说，电视观众最不满意的就是中央电视台体育频道主持人，说他们是“语录制造基地”。此言显然有失偏颇。实际上，这大概更多指的是体育解说与评论。往往是名头越大、出镜越多，解说项目越多的体育解说，“语录”越多，遭到的诟病越尖刻。甚至在给学生上课时，不时有学生质疑“为什么堂堂中华大国找不出几个合适的体育解说员？”更值得深思的是，很多新闻传播院系（包括体育学院的体育新闻专业）都希望在体育播音主持评论方面有所突破。时至今日，此方面的成功者寥寥无几。我国电视主持艺术的理论泰斗张颂教授一语道破“懂播音主持的不懂体育，懂体育的不懂播音主持”。可见我国体育播音主持与解说的理论研究与人才挖掘任重道远。

撰写《商业体育电视论》，把我多年来的体育基础理论和实战体验又深挖了出来，复习了一遍，味道又醇又香又厚又重。同时，我后来所学的新闻传播理论和媒体管理理论也派上了用场，外加在央视索福瑞媒介研究（CSM）对电视收视率的更多了解，在体育的空间中又找了一个豁然开朗的洞天，圆了我一个体育与市场营销商业运作、体育与电视媒介嫁接融合的经年梦想。

在编撰过程中，得到了业界内外的广泛支持与协助。中国体育产业奠基人、原国际排联主席魏纪中的谆谆教诲，一直是笔者克服重阻、不断追求的原动力。北京体育大学副校长（现首都体育学院校长）钟秉枢教授一如既往的勉励与榜样精神，始终照耀我前行的道路。笔者与中央电视台体育频道总监江和平纯属业务神交，围绕后奥运时代、体育电视、商业体育和职业体育等多个棱面畅所欲言。并且江和平把其对体育电视的深邃领握毫无保留地奉献出来，成为这书书稿的重要内容。

《商业体育电视论》得到了央视索福瑞媒介研究（CSM）原总经理王兰柱、中央电视台体育频道程志明、张斌、罗刚，北京电视台体育中心副主任宋健生和张庆、上海电视台体育频道总监李辉、广东电视台体育频道两任总监卢晓峰和周纯、首都体育学院教授骆秉权和刘斌等的大力支持，浙江传媒学院的李新祥、冯巍、孟文光，央视索福瑞媒介研究（CSM）的郑为东、刘晓华、曹珩和李忠毅，首都体育学院的杨志永、郭彬、袁强和侯觉明，北京邮电大学的李炜玮、任乐意、谢永江、陈东篱、王若斯、王玉聪和赵珈艺等或提供了宝贵资料，或撰写了部分初稿，在此一并致谢。

特别鸣谢最后冲刺阶段始终陪伴左右的 ZYJ 女士，她不仅给我寻找整理翻译资料，生活上也给予我无微不至关怀，督促我夙夜兼程完成了貌似聊以自慰的手稿。

2016 年 4 月于杭州侨福一品高尔夫公馆